企業・団体のための

マイナンバー制度への実務対応

牛島総合法律事務所
弁護士 影島 広泰
Hiroyasu Kageshima

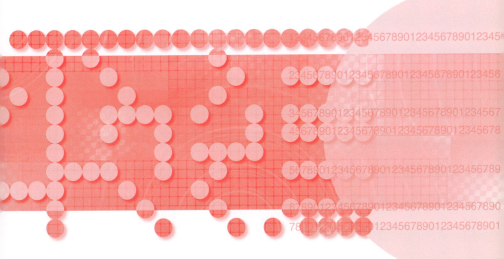

清文社

はじめに

　マイナンバー制度（社会保障・税番号制度）が2016（平成28）年1月から実施される。同制度は、住民票を有するすべての者に個人番号を付与し、法人等に付与した法人番号とあわせて、主として社会保障と税に関する行政手続において利用するものである。

　これに伴って、企業・団体においても、2016年1月以降、従業員の社会保険（健康保険、年金保険、雇用保険、労災保険等）の手続で行政機関等に提出する帳票や、税務関係の手続で税務署・市区町村に提出する帳票（源泉徴収票、支払調書、届出書、報告書等）に、個人番号・法人番号を記載することが求められる。そのため規模の大小、業態にかかわらず、すべての民間企業・民間団体（学校・医療機関・各種共同組合等）において、従業員及びその扶養親族等、取引先、株主・出資者、ならびに顧客等から個人番号の提供を受け、保管しておくことが必要になる。

　他方、マイナンバー法は、個人番号の取得、利用、保管、提供等について厳格な規制を設けている。例えば、個人番号の提供を受けるときには、本人確認のために運転免許証等を確認しなければならないとされていることがその例である。また、マイナンバー法には、個人情報保護法にはなかった厳しい罰則も定められている。今後、企業・団体は、個人番号を適切に取り扱うための体制を整えなければならない。

　そのためには、当然のことながら、ガイドラインや政省令等が出揃う必要がある。にもかかわらず、これがなかなか公表されない状態が続いていた。しかし、2014年末になり、特定個人情報保護委員会から「特定個人情報の適正な取扱いに関するガイドライン」（いわゆる「番号法ガイドライン」）が公表され整えるべき情報管理体制の詳細が明らかとなるとともに、国税庁及び厚生労働省からも政省令や帳票案が公表されて具体的な事務を構築することができるようになった。

本書では、2014年12月11日に公表された番号法ガイドライン、12月24日に公表された源泉所得関係の帳票、12月26日に公表された社会保険関係の帳票、さらには12月12日に改正された「個人情報の保護に関する法律についての経済産業分野を対象とするガイドライン」等の最新情報を盛り込み、企業・団体がどのような業務フロー及び情報管理体制を構築しなければならないのかを、具体的かつ実務的に解説することとした。

　これまで、マイナンバー法関係のセミナーや社内研修、業務やITシステムの構築・改修に関する助言等を行う機会に恵まれてきたが、体制を構築する際に大きな問題となる点はいずれの企業・団体においても共通しているように思われる。本書を執筆するにあたっては、これらの経験から得られた共通した問題意識を可能な限り盛り込むよう試みた。企業・団体がマイナンバー法に対応した体制を構築する一助となれば幸いである。

2015年2月

弁護士　影島　広泰

CONTENTS

第1章 マイナンバー法の基礎知識

第1節 マイナンバー制度と企業・団体への影響 —— 3
第2節 マイナンバー法の全体像 —— 6
1 マイナンバー関連4法　6
　[1] マイナンバー法　6
　[2] 整備法　7
　[3] 施行令　7
　[4] 省令　9
　[5] 特定個人情報保護委員会が公表する規則、指針、ガイドライン等　11
2 マイナンバー法の構造　12
第3節 マイナンバー法における重要な概念 —— 14
1 「個人番号」と「法人番号」　14
　[1] 個人番号　14
　　① 個人番号とは　14
　　② 付番・通知カードの送付　14
　　③ 個人番号カード　16
　[2] 法人番号　17
　　① 法人番号とは　17
　　② 付番手続等　18
2 「特定個人情報」と「特定個人情報ファイル」　21
　[1] 特定個人情報　21
　[2] 特定個人情報ファイル　22
3 個人番号利用事務（実施者）と個人番号関係事務（実施者）　26
　[1] 個人番号利用事務（実施者）　26
　[2] 個人番号関係事務（実施者）　28
　[3] 個人番号利用事務等（実施者）　29

第4節　マイナンバー法による規制 ──── 30

1 概要　30

2「取得」に関する規制　31

　[1] 個人番号の提供の要求の制限　31

　　① 「提供の要求」の根拠条文　31

　　② 「提供の要求」の制限　33

　[2] 本人確認　34

　　① 原則　34

　　② 本人から個人番号の提供を受ける場合　37

　　　a. 対面・郵送　37

　　　b. オンライン　40

　　　c. 電話　42

　　③ 代理人から個人番号の提供を受ける場合　42

　　　a. 対面・郵送　42

　　　b. オンライン　46

　　　c. 電話　49

3「利用」「提供」「廃棄」に関する規制　51

　[1] 個人番号の利用範囲の制限　51

　　① 概要　51

　　② 個人番号利用事務（1項及び2項）として個人番号を利用できる場面　51

　　③ 個人番号関係事務（3項）として個人番号を利用できる場面　54

　　④ 金融機関による激甚災害時等における金銭の支払事務（4項）として個人番号を利用できる場合　54

　　⑤ 人の生命、身体または財産の保護のために必要がある場合等（5項）　55

　[2] 特定個人情報ファイルの作成の制限　56

　[3] 特定個人情報の提供の制限　57

　　① 概要　57

　　② 個人番号利用事務実施者からの提供（1号）　59

        ③ 個人番号関係事務実施者からの提供（2号） 60
        ④ 本人または代理人からの提供（3号） 62
        ⑤ 地方公共団体情報システム機構からの提供（4号） 62
        ⑥ 委託、合併等に伴う提供（5号） 62
        ⑦ 住民基本台帳法の規定による提供（6号） 62
        ⑧ 情報提供ネットワークシステムを通じた提供（7号） 62
        ⑨ 国税庁、都道府県及び市町村の間の提供（8号） 63
        ⑩ 同一地方公共団体内の執行機関間の提供（9号） 64
        ⑪ 株式等振替制度を活用した提供（10号） 64
        ⑫ 特定個人情報保護委員会からの提供の求めに対する提供（11号） 65
        ⑬ 各議院審査等その他公益上の必要があるときの提供（12号） 65
        ⑭ 人の生命、身体または財産の保護のための提供（13号） 66
        ⑮ その他特定個人情報保護委員会規則で定める場合の提供（14号） 67
    [4] 特定個人情報の収集・保管の制限 67
 4 「情報管理」に関する規制 68
    [1] 安全管理措置を講じる義務 68
    [2] 個人番号利用事務等の委託に関する規制 69
        ① 再委託の許諾 69
        ② 委託先の監督義務 70
    [3] 番号法ガイドライン 72
    [4] 特定個人情報保護評価 74
        ① 実施主体 74
        ② 実施内容 78
 5 法人番号に関する規制 80
第5節 特定個人情報保護委員会による監視・監督 ──── 81
 1 委員会の組織 81
    [1] 構成 82
        ① 委員会の構成 82
        ② 委員会の運営 83
    [2] 身分 84

② 委員会の業務　85
　［1］委員会の任務及び所掌事務　85
　［2］委員会の具体的な業務内容　86
　　① 指導及び助言　86
　　② 勧告及び命令　87
　　③ 報告及び立入検査　90
　　④ 措置の要求　91
　　⑤ 内閣総理大臣に対する意見の申出　92
　　⑥ 国会に対する報告　92

第6節　罰　則 ──────────── 93

① 特定個人情報ファイルの不正提供　93
　① 趣旨　93
　② 主体　95
　③ 行為　95
　④ 法定刑　96

② 個人番号の不正提供、盗用　96
　① 趣旨　96
　② 主体　97
　③ 行為　97
　④ 法定刑　97

③ 情報提供ネットワークシステムに関する秘密漏えい　98
　① 趣旨　98
　② 主体　98
　③ 行為　98
　④ 法定刑　99

④ 詐欺行為等による情報取得　99
　① 趣旨　99
　② 主体　100
　③ 行為　100
　④ 法定刑　100

5 委員会への命令違反・検査忌避　101
　　1 趣旨　101
　　2 行為　101
　　3 法定刑　101
6 通知カード及び個人番号カードの不正取得　101
　　1 趣旨　101
　　2 行為　102
　　3 法定刑　102
7 国外犯処罰　102
8 両罰規定　102

第7節　マイナンバー法と個人情報保護法の相違点 ―――― 104
1 適用の範囲（射程）　106
2 個人情報取扱事業者による特定個人情報の取得及び利用　107
3 個人情報取扱事業者による特定個人情報の提供及び委託　108
4 個人情報取扱事業者による特定個人情報の収集及び保管　109
5 データベースの作成　109
6 行政・第三者機関の監督権限及び罰則　109

第8節　企業・団体のための重要な条文（まとめ） ―――― 111

第2章　企業・団体における実務対応

第1節　マイナンバー法がもたらす新たなリスク ―――― 115
1 求められる情報漏えいへの備え　115
2 個人番号・法人番号を取得・利用する場面の類型　116

第2節　従業員、扶養親族等をめぐる実務対応 ―――― 117
1 従業員、扶養親族等の個人番号の取扱い（総論）　117
　　[1] 個人番号の取得対象者　117

- [2] 個人番号の提供を求める時期　117
- [3] 利用目的の特定　119
  - ① 個人情報取扱事業者の場合　119
  - ② 個人情報取扱事業者でない個人番号取扱事業者の場合　120
- [4] 利用目的の通知または公表　120
  - ① 個人情報取扱事業者の場合　120
  - ② 個人情報取扱事業者でない個人番号取扱事業者の場合　124
- [5] 利用目的の変更及び本人への通知または公表　124
  - ① 原則　124
  - ② 例外　127
- [6] 本人確認　128
  - ① 企業・団体自らが本人確認を行わなければならない場合（4つのパターン）　128
    - a. パターン1：企業・団体が行政機関等に提出する書面に、従業員等の個人番号を記載しなければならない場合等　128
    - b. パターン2：企業・団体が行政機関等に提出する書面に、従業員等の配偶者等の個人番号を記載しなければならない場合　129
    - c. パターン3：従業員等が企業・団体を通じて行政機関等に提出する書面に、扶養親族等の個人番号を記載しなければならない場合　131
    - d. パターン4：従業員等が行政機関等に直接提出する書面に、個人番号を記載しなければならない場合　134
  - ② 企業・団体自らが本人確認を行わなければならない場合の対応のポイント　136
    - a. 対面または書面の送付により提供を受ける場合　136
    - b. オンラインで提供を受ける場合　138
    - c. 電話で提供を受ける場合　140
- [7] 退職した際の個人番号の廃棄・削除　140

2 個人番号の取扱いに関する実務の構築（各論）　142
- [1] 税務関係の手続　142
  - ① 個人番号の記載が要求される帳票　142
  - ② 業務フローの詳細　159
- [2] 社会保険関係の手続　163

1 個人番号の記載が要求される帳票　163
　　　2 業務フローの詳細　202
　　[3] 退職者の個人番号の収集　205
　　[4] グループ企業内での特定個人情報の取扱いポイント　205
　　　1 企業・団体内での特定個人情報の取扱い　206
　　　2 グループ企業間での特定個人情報の取扱い　208
　　　　a. 出向・転籍の際の人事情報の取扱い　208
　　　　b. グループ企業内での人事情報の共有　210

第3節　取引先をめぐる実務対応 ──────────────── 213
　1 取引先の個人番号・法人番号が必要となる場面　213
　　[1] 報酬、料金、契約金及び賞金の支払調書　213
　　[2] 不動産の使用料等の支払調書　215
　　[3] 不動産等の譲受けの対価の支払調書、不動産の売買又は貸付けのあっせん手数料の支払調書　216
　2 個人番号の提供を求める時期　217
　3 利用目的の特定　218
　4 利用目的の通知または公表、利用目的の変更及び本人への通知等　218
　5 本人確認　219
　6 実務的な対応　219

第4節　株主等をめぐる実務対応 ──────────────── 220
　1 株主等の個人番号・法人番号が必要となる場面　220
　2 個人番号の提供を求める時期　222
　3 既存の株主等に対する3年間の経過措置　222
　4 株主等から個人番号の提供を受ける方法　224
　　[1] 上場会社が証券保管振替機構から個人番号の提供を受ける場合　224
　　[2] 上場会社でない場合（証券保管振替機構を利用していない場合）　227

第5節　情報提供ネットワークシステムをめぐる実務対応 ── 229
1. 健康保険組合の場合　229
2. 年金の事業主等の場合　232

第6節　金融機関における実務対応 ── 234
1. 個人番号の提供を求める時期　234
2. 利用目的の特定　236
3. 利用目的の通知または公表、利用目的の変更及び本人への通知等　237
4. 本人確認　238
5. 顧客の個人番号・法人番号の記載が求められる主な帳票・事務一覧　240

　［1］銀行等の預金等取扱金融機関　240
　　① 投資信託等の販売業務　240
　　② 100万円以上の国外送金等業務　240
　　③ 財形貯蓄に関する業務　241
　　④ 先物取引業務（FX等）　242
　　⑤ 信託受益権の譲渡に関する業務　242
　　⑥ 法人の定期性預貯金に関する業務　243
　　⑦ 住宅ローンに関する業務　243
　　⑧ 保険の窓販業務　244
　　⑨ 銀行代理店業務　244
　　⑩ 株主名簿管理人（信託銀行等）としての業務　244
　　⑪ 激甚災害時等の金銭等の支払事務　245

　［2］証券会社　249
　　① 株式取引に関する業務　249
　　② 特定公社債等に関する業務　249
　　③ 投資信託業務　250
　　④ 先物取引業務　250
　　⑤ 特定口座に関する業務　251

⑥ 非課税口座関連業務　251
　　　⑦ NISA（少額投資非課税制度）に関する業務　251
　　　⑧ 激甚災害時等の金銭等の支払事務　252
　　［3］生命保険会社・損害保険会社　252
　　　① 生保会社の業務　252
　　　② 損保会社の業務　253
　　　③ 激甚災害時等の金銭等の支払事務（生保会社・損保会社）　254
　　　④ 保険代理店の業務　254
　　　⑤ 生損保にまたがる保険商品の販売業務　255

第7節　個人番号・特定個人情報を取得しないための対策 ── 258
第8節　その他の留意点 ── 260
1 対象者が法人である場合　260
2 個人番号の提供が受けられない場合　261
3 個人番号が変更された場合　261
4 個人番号が記載された書面を本人に交付する場面　262

第3章　情報管理に関する実務対応

第1節　特定個人情報の保管ルール ── 267
1 番号法ガイドラインへの対応　267
　　［1］特定個人情報に対して保護措置を講じる必要性　267
　　［2］特定個人情報に関する保護措置の概要　268
　　［3］安全管理措置の概要　268
2 安全管理措置の前提　271
　　［1］マイナンバー法における安全管理措置の考え方及び検討手順　271
　　［2］個人番号を取り扱う事務の範囲の明確化　272
　　［3］特定個人情報等の範囲の明確化　273
　　［4］事務取扱担当者の明確化　274

3 講ずべき安全管理措置の内容　276
　［1］基本方針の策定　276
　［2］取扱規程等の策定　278
　　①　安全管理措置の内容（本則）　278
　　②　中小規模事業者における対応方法　282
　［3］組織的安全管理措置　284
　　①　安全管理措置の内容（本則）　284
　　　a.　組織体制の整備　287
　　　b.　取扱規程に基づく運用　290
　　　c.　取扱状況を確認する手段の整備　294
　　　d.　情報漏えい等事案に対応する体制の整備　296
　　　e.　取扱状況の把握及び安全管理措置の見直し　300
　　②　中小規模事業者における対応方法　301
　［4］人的安全管理措置　303
　　①　安全管理措置の内容（本則）　303
　　②　中小規模事業者における対応方法　306
　［5］物理的安全管理措置　307
　　①　安全管理措置の内容（本則）　307
　　　a.　特定個人情報等を取り扱う区域の管理　309
　　　b.　機器及び電子媒体等の盗難等の防止　311
　　　c.　電子媒体等を持ち出す場合の漏えい等の防止　312
　　　d.　個人番号の削除、機器及び電子媒体等の廃棄　313
　　②　中小規模事業者における対応方法　319
　［6］技術的安全管理措置　320
　　①　安全管理措置の内容（本則）　320
　　　a.　アクセス制御　323
　　　b.　アクセス者の識別と認証　324
　　　c.　外部からの不正アクセス等の防止　326
　　　d.　情報漏えい等の防止　327
　　②　中小規模事業者における対応方法　329
4 委託の取扱い　330
　［1］委託をする場合の実務対応　331

① 委託先における安全管理措置　333
　　　② 委託先に対する必要かつ適切な監督　333
　　　　a. 委託先の適切な選定　333
　　　　b. 委託先に安全管理措置を遵守させるために必要な契約の締結　337
　　　　c. 委託先における特定個人情報の取扱状況の把握　340
　　［２］再委託に対する実務対応　342
　　　① 再委託に対する許諾　342
　　　② 再委託がなされた場合の監督義務　343
　　［３］ITサービスの利用と安全管理措置　344

（第２節）特定個人情報保護評価への対応 ──────── 346
　■ 保護評価が義務づけられる対象者　346
　■ 義務づけ対象者の対応のポイント　347
　■ 非義務づけ対象者である企業・団体の対応のポイント　349

（第３節）従業員への教育・訓練等 ──────────── 352
　■ 従業員への対応　353
　　［１］非開示契約の締結　353
　　［２］就業規則等の定め及び内容の周知　354
　　［３］定期的な研修等の実施及び実施の確認　354
　■ 従業員教育のあり方　355

第４章　今後の対応スケジュール

（第１節）全体スケジュール ──────────────── 359
（第２節）各部署の対応スケジュール ─────────── 361
　■ 総務・法務　361
　■ 経理・人事（特定個人情報を取り扱う事務を行う部署）　362
　■ システム担当　363

資　料

【資料1】行政手続における特定の個人を識別するための番号の利用等に関する法律の施行に伴う関係法律の整備等に関する法律（平成25年5月31日法律第28号）（抄）　367

【資料2】行政手続における特定の個人を識別するための番号の利用等に関する法律及び行政手続における特定の個人を識別するための番号の利用等に関する法律の施行に伴う関係法律の整備等に関する法律の施行に伴う財務省関係政令の整備に関する政令（平成26年5月14日政令第179号）（抄）　371

【資料3】行政手続における特定の個人を識別するための番号の利用等に関する法律及び行政手続における特定の個人を識別するための番号の利用等に関する法律の施行に伴う関係法律の整備等に関する法律の施行に伴う財務省関係政令の整備に関する政令（平成26年5月14日政令第179号）（抄）　396

【資料4】所得税法施行規則の一部を改正する省令（平成26年7月9日財務省令第53号）附則（抄）　399

【資料5】租税特別措置法施行規則等の一部を改正する省令（平成26年7月9日財務省令第51号）附則（抄）　401

【資料6】内国税の適正な課税の確保を図るための国外送金等に係る調書の提出等に関する法律施行規則の一部を改正する省令（平成26年7月9日財務省令第60号）附則（抄）　403

※　本書の内容は、2015年1月31日現在の法令等によっています。

第1章

マイナンバー法の基礎知識

第1節

マイナンバー制度と企業・団体への影響

　2016（平成28）年1月から、「行政手続における特定の個人を識別するための番号の利用等に関する法律」（平成25年5月31日法律第27号。以下「マイナンバー法」または「法」という）に基づいた、「社会保障・税番号制度」（以下「マイナンバー制度」という）が動き出す。
　マイナンバー制度とは、わが国の住民票を持つ個人全員に対して「個人番号」を付与し、社会保障と税に関する行政手続等で利用するものである。
　(注) 法人等の団体に対しては「法人番号」を与え、主として税に関する行政手続で利用することになる。

　このように、社会保障（健康保険、年金保険、労働保険、労災保険等）や税務の手続で共通の番号を利用することにより、行政事務を効率化したり、所得を正確に把握したりすることができるようになる（図表1-1）。
　これらの目的を実現するため、マイナンバー法の下では、社会保障・税に関する各種書類に個人番号・法人番号を記載することが求められる。
　したがって、民間の企業や団体は、従業員の社会保険関係の書類や、税務署に提出する支払調書や源泉徴収票等に、2016年1月以降、順次、個人番号・法人番号を記載しなければならなくなる。社会保険関係の書類や支払調書等をまったく取り扱わない企業・団体はないと考えられるため、すべての企業・団体が、2015年12月末までにマイナンバー制度への対応を要することになる。

第1章 マイナンバー法の基礎知識

図表1-1　社会保障・税番号制度（マイナンバー制度）の目的・効果

目的・効果	具 体 例
より正確な所得把握が可能となり、社会保障や税の給付と負担の公平化が図られる	支払調書や源泉徴収票等に個人番号・法人番号を記載させることで、税務当局がより正確に所得を把握することができるようになる
真に手を差し伸べるべき者を見つけることが可能となる	すべての行政手続において共通の1つの番号を利用することで、本来給付を受けることができるが未受給となっている者をなくすことができる一方で、生活保護の不正受給や死亡した親族の年金の受給のように本来給付を受けることができないにもかかわらず不正に給付を受ける事態を防止することができるようになる
大災害時における真に手を差し伸べるべき者に対する積極的な支援に活用できる	大震災が発生した場合等に、個人番号を利用して火災保険の保険金を受領することなどができるようになる
社会保障や税に係る各種行政事務の効率化が図られる	いわゆる「消えた年金記録」問題のように、手作業による転記ミス等の確認作業に膨大な時間・コストを費やしたり、複数の行政機関が重複して作業を行ったりすることが少なくなる
ITを活用することにより添付書類が不要となる等、国民の利便性が向上する	社会保険の給付を受ける際等に、申請を受けた行政機関が関係各機関に照会して情報を入手できるため、申請者が関係各機関を回って添付書類をそろえて提出する必要がなくなる
行政機関から国民にプッシュ型の行政サービスを行うことが可能となる	「マイナポータル」というウェブサイトにログインすることにより、受給できる社会保険の情報等を入手できるようになる

具体的には、図表1-2の手続において個人番号・法人番号が利用される。

図表1-2　マイナンバーを利用することになる手続

分　類		手　続
社会保障分野	年金分野	⇒年金の資格取得・確認、給付を受ける際に利用 ● 国民年金法、厚生年金保険法による年金である給付の支給に関する事務 ● 国家公務員共済組合法、地方公務員等共済組合法、私立学校教職員共済法による年金である給付の支給に関する事務 ● 確定給付企業年金法、確定拠出年金法による給付の支給に関する事務 ● 独立行政法人農業者年金基金法による農業者年金事業の給付の支給に関する事務　等
	労働分野	⇒雇用保険等の資格取得・確認、給付を受ける際に利用。ハローワーク等の事務等に利用 ● 雇用保険法による失業等給付の支給、雇用安定事業、能力開発事業の実施に関する事務 ● 労働者災害補償保険法による保険給付の支給、社会復帰促進等事業の実施に関する事務　等
	福祉・医療・その他分野	⇒医療保険等の保険料徴収等の医療保険者における手続、福祉分野の給付、生活保護の実施等低所得者対策の事務等に利用 ● 児童扶養手当法による児童扶養手当の支給に関する事務 ● 母子及び寡婦福祉法による資金の貸付け、母子家庭自立支援給付金の支給に関する事務 ● 障害者総合支援法による自立支援給付の支給に関する事務 ● 特別児童扶養手当法による特別児童扶養手当等の支給に関する事務 ● 生活保護法による保護の決定、実施に関する事務 ● 介護保険法による保険給付の支給、保険料の徴収に関する事務 ● 健康保険法、船員保険法、国民健康保険法、高齢者の医療の確保に関する法律による保険給付の支給、保険料の徴収に関する事務 ● 独立行政法人日本学生支援機構法による学資の貸与に関する事務 ● 公営住宅法による公営住宅、改良住宅の管理に関する事務　等
税分野		⇒国民が税務当局に提出する確定申告書、届出書、調書等に記載。当局の内部事務等に利用
災害対策分野		⇒被災者生活再建支援金の支給に関する事務等に利用 ⇒被災者台帳の作成に関する事務に利用

（注）上記のほか、社会保障、地方税、防災に関する事務その他これらに類する事務であって地方公共団体が条例で定める事務に利用するものとされている。

第2節 マイナンバー法の全体像

1 マイナンバー関連4法

[1] マイナンバー法

　マイナンバー法は、2013年5月24日に参議院本会議において可決、成立し、同月31日に公布された。

　マイナンバー法は、社会保障と税の一体改革をめざして、民主党政権下の2009年12月に公表された「平成22年度税制改正大綱」から検討が進められ、2012年2月の通常国会に法案として提出されたが、同年11月の衆議院解散に伴って廃案となった。その後、自由民主党政権下の2013年3月に、民主党の法案を一部修正した形で「共通番号法」として再度国会に提出され、これが可決、成立したものである。

　2012年に民主党が提出した法案の略称は「マイナンバー法」であったが、2013年に自由民主党が提出して可決、成立した法案の略称は「共通番号法（番号法）」とされていた。しかし、この間も、マスコミ報道においては一貫して「マイナンバー法」という略称が用いられており、結果として2014年2月頃からは政府も「マイナンバー法」という略称を用いるに至っている。そのため、本書では、特に断りのない限り「マイナンバー法」という略称を用いることにする。

　マイナンバー法を含めた以下4つの法律が「マイナンバー関連4法」と呼ばれ、いずれも2013年5月31日に公布されている。

- 行政手続における特定の個人を識別するための番号の利用等に関する法律（平成25年法律第27号）（「マイナンバー法」）
- 行政手続における特定の個人を識別するための番号の利用等に関する法律の施行に伴う関係法律の整備等に関する法律（平成25年法律第28号）（以下「整備法」という）
- 地方公共団体情報システム機構法（平成25年法律第29号）（以下「システム機構法」という）
- 内閣法等の一部を改正する法律（平成25年法律第22号）

[2] 整備法

　マイナンバー関連４法のうちの「整備法」は、マイナンバー制度の導入に伴って36本の法律を一斉に改正する法律である。
　整備法により企業・団体が影響を受ける点は、大きくは以下の２点である。
① 　金融機関が取り扱う支払調書の一部に関して、３年間の経過措置が定められている。具体的には、特定口座・非課税口座に関して、施行日前にすでに特定口座・非課税口座を開設している者について、個人番号の告知・確認に３年の経過措置が設けられている（整備法７条、８条３項・５項）。
② 　国外送金等に係る調書提出制度に関しては、施行日の前日においてすでに本人口座の開設等をしている者について、個人番号または法人番号の告知・確認に３年の経過措置が設けられている（整備法24条、25条２項）。
　また、マイナンバー法の施行に伴い、例えば商業登記法についていえば登記簿に新たに法人番号を記録する（整備法13条）といった具合に、種々の法律がマイナーな改正を受けることになる。

[3] 施行令

　「行政手続における特定の個人を識別するための番号の利用等に関する法律施行令」（平成26年３月31日政令第155号。以下「施行令」または「令」という）は、個人番号カードの記載事項、個人番号及び個人番号カードに関する事務、特定

個人情報を提供できる場面についての詳細、ならびに法人番号の詳細等を規定したものである。

このうち、企業・団体にとって特に重要なポイントは、以下の３点である。
① 個人番号の変更が相当程度予想されること
　個人番号は生まれてから死ぬまで１つの番号が使われるのが原則であるが、施行令を前提とすると、途中で番号が変わるケースが相当程度あることが見込まれる。すなわち、施行令３条（法７条２項）は、個人が「個人番号及び当該個人番号が漏えいして不正に用いられるおそれがあると認められる理由（中略）を記載した請求書」を市区町村に提出し（１項）、市区町村長が「理由があると認めるとき」（４項）には新しい番号の生成が行われるとしている。

　これによれば、（運用次第ではあるものの）個人番号が変わるケースが相当程度発生すると考えられる。したがって、企業・団体においてITシステムや業務フローを整備する際には、個人番号が変わるという前提で設計をすることが必要であるといえる。
② 本人確認の方法
　マイナンバー法16条が定める本人確認の方法の１つ（「本人であることを確認するための措置として政令で定める措置」）として、住民票の写しまたは住民票記載事項証明書及び写真付きの身分証明書等の提示を受けることができるとされた（令12条）。2015年10月５日以降、住民票の写しまたは住民票記載事項証明書には個人番号が記載されることになるから、これの提示を受けることによって番号確認ができることが明らかになったのである。

　この点については、後記第４節 2 【２】（34頁）で詳述する。
③ 振替機関等から特定個人情報の提供を受けるための体制
　「社債、株式等の振替に関する法律」の振替機関等（以下「振替機関等」という）から特定個人情報を受ける際の詳細が明らかになった。

　具体的には、マイナンバー法19条10号は「特定個人情報の安全を確保するために必要な措置として政令で定める措置を講じているとき」にのみ、振替

機関等から株式・社債等の発行者へ支払調書作成等のために特定個人情報を提供できるとしている。この「政令で定める措置」として、振替機関等側においてa．特定個人情報の提供を受ける者の名称、特定個人情報の提供の日時及び提供する特定個人情報の項目等を記録し、7年間保存すること、及びb．特定個人情報が漏えいした場合において、その旨及びその理由を遅滞なく特定個人情報保護委員会に報告するために必要な体制を整備するとともに、提供を受ける者が同様の体制を整備していることを確認することが必要であることが明らかとなった。すなわち、b．により、提供を受ける者（発行者側）においても、特定個人情報が漏えいした場合において、その旨及びその理由を遅滞なく特定個人情報保護委員会に報告するために必要な体制を整備することが必要であることが明らかになったといえる（※）。この点については、第2章第4節**4**［1］（224頁）で詳述する。

> ※ なお、「行政手続における特定の個人を識別するための番号の利用等に関する法律施行規則」（平成26年7月4日内閣府・総務省令第3号）21条1号において、提供を受ける者に対しa．と同様の措置を求めることも必要であるとされている。

また、株式・社債等の発行者以外にも、図表1-3に記載した者が振替機関等から特定個人情報の提供を受けられるとされた（令24条）。

［4］省令

マイナンバー法に関連する省令としては、
① 施行規則
② 別表第一の主務省令で定める事務を定める命令
③ 別表第二の主務省令で定める事務及び情報を定める命令
④ その他、税務に関する財務省令や社会保険に関する厚生労働省令
等があげられる。
① 「行政手続における特定の個人を識別するための番号の利用等に関する法律施行規則」（平成26年7月4日内閣府・総務省令第3号。以下「施行規則」または「則」という）は、マイナンバー法16条が定める本人確認の詳細等

図表1−3　社債、株式等の振替に関する法律が規定する振替機関等から特定個人情報の提供を受けることができる者

- 社債・株式等の発行者（法19条10号）
- 投資信託及び投資法人に関する法律（昭和26年法律第198号）2条1項に規定する委託者指図型投資信託の受託者または同法166条2項8号に規定する投資主名簿等管理人（令24条1号）
- 協同組織金融機関の優先出資に関する法律（平成5年法律第44号）25条2項に規定する優先出資者名簿管理人（令24条2号）
- 資産の流動化に関する法律（平成10年法律第105号）42条1項3号に規定する優先出資社員名簿管理人（令24条3号）
- 会社法（平成17年法律第86号）123条に規定する株主名簿管理人又は同法第683条に規定する社債原簿管理人（令24条4号）
- 信託法（平成18年法律第108号）188条に規定する受益権原簿管理人（令24条5号）

を定めるものであり、提示を受ける書類の詳細、従業員等の場合の例外、及びオンラインや電話により番号の提供を受ける場合の詳細等が定められている重要な省令である。これについては、後記第4節**2**［2］（34頁）で詳述する。

② 「行政手続における特定の個人を識別するための番号の利用等に関する法律別表第一の主務省令で定める事務を定める命令」（平成26年9月10日内閣府・総務省令第5号。以下「別表第一の命令」という）は、誰がどのような事務の処理において個人番号を利用できるかを定めたものである（法9条1項）。

企業・団体との関係では、主として、健康保険組合、ならびに確定給付企業年金法の事業主等及び確定拠出年金法の事業主等（以下「年金の事業主等」という）が直接的な影響を受ける。これについては、後記**2**（12頁）で詳述する。

③ 「行政手続における特定の個人を識別するための番号の利用等に関する法律別表第二の主務省令で定める事務及び情報を定める命令」（平成26年

12月12日内閣府・総務省令第7号。以下「別表第二の命令」という）は、誰が、誰に対し、何の事務において、情報提供ネットワークシステムを使用して特定個人情報を提供できるかを定めたものである（法19条7号）。

　企業・団体との関係では、別表第一の命令と同じく、健康保険組合及び年金の事業主等が直接的な影響を受けるから、後記 2 （12頁）で詳述する。

④　以上のほか、個人番号・法人番号を記載するべき帳票等を定めた財務省令や厚生労働省令等が数多く公布されている。これらについては、第2章で詳述する。

［5］特定個人情報保護委員会が公表する規則、指針、ガイドライン等

　特定個人情報保護委員会が、以下の指針、規則、ガイドラインを公表している。

①　規則：「特定個人情報保護評価に関する規則」（平成26年4月18日特定個人情報保護委員会規則第1号）

②　指針：「特定個人情報保護評価指針」（平成26年4月18日特定個人情報保護委員会告示第4号）

③　ガイドライン：
- 「特定個人情報の適正な取扱いに関するガイドライン（事業者編）」（平成26年12月11日特定個人情報保護委員会告示第5号。以下「番号法ガイドライン」という）
- 「（別冊）金融業務における特定個人情報の適正な取扱いに関するガイドライン」（以下「番号法金融業務ガイドライン」という）
- 「特定個人情報の適正な取扱いに関するガイドライン（行政機関等・地方公共団体等編）」（平成26年12月18日特定個人情報保護委員会告示第6号）
- 「『特定個人情報の適正な取扱いに関するガイドライン（事業者編）』及び『（別冊）金融業務における特定個人情報の適正な取扱いに関するガイドライン』に関するQ&A」（以下「番号法ガイドラインに関するQ&A」または「Q&A」という）

図表1-4　マイナンバー制度に関する法律等の全体像

```
①マイナンバー法（番号法）(2013年5月24日)
  ②整備法 (2013年5月24日)
  ③政令（施行令）(2014年3月31日)
    ④省令
    ・施行規則 (2014年7月4日)
    ・別表第一省令 (2014年9月10日)
    ・別表第二省令 (2014年12月12日)
  ⑤特定個人情報保護委員会
    ・特定個人情報保護評価指針 (2014年4月18日)
    ・特定個人情報保護評価に関する規則 (2014年4月18日)
    ・番号法ガイドライン (2014年12月11日)
```

　これらは、個人情報保護法における各省庁のガイドライン等にあたるものであり、企業・団体にとって重要なものである（図表1-4）。内容については、第3章で詳述する。

2 マイナンバー法の構造

　マイナンバー法は、1条から77条まで、ならびに附則、別表第一及び別表第二からなる（図表1-5）。
　このうち、別表第一は、前述のとおり、誰がどのような事務の処理において個人番号を利用できるかを定めたものである。
　別表第二は、誰が、誰に対し、何の事務において、情報提供ネットワークシステムを使用して特定個人情報を提供できるかを定めたものである。
　別表第一のうち「2」及び「71」「72」は、企業・団体に直接影響がある。すなわち、健康保険組合が保険給付の支給または保険料等の徴収に関する事務において、年金の事業主等が年金である給付に関する事務等で、それぞれ個人番号を利用できるとされている。

図表1-5　マイナンバー法の構造

本則	第1章	総則		1～6条
	第2章	個人番号		7～16条
	第3章	個人番号カード		17～18条
	第4章	特定個人情報の提供	第1節　特定個人情報の提供の制限等	19～20条
			第2節　情報提供ネットワークシステムによる特定個人情報の提供	21～25条
	第5章	特定個人情報の保護	第1節　特定個人情報保護評価	26～28条
			第2節　行政機関個人情報保護法等の特例等	29～35条
	第6章	特定個人情報保護委員会	第1節　組織	36～49条
			第2節　業務	50～56条
			第3節　雑則	57条
	第7章	法人番号		58～61条
	第8章	雑則		62～66条
	第9章	罰則		67～77条
附則				
別表				第一、第二

　これらの事務において個人番号を利用する場合には、健康保険組合や年金の事業主等は、個人番号利用事務実施者となることに留意が必要である（後記第3節**3**（26頁））。

　また、別表第二においても、情報提供ネットワークシステムを使用して、健康保険組合が保険給付の支給または保険料等の情報の照会・提供を行う（別表第二「1」「3」）ことや、年金の事業主等が年金の給付関係情報の照会を行う（同「98」「99」）ことができるとされている。このように、情報提供ネットワークを使用して特定個人情報をやりとりする場合には、「行政機関の長等」（法2条14項）として、特定個人情報ファイルを保有する前に、特定個人情報保護評価を受けることが義務づけられていることに留意が必要である（法27条）。この点については、後記第4節**4**［4］①（74頁）で詳述する。

第3節

マイナンバー法における重要な概念

1 「個人番号」と「法人番号」

[1] 個人番号

① 個人番号とは

　個人番号とは、個人を識別するための番号であり、住民票コードを変換して得られる12桁の番号である（法2条5項）。その12桁は数字のみで構成される。

　年齢の制限はなく、新生児にも年配者にも付番される。また、付番の対象となるか否かは日本国民かどうかではなく、住民票コードを有するか否かで決まるから、住民票を有する外国人（中長期在留者、特別永住者等）にも付番されることになる。

　個人番号には、悉皆性、唯一無二性、視認性、基本情報との関連づけの4つの特徴がある（図表1-6）。

② 付番・通知カードの送付

　個人番号は、市区町村長が各対象者に付番する（法8条2項、7条1項）。付番は、2015年10月5日の時点で行われる。

　個人番号は、原則として変更することができない。しかしながら、マイナンバー法7条2項及び同法施行令3条によれば、運用次第ではあるものの、個人番号が変更されるケースは相当程度発生すると考えられることは、第2節1〔3〕（7頁）に記載したとおりである。

第3節　マイナンバー法における重要な概念

図表1-6　個人番号の特徴（※1）

特　徴	内　　容
①悉皆性	2015年10月5日時点で住民票コードを有する全員に付番される。したがって、日本に住所を有する全国民及び行政サービスの対象となり得る外国人（中長期在留者、特別永住者等）に付番される。
②唯一無二性	1人1番号で重複のないように付番される。
③視認性	「民−民−官」（※2）の関係で流通させて利用可能な見える番号。
④基本情報との関連づけ	最新の基本4情報（氏名、住所、性別、生年月日）と関連づけられている。

※1　①〜③は法人番号にも共通の特徴である。
※2　民−民−官とは、典型的には、「従業員→会社→行政機関」の順に個人番号が流通することを想定している。

図表1-7　個人番号カード・通知カードのイメージ

出典：内閣官房社会保障改革担当室等「マイナンバー 社会保障・税番号制度 概要資料（平成27年1月版）」10頁（http://www.cas.go.jp/jp/seisaku/bangoseido/pdf/h2701_gaiyou_siryou.pdf）

　付番された個人番号は、市区町村長から各対象者に、2015年10月5日時点での住民票の住所に宛てて「通知カード」が郵送されることにより通知される（令2条2項）。
　通知カードは、個人番号の付番対象者全員に送付される紙製のカードであり、氏名、住所、生年月日、性別、個人番号等が記載される（法7条1項。図表1-7）。
　「行政手続における特定の個人を識別するための番号の利用等に関する法律

第1章　マイナンバー法の基礎知識

の規定による通知カード及び個人番号カード並びに情報提供ネットワークシステムによる特定個人情報の提供等に関する省令」（平成26年11月20日総務省令第85号。以下「通知カード及び個人番号カード等に関する省令」という）において、通知カード及び個人番号カードの様式が公表されているが、**図表1-7**のイメージとほぼ同様である。

③ 個人番号カード

　個人番号カードは、本人が申請した場合に、市区町村長から交付を受けることのできるICカードである（法17条）。従前の住民基本台帳カードに代わるものとなる。

　個人番号カードは、通知カードと異なり、「申請により」交付されるものであるため、個人番号カードの交付を受けるかどうかはその者の任意に委ねられる。

　住民基本台帳カードが広く普及しているとは言い難い状況にあったことをふまえ、政府としては個人番号カードの普及に重点を置いており、申請者の便宜のため、通知カードが郵送される際に氏名・住所・生年月日・性別等が印刷された交付申請書が同封されており、それに顔写真を添付して返信した上で、市区町村の窓口に受領に行くという手続が予定されている。スマートフォンで写真を撮り、オンラインで申請することもできる。

　また、初回交付の手数料については無料になることが決まった。

　個人番号カードには、氏名、住所、生年月日、性別、個人番号、及び個人番号カードの有効期間が満了する日（※1）が記載され（※2）、本人の顔写真も表示される（法2条7項、令1条）。

　さらに、個人番号カードのICチップ内に上記の記載事項及び住民票コードが記録される（法2条7項、通知カード及び個人番号カード等に関する省令17条）。

※1　個人番号カードの有効期間は、個人番号カードの発行日において20歳以上の者については10年間（厳密には発行日から発行日の後のその者の10回目の誕生日まで）、個人番号カードの発行日において20歳未満の者については5年間（厳密には発行日から発行日の後のその者の5回目の誕生日まで）とされている（通知カード及び個人番号カード等に関する省令26条）。

※2　住民票に通称の記載がある場合は当該通称も記載される。

　個人番号カードは、通知カードとは異なり、本人の顔写真も表示されるため、運転免許証やパスポートのように、身元（実在）確認書類として利用することができる（法16条）。

　また、公的個人認証に用いられる電子証明書がICチップ内に記録されるため、情報提供等記録開示システム（「マイナポータル」。法附則6条5項・6項）のログイン、e-Taxによる税務申告等に用いられることが予定されている。

　なお、個人番号カードは、当該個人が国外に転出した場合等には失効するとされている（法17条6項、令14条）。

[２] 法人番号

① 法人番号とは

　法人番号は、特定の法人その他の団体を識別するための番号として国税庁長官が指定する13桁の番号である（法2条15項、58条1項。図表1-8）。その13桁は数字のみで構成される。

図表1-8　法人番号（13桁の番号が付番される）

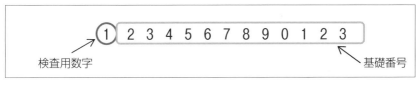

　設立登記をした法人である一般の企業には、商業登記法に基づく「会社法人等番号（12桁）」の前に1桁の検査用数字を付した13桁が法人番号として指定される。

　設立登記をしていない団体の法人番号を構成する12桁の基礎番号は、他の番号と重複することのないように国税庁長官が定める。

　なお、指定対象は「法人」であり、一法人に対して1つの法人番号が指定され、法人を構成する支店・事業所等に対して法人番号が指定されるわけではない。

また、個人事業主については法人番号は付番されず、個人番号を使用することになる。

　法人番号の付番対象となる団体は、次頁図表1－9のとおりである（法58条）。

　外国の法令に準拠して設立された法人その他の団体については、日本の法令に基づいて何らかの登記がされた場合であっても、「設立の登記をした法人」には該当しない。

　また、「人格のない社団等」とは、「法人でない社団若しくは財団で代表者若しくは管理人の定めがあるもの」である（法58条1項）。

　具体的には、従来の税務上の取扱いと同様、当該社団または財団の定款、寄附行為、規約等によって代表者または管理人が定められている場合のほか、当該社団または財団の業務に係る契約を締結し、その金銭、物品等を管理する等の業務を主宰する者が事実上あることを含むものと解されている（国税庁ウェブサイト「法人番号に関するFAQ」Q1－3）。

　なお、ここでいう「人格のない社団等」とは、以下①～④の要件が備わる団体が該当することになると解されている。

① 団体としての組織を備えていること
② 多数決の原理が行われていること
③ 構成員が変更しても団体そのものは存続すること
④ その組織によって代表の方法、総会の運営、財産の管理その他団体としての主要な点が確定していること

　これに対して、民法上の組合（民法667条1項）、匿名組合（商法535条）、投資事業有限責任組合（投資事業有限責任組合契約に関する法律3条1項）、有限責任事業組合（有限責任事業組合契約に関する法律3条1項）は、当事者間の契約にすぎないことから、人格のない社団等には該当しない。

2 付番手続等

　法人番号は、国税庁長官が番号を指定して当該法人等に書面により通知する（法58条1項、令38条）。

第3節 マイナンバー法における重要な概念

図表1-9 法人番号の付番対象

付番対象	備考
①国の機関	―
②地方公共団体	―
③会社法その他の法令の規定により設立の登記をした法人	―
④前記以外の法人または人格のない社団等であって、法人税・消費税の申告納税義務または給与等に係る所得税の源泉徴収義務を有することとなる団体	具体的には、以下の届出書を提出することとされている者である。 ・給与等の支払をする事務所の開設等の届出（所得税法230条） ・内国普通法人等の設立の届出（法人税法148条） ・外国普通法人となった旨の届出（法人税法149条） ・公益法人等または人格のない社団等の収益事業の開始等の届出（法人税法150条） ・小規模事業者の納税義務の免除が適用されなくなった場合等の届出（消費税法57条）
⑤前記以外の法人または人格のない社団等であって、日本で経済活動等を営み国税・地方税の法定調書を提出する義務がある者または法定調書の記載対象となるなど、一定の要件（※）に該当するもの	これらの者は、国税庁長官に届け出ることによって初めて法人番号の指定を受けることができる。

※ 一定の要件とは、具体的には以下のとおり（国税庁ウェブサイト「法人番号に関するFAQ」Q1-1（http://www.nta.go.jp/sonota/sonota/osirase/mynumberinfo/FAQ/03houjinbangoukankei.htm））。
- 国内法の規定に基づき成立したが、設立の登記を行わない法人に該当する場合。具体的には、法人税・消費税の申告納税義務または給与等に係る所得税の源泉徴収義務がない土地改良区といった公共法人や、親会社から社員を派遣されている健康保険組合といった公益法人などに該当する場合。
- 国税に関する法律に基づき税務署長等に申告書・届出書等の書類を提出する団体またはこれらの書類の提出者から、当該書類に記載するため必要があるとして法人番号の提供を求められる団体に該当する場合。具体的には、ボランティアで運営される人格のない社団等（法人税・消費税の申告納税義務または給与等に係る所得税の源泉徴収義務がない団体）が、出版物を発行する際に、原稿料やデザイン料を支払う場合（報酬等の支払調書の提出義務者となるケース）など。

法人番号は、個人番号のような利用範囲の限定や本人確認の措置の必要等はなく、官民を問わずさまざまな用途で自由に利活用することができる。

　例えば、取引先管理、電子商取引における利用、ITシステムにおける「取引先マスタID」等に用いることなどが想定される。

　そこで、民間への情報提供等を目的として、法人番号の指定・通知後に、国税庁の法人番号公表サイトで、法人番号の指定を受けた会社の、①商号または名称、②本店または主たる事務所の所在地、及び③法人番号が検索可能となる（法58条4項、令41条1項）。

　　（注）Web-API（システム間連携インタフェース）も提供されるとされているから、社内のITシステムが連携して自動的に法人番号を取得すること等も可能であると考えられる。

　ただし、人格のない社団等については、上記①及び②が公知でないことも考えられるため、代表者または管理人の事前の同意を得た場合に限って公表される（法58条4項但書）。

　なお、法人番号と共に公表される上記の情報は、設立登記法人の場合には登記記録に基づくものであり、税法上の届出やマイナンバー法58条2項の届出により指定を受けた法人等の場合には、原則として当該届出の記載事項に基づくため、公表された当該法人の所在地に活動実態がない可能性があることに留意が必要である。

　法人番号については、個人番号と異なり、法人番号カードや通知カードは配布されず、国税庁長官から通知されるのみである（法58条1項）。

　また、法人番号は、漏えいして不正に利用されるおそれがある場合に番号を変更することができる個人番号とは異なり、変更することができない。法人番号は誰でも利用できるものであり、保護の対象とされるものでもない点で、個人番号と性格が異なるためである。

　なお、清算が結了して法人格が消滅しても法人番号は抹消されない。

　個人情報と法人番号の違いをまとめると、図表1-10のとおりである。

第3節　マイナンバー法における重要な概念

図表1-10　個人番号と法人番号の主な比較

比較項目	個人番号	法人番号
利用範囲の限定	あり	なし
桁数	12桁	13桁
付番手続の所管官庁	総務省	国税庁
カードの発行	通知カード及び （希望者について）個人番号カード	なし
番号の公表	なし	あり
変更手続	あり（個人番号が漏えいして不正に用いられる おそれがあると認められるとき）	なし

2　「特定個人情報」と「特定個人情報ファイル」

［1］特定個人情報

　特定個人情報とは、個人番号をその内容に含む個人情報をいう（法2条8項）（図表1-11）。

図表1-11　特定個人情報の定義

特定個人情報＝個人情報（個人情報保護法令）＋個人番号（マイナンバー法）

（注）生存する個人の個人番号も、個人情報に該当することから、個人番号のみでも特定個人情報に該当する（番号法ガイドライン第2）ことに留意が必要である。これに対して、死者の個人番号または死者の個人番号をその内容に含む個人に関する情報については、特定個人情報に該当しない。

　ここでいう個人情報とは、個人情報保護法令において、当該情報の保有部門ごとに定義されている個人情報を意味する（図表1-12）。
　そのため、特定個人情報は個人情報保護法令上の個人情報にも該当し、個人情報保護法令も適用されることに留意が必要である。
　なお、個人番号そのものを含まないものの、個人番号に対応し、当該個人番

図表1-12　個人情報の定義

保有部門	根拠条文	個人情報の定義
a. 行政機関	行政機関個人情報保護法2条2項	生存する個人に関する情報であって、当該情報に含まれる氏名、生年月日その他の記述等により特定の個人を識別することができるもの（他の情報と照合することができ、それにより特定の個人を識別することができることとなるものを含む）
b. 独立行政法人等	独立行政法人等個人情報保護法2条2項	
c. 上記以外の者（企業・団体等）	個人情報保護法2条1項	生存する個人に関する情報であって、当該情報に含まれる氏名、生年月日その他の記述等により特定の個人を識別することができるもの（他の情報と容易に照合することができ、それにより特定の個人を識別することができることとなるものを含む）

　号に代わって用いられる番号、記号その他の符号を含む個人情報も、特定個人情報に該当する（法2条8項）。

　したがって、例えば以下の情報を含む個人情報は特定個人情報に該当すると考えられる。

① 情報提供ネットワークシステムを使用した情報連携の際に用いられる符号
② 個人番号に1を足したものなど個人番号を脱法的に変換したもの
③ 個人番号をその内容に含む電子データを、暗号化により秘匿化したもの
（Q&A「Q3-12」）

　一方、企業・団体が、社員を管理するために付している社員コードやIDコード等については、当該社員の個人番号を一定の法則に従って変換したものでない限り、これらを内容として含む個人情報は「特定個人情報」には該当しない（番号法ガイドライン第4-1-(1)）。

［2］特定個人情報ファイル

　特定個人情報ファイルとは、個人番号をその内容に含む個人情報ファイルをいう（法2条4項・9項）。ここでいう個人情報ファイルとは、情報を保有する

第3節 マイナンバー法における重要な概念

図表1-13 マイナンバー法にいう「個人情報ファイル」の定義

保有部門	マイナンバー法での定義	個人情報保護法令での各定義
a. 行政機関	行政機関個人情報保護法2条4項に規定する「個人情報ファイル」	保有個人情報を含む情報の集合物であって、次に掲げるものをいう。 ①一定の事務の目的を達成するために特定の保有個人情報を電子計算機を用いて検索することができるように体系的に構成したもの ②①に掲げるもののほか、一定の事務の目的を達成するために氏名、生年月日、その他の記述等により特定の保有個人情報を容易に検索することができるように体系的に構成したもの
b. 独立行政法人等	独立行政法人等個人情報保護法2条4項に規定する「個人情報ファイル」	
c. 上記以外の者（企業・団体等）	個人情報保護法2条2項に規定する「個人情報データベース等」（※）	個人情報を含む情報の集合物であって、次に掲げるものをいう。 ①特定の個人情報を電子計算機を用いて検索することができるように体系的に構成したもの ②①に掲げるもののほか、特定の個人情報を容易に検索することができるように体系的に構成したものとして政令で定めるもの

※ a. 及びb. では「個人情報ファイル」の名称で定義されているが、c. では「個人情報データベース等」の名称で定義されている。これらがまとめて「個人情報ファイル」と定義されているのである。

部門ごとに、図表1-13のとおり定義されている。

このように、マイナンバー法上の「個人情報ファイル」は、個人情報を含む情報の集合物であって、個人情報を検索することができるように体系的に構成したものである。「電子計算機用ファイル」（図表1-13のそれぞれの①）だけでなく、「手作業用ファイル」（同②）も含まれ、後者については検索の容易性が要件とされている。

電子計算機用ファイル（①）は、データベースのほか、特定個人情報が表形式等に整理された表計算ソフト用ファイルなどを指す。また、ワープロソフト等を用いて作成されたものであっても、特定個人情報が表形式に整理されたも

のなどは、特定個人情報ファイルに該当する可能性がある。

　ただし、電子ファイルであればすべてこれに該当するものではなく、表計算ソフトやワープロソフトで決裁書を起案し、このような決裁書中に個人番号が含まれている場合などのように、特定の個人情報を容易に検索できるように索引や目次などを付していない場合や、文字列検索を行わなければ特定個人情報を検索できないものについては、これに該当しないと解されている（特定個人情報保護評価指針の解説第4の3、Q第4の3-6）。

　手作業用ファイル（②）は、「索引・目次などが付された紙ファイル」などが該当すると解されている（特定個人情報保護評価指針の解説第4の3）。

　特定個人情報ファイルとは、個人番号をその内容に含む個人情報ファイルをいうことは上述のとおりであるが、「その内容に含む」とは、物理的な包含関係を意味するのではなく、個人番号と紐付けできる情報であることを意味する。

　　（注）よって、個人番号を、既存の個人情報のデータベースと物理的に別のデータベースに保存する必要はなく、既存のデータベースに追加することは差し支えない。紐付けしてアクセスできるかどうかが問題であるからである。

　したがって、図表1-14に記載したA課に所属する者が、個人番号と紐付けして個人情報をアクセスできるのであれば、A課の者にとってはその範囲が特定個人情報ファイルにあたる。

　これに対し、B課に所属する者は、アクセス制御により個人番号にアクセスできないのであれば、B課の者にとっては特定個人情報はないことになる。

　C課のように、実線の範囲では個人番号と紐付けしてアクセスできるが、破線の範囲はアクセス制御等により個人番号と紐付けしてアクセスできないようになっていれば、C課の者にとっては実線の範囲のみが特定個人情報ファイルとなる（特定個人情報保護評価指針の解説第4の3）。

　なお、ここでいう「アクセスできる」とは、典型的には、個人番号と個人情報が1つの画面上で閲覧・参照できることをいう。

　しかしながら、個人番号が画面上表示されず、事務を行う権限を有するいずれの者も個人番号を画面や帳票などで見ることができない場合であっても、シ

第3節　マイナンバー法における重要な概念

図表1-14　特定個人情報ファイル

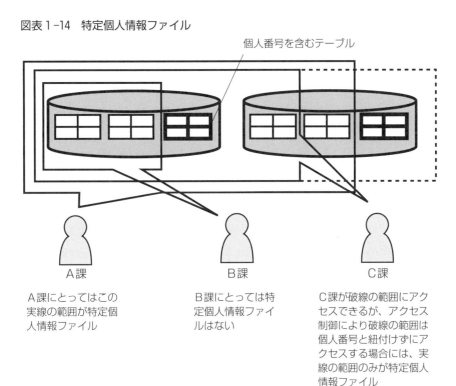

ステム内で個人番号にアクセスし、システムの内部で連携する場合（例えば、画面には個人番号ではなく社員番号を入力するが、システム内部では社員番号から個人番号を検索し、個人番号を利用している場合）にも、個人番号と紐付けてアクセスできることに変わりはないため、そのアクセスできる範囲は、特定個人情報ファイルに該当することになるから注意が必要である（特定個人情報保護評価指針の解説第4の3）。

第 1 章　マイナンバー法の基礎知識

3 個人番号利用事務（実施者）と個人番号関係事務（実施者）

［1］個人番号利用事務（実施者）

　「個人番号利用事務」とは、行政機関、地方公共団体、独立行政法人等その他の行政事務を処理する者が、マイナンバー法9条1項または2項により、その保有する特定個人情報ファイルにおいて個人情報を効率的に検索・管理するために必要な限度で個人番号を利用して処理する事務をいう（法2条10項）。

　そして、マイナンバー法9条1項は、別表第一の上欄に掲げる者が下欄に掲げる事務の処理に関して個人番号を利用できる旨を定め、同条2項は地方公共団体が条例で定める事務に関して個人番号を利用できる旨を定めている。

　つまり、別表第一に掲げられている事務、及び地方公共団体が条例で定める事務が、個人番号利用事務であるということになる。

　ここで企業・団体に直接関係があるものは、別表第一のうち図表1-15の「2」ならびに「71」及び「72」である。

図表1-15　別表第一のうち企業・団体に直接関係があるもの

上　欄	下　欄
2　全国健康保険協会または健康保険組合	健康保険法による保険給付の支給または保険料等の徴収に関する事務であって主務省令で定めるもの
71　確定給付企業年金法（平成13年法律第50号）29条1項に規定する事業主等または企業年金連合会	確定給付企業年金法による年金である給付または一時金の支給に関する事務であって主務省令で定めるもの 　番号制度当初からの利用は見送り
72　確定拠出年金法（平成13年法律第88号）3条3項1号に規定する事業主	確定拠出年金法による企業型記録関連運営管理機関への通知、企業型年金加入者等に関する原簿の記録及び保存または企業型年金の給付もしくは脱退一時金の支給に関する事務であって主務省令で定めるもの 　番号制度当初からの利用は見送り

このように、健康保険組合等は保険給付の支給・保険料の徴収に関する事務において、年金の事業主等は年金である給付・一時金の支給に関する事務等において、それぞれ個人番号を「個人番号利用事務」として利用することができるとされているのである（詳細は後記第4節**3**［1］［2］（51頁））。

　次に、「個人番号利用事務実施者」とは、①個人番号利用事務を処理する者、及び②個人番号利用事務の全部または一部の委託を受けた者をいう（法2条12項）。また、個人番号利用事務の委託先は委託元から許諾を得て再委託することができ（法10条1項）、③当該再委託を受けた者（再委託先）は、委託を受けた者とみなされるから（法10条2項）、このような再委託先も個人番号利用事務実施者に該当することになる。

　以上をまとめると、個人番号利用事務実施者とは、主として行政機関のことを指しており企業・団体は原則としてこれにあたらないが、健康保険組合が保険給付の支給・保険料の徴収に関する事務で個人番号を利用する場合、年金の事業主等が年金である給付または一時金の支給に関する事務等で個人番号を利用する場合、及び個人番号利用事務実施者から委託・再委託を受ける場合には、企業・団体も個人番号利用事務実施者にあたることになる（図表1-16）。

図表1-16　企業・団体が個人番号利用事務実施者となる場面

主　体	場　面	根拠条文
健康保険組合	健康保険法による保険給付の支給または保険料等の徴収に関する事務で個人番号を利用する場面	法2条10項・12項、9条1項、別表第一の2
確定給付企業年金法に規定する事業主または確定拠出年金法に規定する事業主	年金である給付または一時金の支給に関する事務等で個人番号を利用する場面	法2条10項・12項、9条1項、別表第一の71・72
企業・団体	個人番号利用事務実施者（行政機関等）から個人番号利用事務の委託・再委託を受けた場合	法2条10項・12項、9条1項・2項、10条

[2] 個人番号関係事務(実施者)

「個人番号関係事務」とは、マイナンバー法9条3項の規定により個人番号利用事務に関して行われる他人の個人番号を利用して行う事務である。

個人番号を用いた申請・届出等を本人が行い得るのは当然であるが、法令または条例の規定により、当該事務の処理に関して必要とされる他人の個人番号を記載した書面の提出(※)その他の個人番号を利用した事務を行う者が想定される。これらの者についても、個人番号を利用できるようにしたのがマイナンバー法9条3項である。

※　書面の提出以外に電子申請等も当然に含まれる。

企業・団体は、法令または条例の規定により、社会保険との関係で従業員の個人番号を記載した書面(例えば、健康保険・厚生年金保険の被保険者の資格取得に関する届出)を行政機関等に提出することが求められている。

また、国税・地方税との関係でも、従業員・取引先・株主・顧客等の個人番号を記載した書面(支払調書や源泉徴収票等)を税務当局等へ提出することが求められている。

したがって、およそすべての企業・団体が、同項に基づき、個人番号関係事務として個人番号を取り扱うこととなるのである(図表1-17)(詳細は後記第4節3 [1] ③ (54頁))。

図表1-17　個人番号関係事務と個人番号利用事務

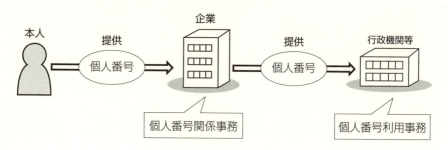

次に、「個人番号関係事務実施者」とは、①個人番号関係事務を処理する者、②個人番号関係事務の全部または一部の委託を受けた者（法2条13項）、及び③個人番号関係事務の再委託先（法10条2項）をいう。

［3］個人番号利用事務等（実施者）

なお、個人番号利用事務実施者と個人番号関係事務実施者をあわせたものを「個人番号利用事務等実施者」と呼ぶ（法12条かっこ書。図表1-18）。

図表1-18　個人番号利用事務等実施者

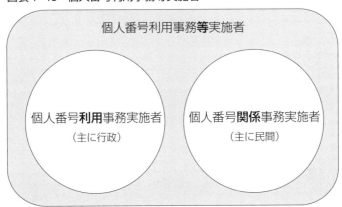

つまり、健康保険組合及び年金の事業主等以外の一般的な企業・団体にとって、「個人番号利用事務実施者」であれば自らのことを指していないが、「個人番号利用事務等実施者」であれば自らのこと（個人番号関係事務実施者）を指していることになる。用語が類似しているので、留意が必要である。

第4節

マイナンバー法による規制

1 概要

　企業・団体における個人番号・特定個人情報の取扱いには、①取得、②保管・情報管理、③利用、④提供、⑤廃棄の各プロセスが存在する（例：図表1-19）。

図表1-19　個人番号・特定個人情報の取扱いにおける3つのプロセス

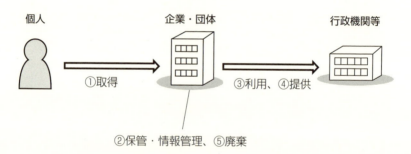

　これらの各プロセスについて、マイナンバー法では、個人番号の悪用または漏えい等を防ぐべく、厳格な規制（保護措置）が定められている（図表1-20）。
　個人番号が悪用され、または漏えいした場合、個人番号を検索キーとして不正なデータマッチングが行われ、個人のプライバシー等の重大な権利利益の侵害を招きかねないためである。
　これらの規制に違反した場合、特定個人情報保護委員会による勧告（法51条1項）等の対象となり得る。

第4節　マイナンバー法による規制

図表1-20　マイナンバー法における個人番号の取扱いに対する規制

	規制の内容	マイナンバー法の条文
①取得	個人番号の提供の要求の制限	14条、15条
	特定個人情報の収集・保管の制限	20条
	本人確認	16条
②保管・情報管理	特定個人情報の収集・保管の制限	20条
	委託の取扱い、委託先の監督	10条、11条
	従業者の監督	34条（個人情報保護法21条）
	安全管理措置	12条（個人情報保護法20条）、33条
③利用	個人番号の利用範囲の制限	9条、29条3項、32条
	特定個人情報ファイルの作成の制限	28条
④提供	特定個人情報の提供の制限	19条
⑤廃棄	特定個人情報の収集・保管の制限	20条

2 「取得」に関する規制

[1] 個人番号の提供の要求の制限

1 「提供の要求」の根拠条文

　企業・団体は、個人番号利用事務等を行うため、本人または他の個人番号利用事務等実施者から個人番号の提供を受ける必要がある。

　そこで、マイナンバー法14条1項は、個人番号の提供を要求できる場合を以下のとおり規定している。

（提供の要求）
第14条第1項　個人番号利用事務等実施者は、個人番号利用事務等を処理するために必要があるときは、本人又は他の個人番号利用事務等実施者に対し個人番号の提供を求めることができる。

すなわち、「個人番号利用事務等実施者」は、「個人番号利用事務等を処理するために必要があるとき」は、①本人（代理人を含む）に対して直接個人番号の提供を、②他の個人番号利用事務等実施者に対してその者が本人から提供を受けた個人番号の提供を、それぞれ求めることができるとされている（図表1-21）。企業・団体が個人番号の提供を求める場合には、この条文が根拠条文となる。

図表1-21　企業・団体が個人番号の提供を求めることができる場合

①本人・代理人に対して提供を求める場合

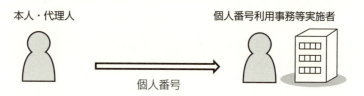

②他の個人番号利用事務等実施者に対して提供を求める場合

　一般的な企業・団体にとって「個人番号利用事務等」とは、法令または条例の規定により個人番号を記載した書面を行政機関等に提出する事務を意味しているから、当該個人番号を記載した書面を行政機関等に提出するという事務を処理するために必要があるときに限って、他人に対して個人番号の提供を求めることができるとされているのである。
　なお、「提供」の意義については、後記［3］(57頁)を参照されたい。
　「①本人に対して個人番号の提供を求める場合」とは、例えば、企業・団体が、従業員に対し、税務署に提出する源泉徴収票の作成のために個人番号の提供を

求める場合である。

「②他の個人番号利用事務等実施者に対して個人番号の提供を求める場合」とは、例えば、企業・団体が、従業員に対し、当該従業員の扶養親族等の個人番号を記載した扶養控除等（異動）申告書の提出を求める場合である。この場合、従業員は扶養親族等の個人番号を記載した同申告書を提出する法令上の義務を負っている（所得税法194条1項）ことから、「個人番号関係事務実施者」に該当する。したがって、企業・団体は、他の個人番号関係事務実施者から個人番号の提供を受けることになるのである。

なお、マイナンバー法14条2項・住民基本台帳法30条の9〜12において、政令で定める「個人番号利用事務実施者」は、個人番号利用事務を処理するために必要な限度で、その者が保有する個人に関する基本4情報（氏名、住所、性別及び生年月日）を基に、地方公共団体情報システム機構（以下「機構」という）に対して個人番号の提供を求めることなどができるとされている。

この方法は、何らかの理由により本人または他の個人番号利用事務等実施者から個人番号を取得できない場合や、個人番号の真正性を確認する必要がある場合があることから、政令で定める「個人番号利用事務実施者」に限って認められたものである。

政令で定める「個人番号利用事務実施者」とは、主として、国の機関、都道府県知事、市町村長等であることから（令11条、住民基本台帳法別表第一〜第四）、企業・団体には直接関係がない条文であるといえる。

2 「提供の要求」の制限

個人番号の提供の要求については、マイナンバー法15条において厳格な制限が定められている。

すなわち、同条では、「何人も」、マイナンバー法19条各号（後記 3 [3]（57頁））のいずれかに該当して特定個人情報の提供を受けることができる場合を除き、「他人」（※）に対し、個人番号の提供を求めてはならないとされている。

※ 子、配偶者等は「自己と同一の世帯に属する者」であるから、「他人」に該当しない。

このため、これらの者に対しては、マイナンバー法19条各号のいずれかに該当しなくとも、個人番号の提供を求めることができる（番号法ガイドライン第4-3-(2)）。

> （提供の求めの制限）
> 第15条　何人も、第19条各号のいずれかに該当して特定個人情報の提供を受けることができる場合を除き、他人（自己と同一の世帯に属する者以外の者をいう。第20条において同じ。）に対し、個人番号の提供を求めてはならない。

したがって、企業・団体は、マイナンバー法19条各号に該当する場面以外で個人番号の提供を求めること、例えば、従業員に対し、従業員の管理のための社員番号として利用する目的で個人番号の提供を求めることや、顧客に対し、顧客の購入商品等を管理する目的で個人番号の提供を求めることなどはできない。

この条項に違反し、個人番号の提供を求めた場合には、特定個人情報保護委員会による勧告（法51条1項）の対象となり得る。

［2］本人確認

① 原則

個人番号利用事務等実施者は、マイナンバー法14条1項の規定により本人（代理人を含む）から個人番号の提供を受けるときは、本人確認を行わなければならない（法16条）。

同条の本人確認の措置は、
（1）個人番号が記載された公的書類により、提供を受けた個人番号が正しいかどうかの確認（番号確認）、及び
（2）公的な身分証明書等により、個人番号の提供者が、当該個人番号を保有する「本人」であるかどうかの確認（身元（実在）確認）
から構成される。

アメリカや韓国において、（1）共通番号の確認のみで本人確認を行っていた

ところ、本人になりすまして番号を悪用するケースが多発したことから、わが国のマイナンバー制度においては、（2）身元（実在）確認が本人確認の方法として導入された。

具体的に求められる措置は、以下のとおりである。

まず、本人から提供を受ける場合には、（1）番号確認及び（2）身元（実在）確認が要求されている。

そのために提示を受けるべき書類としては、①個人番号カード、②通知カード及び運転免許証もしくは旅券等、または③住民票の写し等及び運転免許証もしくは旅券等のいずれかが、マイナンバー法16条及び施行令12条1項等で定められている。

次に、代理人から提供を受ける場合には、（1）代理権の確認、（2）代理人の身元（実在）確認、及び（3）本人の番号確認が要求されている。

提示を受けるべき書類としては、①委任状等、②代理人の運転免許証または旅券等、及び③本人の個人番号カード、通知カードまたは住民票の写し等である。

以上が、本人確認の原則論である（図表1-22）。

図表1-22　本人確認の原則論

内　容	手　続
本人から提供を受ける場合	（1）番号確認＋（2）身元（実在）確認 具体的には、以下の①〜③の**いずれか**の提示を受ける。 ①個人番号カード ②通知カード及び運転免許証または旅券等 ③住民票の写し等及び運転免許証または旅券等
代理人から提供を受ける場合	（1）代理権の確認＋（2）代理人の身元（実在）確認＋（3）本人の番号確認 具体的には、以下の3点**すべて**の提示を受ける。 ①委任状等 ②代理人の運転免許証または旅券等 ③本人の個人番号カード、通知カードまたは住民票の写し等

さらに、本人確認の具体的な方法は、施行規則によって例外措置等が詳細に定められている。

これについては、
- 個人番号の提供を受ける相手（本人からか、代理人からか）
- 個人番号の提供を受ける手段（対面・郵送か、電話か、オンラインか）

の組み合わせで整理するとわかりやすい。

以下、企業・団体が、「本人から個人番号の提供を受ける場合」と、「代理人から個人番号の提供を受ける場合」のそれぞれについて、個人番号の提供を受ける手段ごとに必要となる本人確認の措置を記載した。

なお、これらの例外措置のうち、企業・団体にとって特に重要なものとして、従業員等から番号の提供を受ける際等には、従業員等の身元（実在）確認が不要となることがあるとされている点がある。

すなわち、個人番号の提供を行う者と雇用関係にあること等の事案（※）を勘案し、人違いでないことが明らかであると個人番号利用事務実施者（すなわち書類の提出先である行政機関等）が認める場合には、身元（実在）確認が不要とされているのである。

　※　入社時に身元（実在）確認をしているケース等である。

従業員から個人番号の提供を受ける際に毎回運転免許証等の確認をするのはたいへんな事務負担となることから、この例外措置は企業・団体にとっては非常に重要なものであるといえる。

第4節　マイナンバー法による規制

② 本人から個人番号の提供を受ける場合

a. 対面・郵送

図表1-23　対面・郵送（郵送の場合には書類は写しでよい（則11条））で提供を受ける場合の本人確認

（1）番号確認	（2）身元（実在）確認
①個人番号カード（法16条)	
②通知カード（法16条） ③住民票または住民票記載事項証明書であって、氏名、出生の年月日、男女の別、住所及び個人番号が記載されたもの（令12条1項)	②運転免許証、運転経歴証明書、旅券、身体障害者手帳、精神障害者保健福祉手帳、療育手帳、在留カード、特別永住者証明書（則1条1項1号、則2条1号） ③官公署から発行・発給された書類その他これに類する書類であって、写真の表示等の措置が施され、個人番号利用事務実施者が適当と認めるもの（ⅰ氏名、ⅱ生年月日または住所、が記載されているもの）（則1条1項2号、則2条2号） 国税関係の手続では、具体的には以下のいずれかを意味する（「行政手続における特定の個人を識別するための番号の利用等に関する法律施行規則に基づく国税関係手続に係る個人番号利用事務実施者が適当と認める書類等を定める件」（平成27年1月30日国税庁告示第2号。以下「国税庁告示」という）） ・税理士証票 ・本人の写真の表示のある身分証明書等（学生証または法人もしくは官公署が発行した身分証明書もしくは資格証明書）で、個人識別事項の記載があるもの（提示時において有効なものに限る。以下「写真付身分証明書等」という） ・戦傷病者手帳その他官公署から発行または発給をされた本人の写真の表示のある書類で、個人識別事項の記載があるもの（提示時において有効なものに限る。以下「写真付公的書類」という） ・規則1条1項3号ロに規定する個人番号利用事務等実施者（本項において以下「個人番号利用事務等実施者」という）が発行した書類であって識別符号または暗証符号

- 等による認証により当該書類に電磁的方法により記録された個人識別事項を認識できるもの（提示時において有効なものに限る）
- 個人番号利用事務等実施者が個人識別事項を印字した上で本人に交付または送付した書類で、当該個人番号利用事務等実施者に対して当該書類を使用して提出する場合における当該書類
- 官公署または個人番号利用事務等実施者が個人識別事項を印字した上で本人に交付または送付した書類で、個人番号利用事務等実施者に対して、申告書または申請書等とあわせて提示または提出する場合の当該書類

＜例外措置＞

（1）番号確認	（2）身元（実在）確認
①〜③が困難であると認められる場合（則3条1項） 【一・二（機構への確認等）は略】 三　過去に本人確認の上、特定個人情報ファイルを作成している場合には、当該特定個人情報ファイルの確認 四　官公署または個人番号利用事務実施者・個人番号関係事務実施者から発行・発給された書類その他これに類する書類であって個人番号利用事務実施者が適当と認める書類（ⅰ個人番号、ⅱ氏名、ⅲ生年月日または住所、が記載されているもの）	④上記①〜③が困難であると認められる場合は、以下の書類を2つ以上（則1条1項3号、則3条2項） イ　公的医療保険の被保険者証、年金手帳、児童扶養手当証書、特別児童扶養手当証書 ロ　官公署または個人番号利用事務実施者・個人番号関係事務実施者から発行・発給された書類その他これに類する書類であって個人番号利用事務実施者が適当と認めるもの（ⅰ氏名、ⅱ生年月日または住所、が記載されているもの）
国税関係の手続では、具体的には以下のいずれかを意味する（国税庁告示）	国税関係の手続では、具体的には以下のいずれかを意味する（国税庁告示） - 本人の写真の表示のない身分証明書等で、個人識別事項の記載があるもの（提示時において有効なものに限る。以下「写真なし身分証明書等」という） - 国税もしくは地方税の領収証書、納税証明書または社会保険料もしくは公共料金の領収証書で領収日付の押印または発行年月日及び個人識別事項の記載があるもの（提示時において領収日付または発行年月日が6か月以内のものに限る。以下「国税等の領収証書等」という） - 印鑑登録証明書、戸籍の附票の写しその他官公署から発行または発給をされた本人の写真の表示のない書類（これらに類するものを含む）で、個人識別事項の記載があるもの（提示時において有効なものまたは発行もしくは

第4節　マイナンバー法による規制

・本人交付用税務書類または官公署もしくは個人番号利用事務等実施者が発行または発給をした書類で個人番号及び個人識別事項の記載があるもの ・自身の個人番号に相違ない旨の本人による申立書（提示時において作成した日から6か月以内のものに限る） ・通知カード及び個人番号カード等に関する省令15条の規定により還付された通知カード（以下「還付された通知カード」という）または同省令32条1項の規定により還付された個人番号カード（以下「還付された個人番号カード」という）	発給された日から6か月以内のものに限る。以下「写真なし公的書類」という） ・所得税法に規定する源泉徴収票、支払通知書その他租税に関する法律に基づいて個人番号利用事務等実施者が本人に対して交付した書類で個人識別事項の記載があるもの（以下「本人交付用税務書類」という） ⑤上記①～③が困難であると認められる場合であって、財務大臣、国税庁長官、都道府県知事または市町村長が租税に関する事務において個人番号の提供を受けるときは、以下のいずれかの措置をもって④に代えることができる（則1条3項、則3条3項）。 一　公的医療保険の被保険者証、年金手帳、児童扶養手当証書、特別児童扶養手当証書のいずれか1つ 二　申告書等に添付された書類であって、本人に対し一に限り発行・発給された書類または官公署から発行・発給された書類に記載されているⅰ氏名、ⅱ年月日または住所の確認 三　申告書等またはこれと同時に提出される口座振替納付に係る書面に記載されている預貯金口座の名義人の氏名、金融機関・店舗、預貯金の種別・口座番号の確認 四　調査において確認した事項等の個人番号の提供を行う者しか知り得ない事項の確認 五　一から四までが困難であると認められる場合であって、還付請求でないときは、過去に本人確認の上で受理している申告書等に記載されている純損失の金額、雑損失の金額その他申告書等を作成するにあたって必要となる事項または考慮すべき事情であって財務大臣等が適当と認めるものの確認 具体的には以下を指す（国税庁告示） 　修正申告書に記載された修正申告直前の課税標準額または税額等、更正の請求書に記載された更正の請求直前の課税標準額または税額等及び相続時精算課税を適用した贈与税申告書（選択した年分の翌年分以降の年分に限る）に記載された過去の年分の申告において控除した特別控除額の合計額等その他これに類する事項

前述のとおり、ここで重要なのは、上記図表1-23の右側の「身元（実在）確認」は、個人番号の提供を行う者と雇用関係にあること等の事情を勘案し、人違いでないことが明らかであると個人番号利用事務実施者（すなわち、書類を提出する先の行政機関等）が認める場合は不要であるとされている点である（則3条5項）。

ここでいう「人違いでないことが明らかであると個人番号事務実施者が認める場合」とは、国税関係の手続では、具体的には図表1-24に記載した場合をいう（国税庁告示）。

図表1-24　身元（実在）確認が不要となる場合（国税関係の手続）

- 雇用契約成立時等に本人であることの確認を行っている雇用関係その他これに準ずる関係にある者であって、知覚すること等により、個人番号の提供を行う者が本人であることが明らかな場合
- 所得税法に規定する控除対象配偶者または扶養親族その他の親族であって、知覚すること等により、個人番号の提供を行う者が本人であることが明らかな場合
- 過去に本人であることの確認を行っている同一の者から継続して個人番号の提供を受ける場合で、知覚すること等により、個人番号の提供を行う者が本人であることが明らかな場合

b. オンライン

図表1-25　オンラインで提供を受ける場合の本人確認

（1）番号確認	（2）身元（実在）確認
①個人番号カード（ICチップの読み取り）（則4条1号） 　具体的には、以下のすべて（署名検証者等が個人番号の提供を受ける場合に限る） 　・電子署名が行われた当該提供を行う者の個人番号等の送信を受ける 　・署名用電子証明書等の送信を受ける	
②以下のいずれか（則4条2号） イ　過去に本人確認の上、特定個人情報ファイルを作成している場合には、当該特定個人情報ファイルの確認	②以下のいずれか（則4条2号） ハ　公的個人認証による電子署名（署名検証者等が個人番号の提供を受ける場合に限る）

第4節　マイナンバー法による規制

ロ　官公署もしくは個人番号利用事務実施者・個人番号関係事務実施者から発行・発給された書類その他これに類する書類であって個人番号利用事務実施者が適当と認める書類（ⅰ個人番号、ⅱ氏名、ⅲ生年月日または住所、が記載されているもの）もしくはその写しの提出または当該書類に係る電磁的記録の送信（※）
※　通知カードの写しを別途郵送・PDFファイルの添付送信などを想定。

国税関係の手続では、具体的には以下のいずれかを意味する（国税庁告示）
- 個人番号カードまたは通知カード
- 還付された個人番号カードまたは還付された通知カード
- 住民票の写しまたは住民票記載事項証明書であって、氏名、出生の年月日、男女の別、住所及び個人番号が記載されたもの
- 本人交付用税務書類または官公署もしくは個人番号利用事務等実施者が発行または発給をした書類で個人番号及び個人識別事項の記載があるもの
- 自身の個人番号に相違ない旨の本人による申立書（提示時において作成した日から6か月以内のものに限る）

【その他、機構への確認等は略】

ニ　個人番号利用事務実施者が適当と認める方法により、電子計算機を使用する者が当該提供を行う者であることを確認する

国税関係の手続では、具体的には以下のいずれかを意味する（国税庁告示）
- 国税手続電子証明書及び当該電子証明書により確認される電子署名が行われた当該提供に係る情報の送信を受けること（個人番号利用事務実施者が提供を受ける場合に限る）
- 民間電子証明書及び当該電子証明書により確認される電子署名が行われた当該提供に係る情報の送信を受けること（個人番号関係事務実施者が提供を受ける場合に限る）
- 個人番号カード、運転免許証、旅券その他官公署または個人番号利用事務等実施者から本人に対し一に限り発行または発給をされた書類その他これに類する書類であって、個人識別事項の記載があるものの提示（提示時において有効なものに限る）もしくはその写しの提出を受けることまたは個人番号の提供を行う者の使用に係る電子計算機による送信を受けること
- 個人番号関係事務実施者が本人であることの確認を行った上で本人に対して一に限り発行する識別符号及び暗証符号等により認証する方法

c. 電話

　企業・団体が電話で個人番号の提供を受けることができるのは、本人確認の上特定個人情報ファイルを作成している場合であって、個人番号利用事務・個人番号関係事務にあたって電話で個人番号の提供を受け、当該ファイルにおいて個人情報を検索、管理する場合に限る。

　すなわち、電話による本人確認は初回の本人確認には利用できない点に留意が必要である。

図表1-26　電話で提供を受ける場合の本人確認

（1）番号確認	（2）身元（実在）確認
①過去に本人確認の上作成している特定個人情報ファイルの確認（則3条1項3号） ②地方公共団体情報システム機構への確認（個人番号利用事務実施者）（則3条1項1号） ③住民基本台帳の確認（市町村長）（則3条1項2号）	本人しか知り得ない事項その他の個人番号利用事務実施者が適当と認める事項の申告を受ける（則3条4項）（※） 　※　基礎年金番号などの固有の番号、給付の受取先金融機関名等の複数聴取などを想定。 国税関係の手続では、具体的には以下の事項の申告を受ける（国税庁告示） ・個人番号利用事務等実施者により各人別に付された番号、本人との取引や給付等を行う場合において使用している金融機関の口座番号（本人名義に限る）、証券番号、直近の取引年月日等の取引固有の情報等のうちの複数の事項

③ 代理人から個人番号の提供を受ける場合

a. 対面・郵送

図表1-27　対面・郵送（郵送の場合には書類は写しでよい（則11条））で提供を受ける場合の本人確認

（1）代理権の確認	（2）代理人の身元（実在）確認	（3）本人の番号確認
①委任状（任意代理人）（則6条1項2号）	①代理人の個人番号カード、運転免許証、運転経歴証明書、旅券、身体障害者手帳、精神障害者保健福祉手帳、療育手	①本人の個人番号カードまたはその写し（則8条）

第4節　マイナンバー法による規制

②戸籍謄本その他その資格を証明する書類（法定代理人）（則6条1項1号）	帳、在留カード、特別永住者証明書（則7条1項1号）	②本人の通知カードまたはその写し（則8条）
	②官公署から発行・発給された書類その他これに類する書類であって、写真の表示等の措置が施され、個人番号利用事務実施者が適当と認めるもの（ⅰ氏名、ⅱ年月日または住所、が記載されているもの）（則7条1項2号）	③本人の住民票または住民票記載事項証明書であって、氏名、出生の年月日、男女の別、住所及び個人番号が記載されたもの（則8条）
	国税関係の手続では、具体的には以下のいずれかを意味する（国税庁告示） ・税理士証票 ・写真付身分証明書等 ・写真付公的書類 ・個人番号利用事務等実施者が発行した書類であって識別符号または暗証符号等による認証により当該書類に電磁的方法により記録された個人識別事項を認識できるもの（提示時において有効なものに限る）	
	②' 法人の場合は、登記事項証明書等及び個人番号利用事務実施者が適当と認める書類（ⅰ商号または名称、ⅱ本店または主たる事務所の所在地、が記載されているもの）（則7条2項）	
	国税関係の手続では、具体的には以下のいずれかを意味する（国税庁告示） ・登記事項証明書、印鑑登録証明書その他の官公署から発行または発給をされた書類その他これに類する書類であって、当該法人の商号または名称及び本店または主たる事務所の所在地の記載があるもの（提示時において有効なものまたは発行もしくは発給をされた日から6か月以内のも	

のに限る。以下「登記事項証明書等」という）及び社員証等、現に個人番号の提供を行う者と当該法人との関係を証する書類（以下「社員証等」という）
- 国税等の領収証書等（当該法人の商号または名称及び本店または主たる事務所の所在地の記載があるもので、提示時において領収日付または発行年月日が6か月以内のものに限る。以下「法人に係る国税等の領収書等」という）及び社員証等

＜例外措置＞

（1）代理権の確認	（2）代理人の身元（実在）確認	（3）本人の番号確認
③上記①②が困難であると認められる場合には、官公署または個人番号利用事務実施者・個人番号関係事務実施者から本人に対し一に限り発行・発給された書類その他の代理権を証明するものとして個人番号利用事務実施者が適当と認める書類（則6条1項3号）（※） ※　本人の健康保険証などを想定。 国税関係の手続では、具体的には以下のいずれかを意味（国税庁告示） • 本人の署名及び押	③上記①②が困難であると認められる場合は、以下の書類を2つ以上（則9条1項） 一　公的医療保険の被保険者証、年金手帳、児童扶養手当証書、特別児童扶養手当証書 二　官公署または個人番号利用事務実施者・個人番号関係事務実施者から発行・発給された書類その他これに類する書類であって個人番号利用事務実施者が適当と認めるもの（ⅰ氏名、ⅱ生年月日または住所、が記載されているもの） 国税関係の手続では、具体的には以下のいずれかを意味（国税庁告示） • 写真なし身分証明書等 • 国税等の領収証書等 • 写真なし公的書類 • 本人交付用税務書類	④上記①〜③が困難であると認められる場合は、以下のいずれか（則9条5項） 【一・二（機構への確認等）は略】 三　過去に本人確認の上特定個人情報ファイルを作成している場合には、当該特定個人情報ファイルの確認 四　個人番号利用事務実施者が適当と認める書類（※） ※　源泉徴収票など個人番号利用事務実施者が発行する書類、自己の個人番号に相違ない旨の本人による申告書などを想定。

第4節　マイナンバー法による規制

印ならびに代理人の個人識別事項の記載及び押印があるもの（税理士法2条1項の事務を行う者から個人番号の提供を受ける場合を除く） ・個人番号カード、運転免許証、旅券その他官公署または個人番号利用事務等実施者から本人に対し一に限り発行されまたは発給をされた書類その他これに類する書類であって、個人識別事項の記載があるもの（提示時において有効なものに限り、税理士法2条1項の事務を行う者から個人番号の提供を受ける場合を除く）	④上記①②が困難であると認められる場合であって、財務大臣、国税庁長官、都道府県知事または市町村長が代理人たる税理士等から租税に関する事務において個人番号の提供を受けるときは、税理士名簿等の確認をもって③に代えることができる（則9条2項）。	国税関係の手続では、具体的には以下のいずれかを意味（国税庁告示） ・還付された個人番号カードまたは還付された通知カード ・本人交付用税務書類または官公署もしくは個人番号利用事務等実施者が発行または発給をした書類で個人番号及び個人識別事項の記載があるもの ・自身の個人番号に相違ない旨の本人による申立書（提示時において作成した日から6か月以内のものに限る）

　ここでも、上記**図表1-27**の中央の「代理人の身元（実在）確認」は、個人番号の提供を行う者と雇用関係にあること等の事情を勘案し、人違いでないことが明らかであると個人番号利用事務実施者（すなわち、書類を提出する先の行政機関等）が認める場合は不要であるとされている（則9条4項）。

　ここでいう「人違いでないことが明らかであると個人番号利用事務実施者が認める場合」とは、国税関係の手続では、具体的には**図表1-28**に記載した場合をいう（国税庁告示）。

図表1-28 代理人の身元（実在）確認が不要となる場合（国税関係の手続）

- 雇用契約成立時等に本人であることの確認を行っている雇用関係その他これに準ずる関係にある者であって、知覚すること等により、個人番号の提供を行う者が本人の代理人であることが明らかな場合

- 扶養親族等であって、知覚すること等により、個人番号の提供を行う者が本人の代理人であることが明らかな場合

- 過去に本人であることの確認を行っている同一の者から継続して個人番号の提供を受ける場合で、知覚すること等により、個人番号の提供を行う者が本人の代理人であることが明らかな場合

- 代理人が法人であって、過去に個人番号利用事務等実施者に対し規則7条2項に定める書類の提示を行っていること等により、個人番号の提供を行う者が本人の代理人であることが明らかな場合

b. オンライン

図表1-29 オンラインで提供を受ける場合の本人確認

（1）代理権の確認	（2）代理人の身元（実在）確認	（3）本人の番号確認
本人及び代理人のi氏名、ii生年月日または住所、ならびに代理権を証明する情報の送信を受けることその他の個人番号利用事務実施者が適当と認める方法（則10条1号）（※） ※ 電子的に作成された委任状、代理人の事前登録などを想定。 国税関係の手続では、具体的には以下のいずれかを意	代理人の公的個人認証による電子署名の送信を受けることその他の個人番号利用事務実施者が適当と認める方法（則10条2号）（※） ※ 公的個人認証による電子署名のほか民間による電子署名、個人番号利用事務実施者によるID・PWの発行などを想定。 国税関係の手続では、具体的には以下のいずれかを意味（国税庁告示） ・代理人に係る署名用電子証明書及び当該署名用電子証明書により確認される電子署名が行われた当該提供に係る情報の送信を受けること（公的個人認証法17条4項に規定する署名検証者又は同条5項に規定する署名確認者が個人番号	以下のいずれか（則10条3号） イ 過去に本人確認の上、特定個人情報ファイルを作成している場合には、当該特定個人情報ファイルの確認 ロ 官公署もしくは個人番号利用事務実施者・個人番号関係事務実施者から発行・発給された書類その他これに類する書類であって個人番号利用事務実施者が適当と認める書類（i個人番号、ii氏名、iii生年月日または住所、が記載されているもの）

第4節　マイナンバー法による規制

- 本人及び代理人の個人識別事項ならびに本人の代理人として個人番号の提供を行うことを証明する情報の送信を受けること
- 国税関係法令に係る行政手続等における情報通信の技術の利用に関する省令（平成15年財務省令第71号）4条2項の規定に基づき本人に通知した識別符号を入力して、当該提供に係る情報の送信を受けること

提供を受ける場合に限る）
- 代理人に係る国税手続電子証明書及び当該電子証明書により確認される電子署名が行われた当該提供に係る情報の送信を受けること（個人番号利用事務実施者が提供を受ける場合に限る）
- 代理人に係る民間電子証明書及び当該電子証明書により確認される電子署名が行われた当該提供に係る情報の送信を受けること（個人番号関係事務実施者が提供を受ける場合に限る）
- 代理人が法人である場合には、商業登記法12条の2第1項及び第3項の規定に基づき登記官が作成した電子証明書ならびに当該電子証明書により確認される電子署名が行われた当該提供に係る情報の送信を受けること（個人番号関係事務実施者が提供を受ける場合に限る）
- 個人番号関係事務実施者が本人であることの確認を行った上で代理人に対して一に限り発行する識別符号及び暗証符号等により認証する方法
- 代理人の個人番号カード、運転免許証、旅券その他官公署または個人番号利用事務等実施者から代理人に対し一に限り発行または発給をされた書類その他これに類する書類であって、個人識別事項の記載があるものの提示（提示時において有効なものに限る）もしくはその写しの提出を受けることまたは個人番号の提供を行う者の使用

もしくはその写しの提出または当該書類に係る電磁的記録の送信（※）

※　個人番号カード、通知カードの写しを別途送付・PDFファイルの添付送信などを想定。

国税関係の手続では、具体的には以下のいずれかを意味（国税庁告示）
- 本人の個人番号カードまたは通知カード
- 本人の還付された個人番号カードまたは還付された通知カード
- 本人の住民票の写しまたは住民票記載事項証明書であって、氏名、出生の年月日、男女の別、住所及び個人番号が記載されたもの
- 本人の本人交付用税務書類または官公署もしくは個人番号利用事務等実施者が発行または発給をした書類で個人番号及び個人識別事項の記載があるもの
- 本人が記載した自身の個人番号に相違ない旨の本人による申立書（提示時において作成した日から6か月以内のものに限る）

【その他、機構への確認等は略】

- 本人の代理人（当該代理人が法人の場合に限る）の社員等から個人番号の提供を受ける場合には、登記事項証明書等及び社員証等の提示を受けることもしくはその写しの提出を受けることまたは個人番号関係事務実施者の使用に係る電子計算機と個人番号の提供を行う者の使用に係る電子計算機とを電気通信回線で接続した電子情報処理組織を使用して提供を受けること（登記事項証明書等については、過去に当該法人から当該書類の提示等を受けている場合には、当該書類の提示等に代えて過去において提示等を受けた書類等を確認する方法によることができる）
- 本人の代理人（当該代理人が法人の場合に限る）の社員等から個人番号の提供を受ける場合には、法人に係る国税等の領収証書等及び社員証等の提示を受けることもしくはその写しの提出を受けることまたは個人番号関係事務実施者の使用に係る電子計算機と個人番号の提供を行う者の使用に係る電子計算機とを電気通信回線で接続した電子情報処理組織を使用して提供を受けること（法人に係る国税等の領収証書等については、過去に当該法人から当該書類の提示等を受けている場合には、当該書類の提示等に代えて過去において提示等を受けた書類等を確認する方法によることができる）

- 本人の代理人（当該代理人が税理士法人等の場合に限る）に所属する税理士等から個人番号の提供を受ける場合には、当該税理士等に係る署名用電子証明書及び当該署名用電子証明書により確認される電子署名が行われた当該提供に係る情報を、オン化省令4条2項の規定に基づき当該代理人または当該税理士等に通知した識別符号及び暗証符号を入力して送信を受ける方法（税理士法2条1項の事務に関し提供を受ける場合に限る）
- 本人の代理人（当該代理人が税理士法人等の場合に限る）に所属する税理士等から個人番号の提供を受ける場合には、当該税理士等に係る国税手続電子証明書及び当該国税手続電子証明書により確認される電子署名が行われた当該提供に係る情報を、オン化省令4条2項の規定に基づき当該代理人または当該税理士等に通知した識別符号及び暗証符号を入力して送信を受ける方法（同法2条1項の事務に関し提供を受ける場合に限る）

c．電話

　企業・団体が電話により提供を受けることができるのは、本人確認の上特定個人情報ファイルを作成している場合であって、個人番号利用事務・個人番号関係事務にあたって電話で個人番号の提供を受け、当該ファイルにおいて個人情報を検索、管理する場合に限られる。

　すなわち、電話による本人確認は初回の本人確認には利用できない点に留意が必要である。

図表 1-30　電話で提供を受ける場合の本人確認

（1）代理権の確認	（2）代理人の身元（実在）確認	（3）本人の番号確認
本人及び代理人しか知り得ない事項その他の個人番号利用事務実施者が適当と認める事項の申告を受ける（則9条3項）（※） ※　本人と代理人との関係、基礎年金番号などの固有の番号、給付の受取先金融機関名等の複数聴取などを想定。		過去に本人確認の上作成している特定個人情報ファイルの確認（則9条5項3号） 【その他、機構への確認等は略】
国税関係の手続では、具体的には以下を想定（国税庁告示） • 本人と代理人の関係及び個人番号利用事務等実施者により各人別に付された番号、本人との取引や給付等を行う場合において使用している金融機関の口座番号（本人名義に限る）、証券番号、直近の取引年月日等の取引固有の情報等のうちの複数の事項		

3 「利用」「提供」「廃棄」に関する規制

［１］個人番号の利用範囲の制限

① 概要

　個人番号の利用範囲は、社会保障、税、災害対策の３分野に限定されている。これを具体的に規定したのが、マイナンバー法９条である。

　同条は、個人番号を利用できる者及び利用できる事務の種類を限定列挙（図表１-31。ポジティブリスト方式）するとともに、当該事務の処理に「必要な限度」においてのみ個人番号を「利用」できることを明らかにしている。

　図表１-31のうち、①及び②に記載した個人番号を利用できる者及び事務が「個人番号利用事務（実施者）」（法２条10項・12項）であり、③に記載した個人番号を利用できる者及び事務が「個人番号関係事務（実施者）」（同条11項及び13項）である。

　マイナンバー法９条における「利用」とは、「申請・届出書に個人番号を記載して行政庁等に提出する行為、行政庁等における当該書類の受付、個人番号を用いた特定個人の検索、特定個人情報の保存、他の書類への個人番号の転記、情報提供ネットワークシステムを使用した情報照会の際の個人番号の入力、行政相談における個人番号による特定個人情報の検索等を意味する」（出典：宇賀克也著『番号法の逐条解説』49～50頁、有斐閣、2014年３月）とされている。

② 個人番号利用事務（１項及び２項）として個人番号を利用できる場面

　個人番号利用事務実施者は、マイナンバー法別表第一の下欄に掲げる事務（個人番号利用事務）に限って、個人番号の検索・管理のために個人番号を利用することができる（法９条１項・２項）。

　これらの事務は、主として、行政機関等が個人番号利用事務実施者として社会保障、税及び災害対策の分野で個人番号を利用するものである。

図表1-31 個人番号の利用範囲

	利用できる者	利用できる事務
①	法別表第一の上欄に掲げる行政機関、地方公共団体、独立行政法人等その他の行政事務を処理する者（事務の全部または一部の委託を受けた者も同様）（法9条1項） 　健康保険組合、年金の事業主等及び行政から委託を受けた企業・団体に関係	別表第一の下欄に掲げる事務
②	地方公共団体の長その他の執行機関（事務の全部または一部の委託を受けた者も同様）（法9条2項） 　行政から委託を受けた企業・団体に関係	福祉、保健もしくは医療その他の社会保障、地方税または防災に関する事務その他これらに類する事務であって条例で定めるもの
③	法令または条例の規定により、法9条1項または2項に規定する事務の処理に関して必要とされる他人の個人番号を記載した書面の提出その他の他人の個人番号を利用した事務を行うものとされた者（事務の全部または一部の委託を受けた者も同様）（法9条3項） 　すべての企業・団体に関係	左記事務
④	法9条3項により個人番号を利用できるとされている者のうち、所得税法225条1項1号、2号及び4号から6号までに掲げる者（法9条4項） 　金融機関に関係	激甚災害に対処するための特別の財政援助等に関する法律2条1項に規定する激甚災害が発生したときその他これに準ずる場合として政令で定めるときに、あらかじめ締結した契約に基づく金銭の支払を行う事務
⑤	法19条11号から14号までのいずれかに該当して特定個人情報の提供を受けた者（法9条5項） 　人の生命、身体または財産の保護が必要な場合に、すべての企業・団体に関係	その提供を受けた目的を達成するため

図表 1-32 企業・団体が個人番号利用事務として個人番号を利用できる場面

利用主体	利用事務の例
健康保険組合（法別表第一の2）	健康保険法による保険給付の支給等の事務（別表第一の命令2条） ［例］ 被保険者資格取得届受理・審査、傷病手当金・出産育児一時金等の支給、限度額適用・標準負担額減額認定証等の交付の事務
確定給付企業年金法29条1項に規定する事業主等（法別表第一の71）	確定給付企業年金法による年金である給付または一時金の支給に関する事務であって主務省令で定めるもの （番号制度当初からの利用は見送り）
確定拠出年金法3条3項1号に規定する事業主（法別表第一の72）	確定拠出年金法による企業型記録関連運営管理機関への通知、企業型年金加入者等に関する原簿の記録及び保存または企業型年金の給付もしくは脱退一時金の支給に関する事務であって主務省令で定めるもの （番号制度当初からの利用は見送り）

　企業・団体において個人番号利用事務実施者として個人番号を利用する事務としては、行政機関等から当該事務の委託を受けた場合のほか、健康保険組合及び年金の事業主等に係る事務が存在する（**図表1-32**）。

　図表1-32のうち、健康保険組合に係る事務については、2016（平成28）年1月から個人番号を利用することができ、別表第一の命令においてその事務の概要が明らかとなっている。

　これに対し、年金の事業主等に係る事務については、別表第一の命令においては規定されず、同命令のパブリックコメントにおける「考え方」において「個人番号を利用することによる効果や利用するための準備等の状況を踏まえ、番号制度当初からの個人番号の利用を見送る」（同パブリックコメントNo.3）こととされた。

　つまり、年金の事業主等においては、2016年1月の時点では、年金である給付または一時金の支給等の事務に個人番号を利用することはできないこととなった。

第1章 マイナンバー法の基礎知識

③ 個人番号関係事務（3項）として個人番号を利用できる場面

すべての企業・団体において個人番号を利用することとなる事務が、個人番号関係事務（図表1-31の③）である。

個人番号関係事務は、社会保障（社会保険）と税の分野に分けることができる。

社会保障（社会保険）の分野では、企業・団体（事業主）が、従業員等の健康保険、厚生年金保険、雇用保険、労災保険等に係る各種届出等に、従業員等の個人番号を記載し、年金事務所、健康保険組合、ハローワーク等に対して提出する事務が対象になる。

また、税の分野では、企業・団体が、支払調書等に、従業員、取引先、株主・出資者、顧客等の個人番号を記載し、税務署や地方公共団体に提出する事務が対象になる。

このように、マイナンバー法の施行に伴って、企業・団体が個人番号関係事務実施者として行う事務は広範囲にわたる。そのため、企業・団体においては、マイナンバー法の施行に向けて、個人番号を記載しなければならない帳票の洗出し、業務フローの変更、関連システムの改修等の様々な作業が生じることとなる（この点は、第2章で詳述する）。

④ 金融機関による激甚災害時等における金銭の支払事務（4項）として個人番号を利用できる場合

マイナンバー法9条4項では、「激甚災害が発生したときその他これに準ずる場合として政令で定めるとき」（※）に限り、例外的に、被災者の預金等の金融資産の引出しや生命保険、損害保険及びそれに類する共済の保険金等の支払を円滑に行うため、税務署に提出する支払調書に記載するため等の目的で預金取扱金融機関、証券会社、生命保険会社、損害保険会社、共済が保有する個人番号を顧客検索のキーとして利用することが認められている。

※ 「その他これに準ずる場合」とは、災害対策基本法63条1項その他内閣府令で定める法令の規定により一定の区域への立入りを制限され、もしくは禁止され、または当該区域からの退去を命ぜられた場合をいう（令10条）。

この条項は、東日本大震災の地震・津波の被害で預金通帳、キャッシュカード、保険証書、印鑑、本人確認書類などが紛失するなどし、被災者の生活資金等となるはずの金融資産の引出しや保険金等の受領が必ずしも円滑に行われなかった経験を踏まえて定められたものである。

5 人の生命、身体または財産の保護のために必要がある場合等（5項）

マイナンバー法9条5項において、同法19条11号から14号までのいずれかに該当して特定個人情報の提供を受けた者は、提供を受けた目的を達成するために必要な限度で個人番号を利用することが認められている。

マイナンバー法19条1号～14号（特定個人情報を提供できる場面の制限列挙）に基づき特定個人情報の提供を受けた者が個人番号を利用できないとすれば、特定個人情報の提供を受けた目的を達成することができないため、これらの者による個人番号の利用を認める必要がある。マイナンバー法9条5項は、同法19条1号～14号により特定個人情報の提供を受ける者のうち、マイナンバー法9条1項～4項の規定に必ずしも含まれない者について、個人番号の利用を認めたものである。

具体的には、以下①～④の場合に、個人番号を利用することができる。このうち企業・団体に関係するものは、③及び④である。

① 特定個人情報保護委員会からの情報提供の求めに対して同委員会に提供された特定個人情報（個人番号）の場合において、同委員会が利用する場合（法9条11号）

② 各議院の審査その他公益上の必要があるときに各議院、裁判所等に提供された特定個人情報（個人番号）の場合において、衆参両議院、裁判所等が利用する場合（同条12号）

③ 生命、身体または財産の保護のため必要がある場合で、本人の同意があり、または本人の同意を得ることが困難であるときに特定個人情報（個人番号）が提供された場合において、当該提供先が利用する場合（同条13号）

④ 特定個人情報保護委員会規則（※）で定める場合において、同号に基づ

く特定個人情報（個人番号）の提供先が利用する場合（同条14号）

※　本稿執筆時点において、「特定個人情報保護委員会規則」は公表されていないため、具体的にどのような場合に個人番号を利用することができるのかは明らかでない。

［2］特定個人情報ファイルの作成の制限

マイナンバー法28条においては、以下のとおり、特定個人情報ファイルの作成の制限が規定されている。

> （特定個人情報ファイルの作成の制限）
> **第28条**　個人番号利用事務等実施者その他個人番号利用事務等に従事する者は、第19条第11号から第14号までのいずれかに該当して特定個人情報を提供し、又はその提供を受けることができる場合を除き、個人番号利用事務等を処理するために必要な範囲を超えて特定個人情報ファイルを作成してはならない。

「個人番号利用事務等を処理するために必要な範囲」とは、例えば、従業員等の源泉徴収票の作成事務、健康保険等の被保険者資格取得届の作成事務等に利用すべく、従業員等の個人番号を含む特定個人情報ファイルを作成する場合があげられる。したがって、例えば、従業員の個人番号を利用して営業成績等を管理する特定個人情報ファイルを作成することはできない（番号法ガイドライン第4－1－(2)）。

なお、マイナンバー法19条11号～14号に該当する場合には「個人番号利用事務等を処理するために必要な範囲」でなくても特定個人情報ファイルの作成が認められているのは、特定個人情報ファイルを作成する必要性が認められる場合があり、かつ、それにより権利利益の侵害が生じるおそれも考えにくいためである。

マイナンバー法28条に違反し、特定個人情報ファイルの作成を行った場合には、特定個人情報保護委員会による勧告（法51条1項）の対象となり得る。

第4節　マイナンバー法による規制

[3] 特定個人情報の提供の制限

1 概要

マイナンバー法19条においては、以下のとおり、柱書において特定個人情報の提供を原則禁止し、各号において特定個人情報の提供が認められる場合を限定列挙している（図表1-33）。

> （特定個人情報の提供の制限）
> 第19条　何人も、次の各号のいずれかに該当する場合を除き、特定個人情報の提供をしてはならない。

図表1-33　マイナンバー法19条各号の提供主体と提供先

	提供主体	提供先
①	個人番号利用事務実施者（1号） 健康保険組合、年金の事業主等に関係	本人・代理人または個人番号関係事務実施者 すべての企業・団体に関係 （個人番号利用事務を処理するために必要な限度で）
②	個人番号関係事務実施者（2号） すべての企業・団体に関係	（個人番号関係事務を処理するために必要な限度で）
③	本人・代理人（3号）	個人番号利用事務等実施者 すべての企業・団体に関係
④	地方公共団体システム機構（4号）	個人番号利用事務実施者
⑤	委託元・事業譲渡人（5号） すべての企業・団体に関係	委託先・事業譲受人 すべての企業・団体に関係
⑥	市区町村長等（6号）	都道府県知事等
⑦	情報提供者（別表第二の第三欄に掲げる者。その者からの受託者を含む）（7号） 健康保険組合に関係	情報照会者（別表第二の第一欄に掲げる者。その者からの受託者を含む） 健康保険組合、年金の事業主等に関係 （情報提供ネットワークシステムを使用し

		て提供するとき）
⑧	国税庁長官（8号） 都道府県知事または市町村長（8号）	都道府県知事または市町村長 国税庁長官または他の都道府県知事または市町村長
⑨	地方公共団体の機関（9号）	当該地方公共団体の他の機関 （その事務を処理するために必要な限度で）
⑩	社債、株式等の振替に関する法律に規定する振替機関等（10号） 証券保管振替機構、証券会社等に関係	社債等の発行者等または他の振替機関等 証券保管振替機構、証券会社、発行会社、株主名簿管理人等に関係
⑪	特定個人情報保護委員会から法52条1項の規定により報告等を求められた者（11号） すべての企業・団体に関係	特定個人情報保護委員会
⑫	（特定されていない）（12号） すべての企業・団体に関係	各議院、裁判所、警察・検察等
⑬	（特定されていない）（13号） （人の生命、身体または財産の保護のために必要がある場合等） すべての企業・団体に関係	（特定されていない） すべての企業・団体に関係
⑭	（特定されていない）（14号） （特定個人情報保護委員会規則で定める場合）	（特定されていない）

　特定個人情報の提供については、個人情報保護法23条（個人データの第三者提供の制限）の規定は適用除外とされている（法29条3項）ことから、マイナンバー法19条は、特定個人情報の提供制限について、個人情報保護法上のルールの適用を除外した上で、新たなルールを制定したものである。

　つまり、個人情報保護法23条による第三者提供（本人の同意による第三者提供、オプトアウトによる第三者提供、共同利用等）は、特定個人情報についてはできないので留意が必要である（詳細は後記第7節3（108頁））。

同条において「何人も」と規定されている以上、本人であっても、同条各号（3号）に該当する場合を除き、第三者に対する特定個人情報の提供は禁止されている（個人情報保護法23条1項が、個人情報取扱事業者に対してのみ提供制限の義務を負わせているのとは大きく異なっている）。

また、特定個人情報の提供先が第三者に限定されていないため、マイナンバー法19条各号（1号及び2号）に該当する場合を除き、本人に対する特定個人情報の提供も禁止されている（※）（この点も、個人情報保護法23条1項が、本人に対する個人データの提供を一般的に認めているのとは大きく異なっている）。

※ ただし、個人情報保護法25条に基づく開示の求め、同法26条に基づく訂正等の求めまたは同法27条に基づく利用停止等の求めにおいて、本人から個人番号を付して求めが行われた場合や、本人に対しその個人番号または特定個人情報を提供する場合は、マイナンバー法19条各号に定めはないものの、法の解釈上当然に特定個人情報の提供が認められるとされている（番号法ガイドライン第4-3-(2)）。

マイナンバー法19条における「特定個人情報の提供」とは、「法的な人格を超える特定個人情報の移動」（番号法ガイドライン第4-3-(2)）を意味するものとされている。したがって、同一法人の内部等の法的な人格を超えない特定個人情報の移動は、「提供」ではなく「利用」にあたり、利用の制限（法9条、29条3項、32条等）に係る規定に従うこととなる。

例えば、ある企業の営業部に所属する従業員の個人番号が、同部庶務課を通じ、給与所得の源泉徴収票を作成する目的で同一企業の経理部に提出された場合には、「提供」ではなく「利用」にあたる。

他方、グループ企業内であっても、異なる法人に特定個人情報を移動することは「提供」にあたり、原則としてできない。

以下、特定個人情報の提供が例外的に認められている場合（法19条各号）について、個別に解説する。

2 個人番号利用事務実施者からの提供（1号）

個人番号利用事務実施者は、個人番号利用事務を処理するために必要な限度

図表1−34 個人番号利用事務実施者からの提供

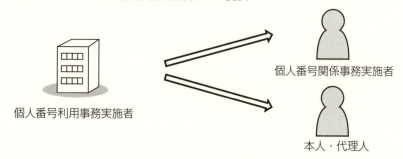

で、本人、代理人または個人番号関係事務実施者に対し特定個人情報を提供することができる（図表1−34）。

　本人に対し特定個人情報を提供する場合の例として、年金保険者が、本人からの問い合わせに対し、年金保険料の納付状況等について個人番号を記載して回答するような場合があげられる。

　また、個人番号関係事務実施者に対し特定個人情報を提供する場合の例として、市区村長が、住民税を徴収する事務（個人番号利用事務）のために、企業・団体に対し、その従業員の個人番号とともに、特別徴収税額を通知する場合（地方税法321条の4第1項）があげられる。

③ 個人番号関係事務実施者からの提供（2号）

　個人番号関係事務実施者は、個人番号関係事務を処理するために必要な限度で、特定個人情報を提供することができる（図表1−35）。提供先については定められていないが、個人番号利用事務実施者、本人または代理人が想定されている。

　企業・団体が特定個人情報を提供する場面の典型例が、この2号のケースである。

　個人番号利用事務実施者に対し特定個人情報を提供する場合の例として、企業・団体が、給与所得の源泉徴収票にその従業員の個人番号を記載して、税務署に提出する場合（所得税法226条1項、同法施行規則93条1項）があげられる。

第4節　マイナンバー法による規制

図表1-35　個人番号関係事務実施者からの提供

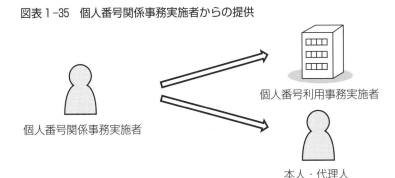

　また、本人に対し特定個人情報を提供する場合の例として、保険者等が、保険料額の基礎となる標準報酬月額(特定個人情報)を企業・団体に通知し、企業・団体が本人に通知する場合があげられる。

④ 本人または代理人からの提供（3号）

　本人またはその代理人は、個人番号利用事務等実施者に対し、当該本人の個人番号を含む特定個人情報を提供することができる（図表1-36）。

　企業・団体が特定個人情報の提供を受ける場面の典型例が、この3号のケースである。

図表1-36　本人または代理人からの提供

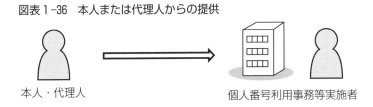

　本人から個人番号利用事務実施者に対し特定個人情報を提供する場合の例として、社会保障関連の給付申請書に個人番号を記載して地方公共団体等に提出する場合があげられる。

　また、本人から個人番号関係事務実施者に対し特定個人情報を提供する場合

の例として、従業員が、勤務先の給与所得の源泉徴収票作成事務のために、個人番号等を含む特定個人情報を勤務先に提供する場合があげられる。

5 地方公共団体情報システム機構からの提供（4号）

地方公共団体情報システム機構は、マイナンバー法14条2項の規定により個人番号利用事務実施者から機構保存本人確認情報（個人番号及び基本4情報）の提供を求められた場合、個人番号利用事務実施者に対し当該情報（特定個人情報）を提供することができる。

6 委託、合併等に伴う提供（5号）

①特定個人情報の取扱いの全部または一部の委託を行う場合、委託元は委託先に対し、特定個人情報を提供することができ、②合併その他の事由による事業の承継の場合、事業譲渡人は事業譲受人に対し、特定個人情報を提供することができる。

7 住民基本台帳法の規定による提供（6号）

住民基本台帳法の改正により、住民票に個人番号が記載されることとなった（同法7条8号の2）。これにより、市区町村長から都道府県知事に対し通知される本人確認情報にも個人番号が含まれることとなった。

そこで、市区町村長が都道府県知事に対し本人確認情報（特定個人情報）を提供する場合（同法30条の6第1項）その他政令（令19条）で定める同法の規定により特定個人情報を提供する場合に、特定個人情報の提供が認められている。

8 情報提供ネットワークシステムを通じた提供（7号）

情報照会者（別表第二の第一欄に掲げる者。その者からの受託者を含む）が、情報提供者（同表の第三欄に掲げる者。その者からの受託者を含む）に対し、同表の第二欄に掲げる事務を処理するために必要な同表の第四欄に掲げる特定個人情報（情報提供者の保有する特定個人情報ファイルに記録されたものに限る）の提供

図表1-37 情報提供ネットワークシステムを通じた提供

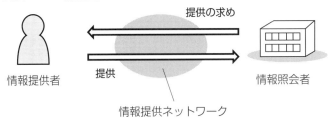

を求めた場合、情報提供者は情報提供ネットワークシステムを使用して当該特定個人情報を提供することになる（図表1-37）。

企業・団体に関係するものとしては、

① 健康保険組合が情報提供者となる場合（別表第二の1項）、情報照会者となる場合（同表3項）
② 確定給付企業年金法上の事業主及び確定拠出年金法上の事業主等が情報照会者となる場合（同表98項、99項）

があげられる（後記第3章で詳述する）。

情報提供ネットワークについては、まず2017（平成29）年1月より国の機関間の連携から開始し、地方公共団体や健康保険組合等は2017年7月を目処に連携を開始する予定とされている。

したがって、民間の団体のうち、健康保険組合は2017年7月までに、情報提供ネットワークを経由した情報連携の準備が必要である。

9 国税庁、都道府県及び市町村の間の提供（8号）

国税庁、都道府県及び市町村の間で、地方税法46条4項・5項、48条7項、72条の58、317条または325条の規定その他政令で定める同法または国税に関する法律の規定により国税または地方税に関する特定個人情報を提供する場合において、当該特定個人情報の安全を確保するために必要な措置として政令（令23条・29条、則20条）で定める措置を講じているときは、当該特定個人情報を提供することができる。

10 同一地方公共団体内の執行機関間の提供（9号）

　地方公共団体の機関は、条例で定めるところにより、当該地方公共団体の他の機関に、その事務を処理するために必要な限度で特定個人情報を提供することができる。

　本規定が適用されるのは、例えば、地方公共団体の教育委員会の求めに応じて、同一地方公共団体の首長部局の税務担当課が、条例に定めるところにより、地方税に係る特定個人情報を提供する場合があげられる。

11 株式等振替制度を活用した提供（10号）

　社債、株式等の振替に関する法律2条5項に規定する振替機関等(振替機関(※1)及び口座管理機関(※2))は、同条1項に規定する社債等の発行会社（これに準ずる者として政令(※3)で定める者を含む）、他の振替機関または口座管理機関に対し、各者をつなぐオンラインシステムを利用して、同法の規定等に基づき、支払調書に記載されるべき個人番号として株主（出資者等を含む。以下同じ）が振替機関または口座管理機関に告知した特定個人情報（総株主情報にあたるもの）を、その特定個人情報の安全を確保するために必要な措置として政令(※4)で定める措置を講じた上で、提供することができる。

　※1　振替機関とは、同法3条1項の規定により主務大臣の指定を受けた株式会社をいう（同法2条2項）。㈱証券保管振替機構のことである。
　※2　口座管理機関とは、同法44条1項の規定による口座の開設を行った者及び同条2項に規定する場合における振替機関をいう（同法2条2項）。証券会社等のことである。
　※3　施行令24条。例えば、会社法123条に規定する株主名簿管理人または同法683条に規定する社債原簿管理人があげられている。
　※4　施行令25条・29条、施行規則21条。詳細は第2章。

　つまり、上場企業は、株主から直接個人番号の提供を受ける必要はなく、証券保管振替機構経由で提供を受けることができる（詳細は第2章）。

　図表1-38は、株式の配当に係る支払調書作成事務について、株式等振替制度を活用した特定個人情報の流れを図示したものである。実線の矢印が、マイナンバー法19条10号に基づく特定個人情報の提供に該当する。

図表 1-38 株式等振替制度を活用した提供

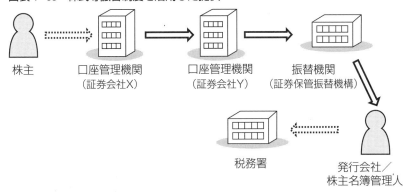

また、株主から口座管理機関に対する特定個人情報の提供は同条3号を、発行会社から税務署に対する特定個人情報の提供は同条2号を根拠として行われることとなる。

12 特定個人情報保護委員会からの提供の求めに対する提供（11号）

マイナンバー法52条1項の規定（特定個人情報保護委員会による報告の要求及び立入検査等）により同委員会から特定個人情報の提供を求められた場合には、当該情報を同委員会に提供することができる。

同条項により特定個人情報の提供が事実上義務づけられている以上、当然のことを定めたものである。

13 各議院審査等その他公益上の必要があるときの提供（12号）

マイナンバー法19条12号においては、公益上の必要がある場合として、以下の場合には、各議院、裁判所、警察・検察庁、国税庁、会計検査院等に対し特定個人情報を提供することができる。

① 各議院の審査、調査の手続
② 訴訟手続その他の裁判所における手続
③ 裁判の執行

④　刑事事件の捜査
⑤　租税に関する法律の規定に基づく犯則事件の調査
⑥　会計検査院の検査が行われるとき
⑦　その他政令で定める公益上の必要があるとき

　したがって、例えば、民事裁判において、第三者が裁判所による文書提出命令を受けて、特定個人情報が含まれる書証等を裁判所及び相手方に提出することや、当事者が同書証等を裁判所及び相手方に提出することは、上記②に該当すると考えられることから、基本的に許容されるものと解される。

　他方、弁護士会照会に対する回答として特定個人情報を提供することは、上記①～⑦のいずれにも該当しないことから、基本的に許容されないものと解されている。

　なお、「その他政令で定める公益上の必要があるとき」としては、施行令26条及び施行令別表において、

①　独禁法の規定による犯則事件の調査（別表2号）
②　金融商品取引法の規定による犯則事件の調査（同表4号）
③　租税調査（同表8号）
④　個人情報保護法の規定による報告徴収（同表19号）
⑤　犯罪収益移転防止法の規定による届出（同表23号）

等が定められている。

14　人の生命、身体または財産の保護のための提供（13号）

　人の生命、身体または財産の保護のために必要がある場合において、本人の同意があり、または本人の同意を得ることが困難であるときは、特定個人情報を提供することができる。

　例えば、災害が発生しようとしまたは発生しているときに、要支援者を優先的に避難させるために必要があり本人の同意を得ることが困難な場合において、市区町村が、他の市区町村に対し個人番号を付した介護関係情報（特定個人情報）を提供する場合や、客が小売店で個人番号カードを落とした場合に、

当該小売店が警察に遺失物として当該個人番号カードを届け出る場合（番号法ガイドライン第4-3-(2)）があげられる。

15 その他特定個人情報保護委員会規則で定める場合の提供（14号）

マイナンバー法19条1号～13号に定める場合のほか、特定個人情報保護委員会規則で定められた場合においても、特定個人情報を提供することができる。

具体的には、条例に基づき個人番号を利用している事務について、必要な限度で特定個人情報を提供する場合や、一度限りの特定個人情報の提供で別表第二や本条各号に規定する必要性が乏しい場合などが想定されている。

[4] 特定個人情報の収集・保管の制限

マイナンバー法20条は、特定個人情報の収集・保管の制限について規定している。

> （収集等の制限）
> 第20条　何人も、前条各号のいずれかに該当する場合を除き、特定個人情報（他人の個人番号を含むものに限る。）を収集し、又は保管してはならない。

すなわち、同条は、「何人も」、マイナンバー法19条各号のいずれかに該当する場合を除き、特定個人情報を収集し、または保管してはならないと定め、特定個人情報の収集・保管を原則禁止している。

「収集」とは、集める意思を持って自己の占有に置くことを意味し、「保管」（※）とは、自己の勢力範囲内に保持することを意味する。

※　「保管」の制限については、後述する「情報管理」に係る規制でもあることから、「情報管理」の項も参照されたい。

したがって、一般的な企業・団体についていえば、社会保険関係の書類や税務関係の支払調書・源泉徴収票等に個人番号を記載して行政機関等に提出する場合を除き、特定個人情報を持つことそのものが違法となってしまうから注意が必要である。

例えば、金融機関の従業員が、身分確認書類として個人番号カードの提示を受けた場合において、写真等を確認して身分確認をするにとどまらず、そこに記載された個人番号を書き取ったり、個人番号が記載されている個人番号カードの裏面をコピーして保存することは許されない。

また、特定個人情報の収集・保管が認められるのは、マイナンバー法で限定的に認められた事務を処理するためであるから、これらの事務を行う必要がなくなり、かつ、関係法令において定められている当該情報の保存期間が経過した場合には、個人番号をできるだけすみやかに廃棄または削除することが義務づけられている（番号法ガイドライン第4-3-(3)）（※）。

※　廃棄については、後述する第3章第1節❸〔5〕（307頁）の物理的安全管理措置も参照されたい。

マイナンバー法20条に違反し、特定個人情報の収集・保管を行った場合には、特定個人情報保護委員会による勧告（法51条1項）の対象となり得る。

4 「情報管理」に関する規制

[1] 安全管理措置を講じる義務

個人番号は、わが国に住民票を有するすべての者に割り当てられ（悉皆性）、割り当てられた個人番号に重複はない（唯一無二性）。

そのため、個人番号が漏えいすれば、それを悪用して不当なデータマッチングに利用される危険があり、特定個人情報ファイルは、その検索の容易性及びそれに含まれる個人情報の大量性ゆえに、これが漏えいした場合には、個人の権利利益に対する重大な侵害をもたらすおそれがある。

また、個人番号の滅失または毀損は、国民による効率的な行政サービスの利用を阻害する。そこで、個人番号利用事務等実施者は、個人番号の漏えい、滅失または毀損の防止その他の個人番号の適切な管理のために必要な措置（安全管理措置）を講じなければならないと義務づけられている（法12条（※））。

※ 個人情報保護法上、個人情報取扱事業者（個人情報保護法2条3項）には個人データについて同様の安全管理措置を講じることが義務づけられている（個人情報保護法20条）。
　個人番号は、死者の個人番号を除き、個人情報保護法上の個人情報に該当するとされているため、「個人データ」にあたる場合、個人番号についても個人情報保護法20条が適用される。そのため、マイナンバー法12条は、「個人データ」にあたらない個人番号の安全管理措置、個人情報保護法が適用されない者の個人番号の安全管理措置及び死者の個人番号の安全管理措置等を義務づけたことに独自の意義があると解される。

　他方、特定個人情報（個人番号をその内容に含む個人情報）については、個人情報取扱事業者（個人情報保護法2条3項）は個人情報保護法20条を根拠に、個人情報取扱事業者でない個人番号取扱事業者はマイナンバー法33条を根拠に安全管理措置を講じる義務を負う。

　特定個人情報については、マイナンバー法上、個人情報取扱事業者でない個人番号取扱事業者の安全管理措置規定があるのみであるが（法33条）、個人情報取扱事業者でない個人番号取扱事業者以外の事業者が安全管理措置を講じなくてよいということではない。マイナンバー法は個人情報保護法の「特例を定めることを目的」としていることから（法1条）、マイナンバー法に規定がなくとも個人情報保護法上の規定が適用されることになる（逆に、個人情報取扱事業者でない個人番号取扱事業者には個人情報保護法上の安全管理措置を講じる義務がないことから、マイナンバー法で特に規定されたといえる）。

［2］個人番号利用事務等の委託に関する規制

　マイナンバー法において、個人番号利用事務等の委託をすることは可能である（法9条3項）。

　ただし、マイナンバー法では、個人番号利用事務等の委託に関する規制として、以下のとおり、再委託の許諾（法10条）及び委託先の監督義務（法11条）が定められているので注意を要する。

① 再委託の許諾

　個人番号利用事務等実施者は、個人番号利用事務等を第三者に委託すること

ができ、当該委託の際に、本人の同意は必要とされていない（この点は、個人情報保護法23条4項1号と同様である）。しかし、個人番号利用事務等の委託を受けた者が当該事務を再委託する場合には、「委託をした者の許諾」を得なければならない（法10条1項）。

このように、委託をした者の許諾を再委託の要件とすることで、個人番号利用事務等が委託者の関知しないところで再委託がなされることを防止し、委託者が必要かつ適切な監督をすることによって個人番号が漏えい、滅失またはき損することを防止している。

なお、再委託を受けた者は、「個人番号利用事務等の全部又は一部の委託を受けた者」とみなされる（法10条2項）。そのため、個人番号利用事務等を更に委託（再々委託）することが可能である（法10条1項）。反面、再々委託の際には最初の委託者の許諾を得なければならない（番号法ガイドライン第4-2-(1)）。

再委託以降のすべての委託に最初の委託者の許諾を必要とすることで、個人番号利用事務等を適切に行うことのできない委託先への再委託等を防ぎ、最初の委託者に、委託後の事務遂行にも責任を持って適正を確保することを要求しているのである（図表1-39）。

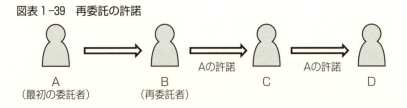

図表1-39　再委託の許諾

A（最初の委託者）　B（再委託者）　Aの許諾　C　Aの許諾　D

2　委託先の監督義務

個人番号利用事務等を委託する者は、委託先において個人番号利用事務等で取り扱う個人番号及び特定個人情報の安全管理が図られるように「必要かつ適切な監督」を行うことが義務づけられる（法11条。この点も個人情報保護法22条と同様である）。

この「必要かつ適切な監督」には、①委託先の適切な選定、②委託先に安全管理措置を遵守させるために必要な契約の締結、③委託先における特定個人情報の取扱状況の把握が含まれる（番号法ガイドライン第4-2-(1)）。

　委託を受けた者は、個人番号及び特定個人情報について安全管理措置を講じる義務を負うことから（法12条、及び個人情報保護法20条または法33条）、委託者は、委託を受けた者がマイナンバー法に基づき委託者自らが果たすべき安全管理措置と同等の措置が講じられるよう必要かつ適切な監督を行わなければならないことになる（番号法ガイドライン第4-2-(1)）。

　なお、個人番号利用事務等が再委託、再々委託された場合には、最初の委託者は図表1-40のような監督義務を負う。

図表1-40　監督の内容（最初の委託者の監督）

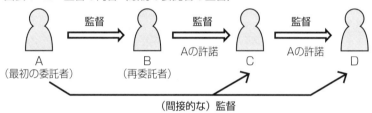

　例えば、図表1-40のように、個人番号利用事務等についてAからB、BからC、CからDと委託が繰り返された場合、A、B、Cはそれぞれ直接の委託先に対して監督義務を負う（法11条）。

　また、最初の委託者であるAのBに対する監督義務の内容は、Cへの再委託の内容が適切であるかということの監督に限られず、BがCやDに対して「必要かつ適切な監督」を行っていることの監督まで含まれる。

　その結果、Aは、Bに対する監督を通じて、間接的にCやDを監督する義務を負うことになる（番号法ガイドライン第4-2-(1)）。

　なお、再委託、再々委託等がなされる場合、委託者は最初の委託者であるAの許諾を得る必要があることから（法10条1項）、Aは個人番号利用事務等の委託先を知ることができ、BがCに対して必要かつ適切な監督を行ってい

るかを監督することが可能となる。

これに対し、再委託者であるBは、再々委託がなされたとしても、Cが誰に再々委託をしたのかを当然には知ることができない（Cが許諾を得なければならない相手はBではなく、最初の委託者であるAであるためである）。

そこで、BがCに対する適切な監督をするために、BC間の再委託契約において、再々委託の条件や内容、再々委託先をBに通知することなどを事前に合意しておくことが有用である（図表1-41）。

（注）番号法ガイドラインでは、「通知義務等を盛り込むことが望ましい」とされている（番号法ガイドライン第4-2-(1)）。

図表1-41　監督の内容（再委託者の監督）

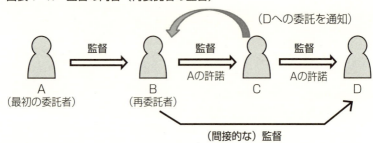

[3] 番号法ガイドライン

特定個人情報保護委員会は国民生活にとっての個人番号その他の特定個人情報の有用性に配慮しつつ、その適正な取扱いを確保するために必要な措置を講ずることを任務としている（法37条）。そのため、特定個人情報保護委員会は番号法ガイドライン（特定個人情報の適正な取扱いに関するガイドライン）を公表している。

番号法ガイドラインの構成は図表1-42のとおりであり、企業・団体に関係するのは「事業者編」とその「別冊」である。ただし、行政機関等から個人番号利用事務の委託を受けた企業・団体には、「特定個人情報の適正な取扱いに

第4節　マイナンバー法による規制

図表1-42　番号法ガイドラインの構成

```
┌─ 特定個人情報の適正な取扱いに関するガイドライン（行政機関等・地方公共
│　 団体等編）
└─ 特定個人情報の適正な取扱いに関するガイドライン（事業者編）（「番号法ガ
　　イドライン」）
　　　└─（別冊）金融業務における特定個人情報の適正な取扱いに関するガイド
　　　　　ライン（「番号法金融業務ガイドライン」）
```

関するガイドライン（行政機関等・地方公共団体等編）」が適用される。

　番号法ガイドラインは、個人情報保護法でいえば各省庁が策定しているガイドラインに対応するものである。

　個人情報保護法上のガイドラインは事業分野ごとに策定されているのに対し、特定個人情報保護委員会が策定するガイドラインは個人番号を取り扱うすべての事業者に適用される（ただし、金融機関が行う金融業務に関しては「別冊」が適用される）。

(注)　特定個人情報は個人番号を含む個人情報であることから、個人情報保護法に関し各省庁が策定したガイドラインを遵守する必要もあることに留意しなければならない（番号法ガイドライン第3-3-(2)）。

　番号法ガイドラインに定められた内容は特定個人情報保護委員会が法令違反か否かを判断するための基準になることから、企業・団体が特定個人情報を取り扱う際に最も重要な指針となる。

　番号法ガイドラインにおいて、「しなければならない」「してはならない」と記載されている事項については、記載内容に従っていない場合に特定個人情報保護委員会が法令違反と判断する可能性があり、他方、「望ましい」と記載されている事項については、記載内容に従っていなくとも直ちに法令違反と判断することはないが、マイナンバー法の趣旨を踏まえ、可能な限り対応することが求められることになる（番号法ガイドライン第1）。

　そのため、企業・団体は、これに従って特定個人情報を適正に取り扱う体制を整備する必要がある。

なお、例えば、個人情報保護法上のガイドラインとして経済産業省が定める「個人情報の保護に関する法律についての経済産業分野を対象とするガイドライン」(2014年12月12日厚生労働省・経済産業省告示第4号)では、「望ましい」と記載されている事項に従わなかった場合に「規定違反とされることはない」とされており、番号法ガイドラインにおける「直ちに法令違反と判断されることはない」とは若干ニュアンスが異なっている。

特定個人情報保護委員会は、番号法ガイドラインで「望ましい」と記載されている事項についても法令違反と判断する余地を残していることに注意する必要がある。

[4] 特定個人情報保護評価

特定個人情報保護評価とは、行政機関の長等が、特定個人情報保護委員会の「特定個人情報保護評価に関する規則」及び「特定個人情報保護評価指針」に従い、特定個人情報保護ファイルを保有する前、及び、特定個人情報ファイルについて重要な変更を加える前に、特定個人情報保護委員会の承諾を受ける制度である(法27条)。

これは、諸外国のプライバシー影響評価(Privacy Impact Assessment(PIA))に相当するものである。

すなわち、プライバシーに関わる情報(特定個人情報)を保有しようとする場合には、事前に、個人の権利利益に与える影響を予測した上で漏えい等が発生するリスクを分析し、そのリスクを軽減するための適切な措置を講じさせることを目的としたものである。

① 実施主体

特定個人情報保護評価を実施しなければならない主体は、「行政機関の長等」である(法27条)。

「行政機関の長等」とは、行政機関の長、地方公共団体の機関、独立行政法人等、地方独立行政法人及び地方公共団体情報システム機構ならびにマイナン

バー法19条7号に規定する情報照会者及び情報提供者をいう（法2条14項）。

そして、マイナンバー法19条7号は、以下のとおり、別表第二の第三欄に掲げる「情報提供者」が、別表第二の第一欄に掲げる「情報照会者」に情報提供ネットワークシステムを使用して特定個人情報を提供するときをあげている。

> （特定個人情報の提供の制限）
> 第19条（略）
> 　七　別表第二の第一欄に掲げる者（法令の規定により同表の第二欄に掲げる事務の全部又は一部を行うこととされている者がある場合にあっては、その者を含む。以下「情報照会者」という。）が、政令で定めるところにより、同表の第三欄に掲げる者（法令の規定により同表の第四欄に掲げる特定個人情報の利用又は提供に関する事務の全部又は一部を行うこととされている者がある場合にあっては、その者を含む。以下「情報提供者」という。）に対し、同表の第二欄に掲げる事務を処理するために必要な同表の第四欄に掲げる特定個人情報（情報提供者の保有する特定個人情報ファイルに記録されたものに限る。）の提供を求めた場合において、当該情報提供者が情報提供ネットワークシステムを使用して当該特定個人情報を提供するとき

ここで、別表第二を見ると、企業・団体に直接関係がある記載は、**図表1-43**のとおりである。

図表1-43　別表第二のうち企業・団体に直接関係があるもの

情報照会者	事務	情報提供者	特定個人情報
1　厚生労働大臣	健康保険法5条2項の規定により厚生労働大臣が行うこととされた健康保険に関する事務であって主務省令で定めるもの	医療保険者（医療保険各法（健康保険法、船員保険法、私立学校教職員共済法、国家公務員共済組合法、国民健康保険法または地方公務員等共済組合法をいう。以下同じ）により医療に関する給付の支給を行う全国健康保険協会、健康保険組合、	医療保険各法または高齢者の医療の確保に関する法律による医療に関する給付の支給または保険料の徴収に関する情報（以下「医療保険給付関係情報」という）であって主務省令で

		日本私立学校振興・共済事業団、共済組合、市町村長または国民健康保険組合をいう。以下同じ）または後期高齢者医療広域連合	定めるもの
		（略）	（略）
2 全国健康保険協会	健康保険法による保険給付の支給に関する事務であって主務省令で定めるもの	医療保険者または後期高齢者医療広域連合	医療保険給付関係情報であって主務省令で定めるもの
		（略）	（略）
3 健康保険組合	健康保険法による保険給付の支給に関する事務であって主務省令で定めるもの	医療保険者または後期高齢者医療広域連合	医療保険給付関係情報であって主務省令で定めるもの
		健康保険法55条に規定する他の法令による給付の支給を行うこととされている者	健康保険法55条に規定する他の法令による給付の支給に関する情報であって主務省令で定めるもの
		市町村長	地方税関係情報、住民票関係情報または介護保険給付関係情報であって主務省令で定めるもの
		厚生労働大臣もしくは日本年金機構または共済組合等	年金給付関係情報であって主務省令で定めるもの
98 確定給付企業年金法29条1項に規定する事業主等または企業年金連合会	確定給付企業年金法による年金である給付または一時金の支給に関する事務であって主務省令で定めるもの	厚生労働大臣または日本年金機構	年金給付関係情報であって主務省令で定めるもの

99 確定拠出年金法3条3項1号に規定する事業主	確定拠出年金法による企業型年金の給付または脱退一時金の支給に関する事務であって主務省令で定めるもの	厚生労働大臣または日本年金機構	年金給付関係情報であって主務省令で定めるもの

　以上から、健康保険組合、及び年金の事業主等（※）は、情報提供ネットワークシステムを使用して情報連携を行う際には、「行政機関の長等」にあたることになるから、特定個人情報保護評価の実施を義務づけられることになる（図表1-44）。

　※　その他、共済組合、社会福祉協議会等も「行政機関の長等」にあたり得る。

　これに対し、情報提供ネットワークシステムを使用した情報連携を行わない企業・団体は、特定個人情報保護評価の実施は義務づけられない。

　もっとも、特定個人情報保護評価を義務づけられない企業・団体も、「任意の判断で特定個人情報保護評価を実施することは妨げられるものではなく、むしろ望ましい」（「特定個人情報保護評価指針の解説」）、「任意に特定個人情報保護評価の手法を活用することは、特定個人情報の保護の観点から有益である」とされている（番号法ガイドライン第4-5、番号法金融業務ガイドライン5）ことに留意が必要である（詳細は第3章）。

図表1-44　特定個人情報保護評価の義務づけ対象者

義務づけ対象者	
行政機関の長、独立行政法人等	特定個人情報保護評価を行うことが義務づけられる ⇒行政機関等の特定個人情報保護評価の実施手続
地方公共団体情報システム機構	
情報提供ネットワークシステムを使用した情報連携を行う事業者	
地方公共団体の長その他の機関	特定個人情報保護評価を行うことが義務づけられる ⇒地方公共団体等の特定個人情報保護評価の実施手続
地方独立行政法人	
非義務づけ対象者	
情報提供ネットワークシステムを使用した情報連携を行わない事業者	・「任意の判断で特定個人情報保護評価を実施することは妨げられるものではなく、むしろ望ましい」 ・「任意に特定個人情報保護評価の手法を活用することは、特定個人情報の保護の観点から有益である」

2 実施内容

　特定個人情報保護評価は個人のプライバシー等の権利利益を保護するために実施されるものであるが、特定個人情報ファイルを取り扱うすべての事務について詳細な特定個人情報保護評価を実施することは多大な労力を要する。

　そこで、個人のプライバシー等の権利利益に対して影響を与える可能性の観点から、①事務の対象人数、②特定個人情報ファイルの取扱者数、③特定個人情報に関する重大事故（※）の有無という客観的な判断項目に基づき、実施が義務づけられる特定個人情報保護評価の内容が決する仕組みがとられている（図表1-45）。

　※　しきい値判断における「重大事故」とは、「評価実施機関が法令に基づく安全管理措置義務を負う個人情報を漏えい、滅失又は毀損した場合であって、故意による又は当該個人情報の本人（個人情報によって識別される特定の個人であって、当該評価実施機関

図表1-45 しきい値判断フロー図

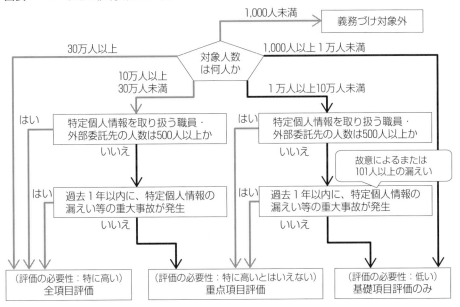

の従業者を除く。）の数が101人以上のもの（配送事故等のうち当該評価実施機関の責めに帰さない事由によるものを除く。）をいう」と定義されている（「特定個人情報保護評価指針」第2の6）。

　このように、法令上の事務ごとに実施が義務づけられる特定個人情報保護評価を決定するプロセスを「しきい値判断」と呼んでいる。
　しきい値判断の結果、実施しなければならない特定個人情報保護評価の内容は、「基礎項目評価」「重点項目評価」「全項目評価」の3つに分かれる。
　評価の必要性が低いと判断された場合には、「基礎項目評価」のみを実施すれば足りる。
　基礎項目評価は、特定個人情報ファイルを取り扱う事務の概要、システムの名称、特定個人情報ファイルの名称等を記載し、評価実施機関が特定個人情報の漏えい等を発生させるリスクを認識し、当該リスクを軽減するための適切な措置を講じていることを確認の上、宣言するものである（「特定個人情報保護評

価指針」第9の2(1))。

評価の必要性が特に高いとはいえない場合には、基礎項目評価に加え「重点項目評価」を実施することになる。

重点項目評価は、特定個人情報ファイルを取り扱う事務の内容、システムの機能、特定個人情報ファイルの名称等に加え、特定個人情報の漏えい等を発生させる「主な」リスクについての分析、当該リスク対策を記載し、評価実施機関がリスクを軽減するための適切な措置を講じていることを確認の上、宣言するものである（「特定個人情報保護評価指針」第9の2(2))。

評価の必要性が特に高いと判断された場合には、基礎項目評価に加え「全項目評価」を実施しなければならない。

全項目評価は、特定個人情報ファイルを取り扱う事務の「詳細な」内容、システムの機能、特定個人情報ファイルの名称等に加え、特定個人情報の漏えい等を発生させる「多様な」リスクについての「詳細な」分析、当該リスク対策を記載し、評価実施機関がリスクを軽減するための適切な措置を講じていることを確認の上、宣言するものである（「特定個人情報保護評価指針」第9の2(3))。

なお、「基礎項目評価」のみで足りる場合に「重点項目評価」または「全項目評価」を実施すること、及び「重点項目評価」の実施が義務づけられる場合に任意で「全項目評価」を実施することは可能であるとされている。

5 法人番号に関する規制

法人番号は、個人番号と異なり、民間においても広く利用することが可能であり、社内における管理から第三者との取引での利用まで、幅広く活用することができるものである。

法人番号については、上記1～4で記載した個人番号に関するさまざまな規制が存在しない。例えば、利用目的の制限、提供の要求の制限、本人確認の措置、提供の制限、収集・保管の制限、特定個人情報ファイルの作成の制限は、いずれも法人番号には適用されない。

第5節
特定個人情報保護委員会による監視・監督

　住民基本台帳ネットワークシステムに係る最高裁合憲判決（最判平成20年3月6日）では、第三者機関等の設置により「本人確認情報の適切な取扱いを担保するための制度的措置を講じていること」を、同システムが合憲であるための要素の1つとしてあげている。

　そこで、マイナンバー法においても国の行政機関等を監督する独立性の担保された第三者機関を設置すべく、2014（平成26）年1月1日、マイナンバー法及び関係法令に基づき、「特定個人情報保護委員会」（以下「委員会」という）が設置された。

　この委員会では、特定個人情報の取扱いに関する監視または監督や、特定個人情報保護評価に関する事務、苦情処理等の事務を行うことが予定されている（図表1-46）。

1 委員会の組織

　委員会は、マイナンバー法に基づき設置された内閣総理大臣の所管に属する組織であり（法36条）、国家行政組織法3条に基づき設置される委員会（及び同様の権限を持つ内閣府設置法に基づき設置された委員会を含む）である（いわゆる「三条委員会」）。

　三条委員会は、それ自体として、国家意思を決定し、外部に表示する行政機関であり、紛争にかかる裁定やあっせん、民間団体に対する規制を行う権限等を付与されている、独立性が高い機関である（※）。国の行政機関、地方公共

第1章 マイナンバー法の基礎知識

図表1-46 特定個人情報保護委員会の主な所掌事務

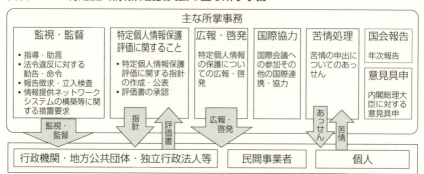

出典：特定個人情報保護委員会ウェブサイト「特定個人情報保護委員会について」(http://www.ppc.go.jp/aboutus/commission/)

団体及び民間事業者等すべての主体について監視または監督を行うことが予定されているため、マイナンバー法における委員会はこのような独立性が強い存在として規定された。

※ 三条委員会には、特定個人情報保護委員会のほかに、公正取引委員会、国家公安委員会、公害等調整委員会、原子力規制委員会等がある。

なお、マイナンバー法39条により、委員会の委員長及び委員は、「独立してその職権を行う」ことが明記されており、三条委員会としての外部的独立性のみではなく、委員長及び委員についての内部的な職権行使の独立性も保障されている。

[1] 構成

1 委員会の構成

委員会は、委員長1名、委員6名の計7名で組織され、うち委員の3名は非常勤とされている（法40条1項・2項）。

委員長及び委員は、人格が高潔で識見の高い者のうちから、両議院の同意を得て、内閣総理大臣が任命することとされ（法40条3項）、その中には、個人情報の保護に関する学識経験のある者、情報処理技術に関する学識経験のある者、

社会保障制度または税制に関する学識経験のある者、民間企業の実務に関して十分な知識と経験を有する者及び連合組織の推薦する者が含まれることが求められている（法40条4項）。

委員長及び委員の任期は5年（※）であり（補欠の委員長または委員が任命された場合には、前任者の残任期間が任期となる）、委員長及び委員は再任されることができる（法41条1項・2項）。後任者が任命されるまでは、任期が満了しても前任の委員長及び委員が引き続きその職務を行う（法41条3項）。

※　公正取引委員会、国家公安委員会及び公害等調整委員会においても、委員長・委員の任期は5年である。

委員長または委員の任期が満了し、または欠員を生じた場合において、国会の閉会または衆議院の解散のために両議院の同意を得ることができないときは、内閣総理大臣が、マイナンバー法40条3項の規定にかかわらず、同項に定める資格を有する者のうちから、委員長または委員を任命することができる（法41条4項）。

この場合においては、任命後最初の国会において両議院の事後の承認を得なければならず、両議院の事後の承認が得られないときは、内閣総理大臣は、直ちに、その委員長または委員を罷免しなければならない（法41条5項）。

2 委員会の運営

委員長は、国の行政機関の長と同様（国家行政組織法10条、内閣府設置法58条1項参照）、委員会の会務を総理し、委員会を代表することとされている（法44条）。

委員会の会議は、委員長が招集する（法45条1項）。

会議開催及び議決実施の要件は委員長及び3人以上の委員の出席であり（法45条2項）、決議は出席者の過半数で決し、可否同数の場合には委員長の決するところによる（法45条3項）。

ただし、心身の故障または非行行為による罷免事由（法42条4号）に該当することを委員会で議決する場合だけは、慎重な対応をとることとしており、上

記の決議要件ではなく、本人（※）を除く全員の一致がなければならない（法45条4項）。

※ 委員長に事故がある場合に委員長を代理する者は、この場合には委員長とみなされる（法45条5項）。

委員会には事務処理のための事務局が置かれ（法46条1項）、事務局長その他の職員が配置される（法46条2項）。配置された事務局長は、委員長の命を受けて、局務を掌理することとされている（法46条3項）。

[2] 身分

委員会の委員長及び委員については、その身分を保障し、独立性を担保するために、一定の罷免事由に該当しない限り、在任中にその意に反して罷免されないこととされている（法42条）。

罷免事由は図表1-47のとおりであり、職務を執行できる状況ではないことのほか、「人格が高潔で識見が高い者」という委員任命の要件に疑義が生じるものが列挙されている。

委員長または委員がこの罷免要件のいずれかに該当する場合には、内閣総理大臣は、その委員長または委員を罷免しなければならない（法43条）。

委員長及び委員の給与は、特別職の職員の給与に関する法律で規定されることとなる（法49条）。

図表1-47　委員長及び委員の罷免事由（法42条）

根拠条文	罷免事由
1号	破産手続開始の決定を受けたとき
2号	この法律の規定に違反して刑に処せられたとき
3号	禁錮以上の刑に処せられたとき
4号	委員会により、心身の故障のため職務を執行することができないと認められたとき、または職務上の義務違反その他委員長もしくは委員たるに適しない非行があると認められたとき

また、委員長及び委員については、政治的中立性が強く求められることから、在任中、政党その他の政治団体の役員となり、または積極的に政治運動をしてはならず（法47条1項）、また、独立性が求められることから、委員長及び常勤の委員は、在任中は、内閣総理大臣の許可のある場合を除き、営利事業等の金銭上の利益を目的とする業務を行ってはならない（法47条2項）。なお、金銭上の利益を目的とする業務には、公的なものも含まれる。

2 委員会の業務

[1] 委員会の任務及び所掌事務

委員会は、国民生活にとっての個人番号その他の特定個人情報の有用性に配慮しつつ、その適正な取扱いを確保するために必要な個人番号利用事務等実施者に対する指導及び助言その他の措置を講ずることを任務とする（法37条）。

この任務を達成するため、委員会が司ることとされている事務は図表1-48のとおりである（法38条）。

図表1-48　委員会の事務

事務概要	内　　容
特定個人情報の取扱いに関する監視・監督	指導・助言、勧告・命令、報告徴求、立入検査等
特定個人情報保護評価等	特定個人情報保護評価に関する指針の作成・公表、評価書の承認
広報・啓発	特定個人情報の保護についての広報・啓発
国際協力	国際会議への参加その他の国際連携・協力
苦情処理	苦情の申出についてのあっせん
意見具申	内閣総理大臣に対する意見具申

［2］委員会の具体的な業務内容

1 指導及び助言

　委員会には、マイナンバー法の施行に必要な限度において、個人番号利用事務等実施者に対し、特定個人情報の取扱いに関し、必要な指導及び助言をする権限が与えられている（法50条前段）。

　この場合において、特定個人情報の適正な取扱いを確保するために必要があると認めるときは、当該特定個人情報と共に管理されている特定個人情報以外の個人情報の取扱いに関し、委員会はあわせて指導及び助言をすることができる（法50条後段）。

　事業者における立入検査を行った過程で、検査対象ではないがずさんな管理下に置かれている特定個人情報以外の個人情報を発見した際などに、それが特定個人情報の漏えい防止につながる効果を持つことがあるため、このような場合にも指導及び助言が認められているのである。

　また、この報告に関して、報告の求めに対する拒否・虚偽の報告、検査拒否・忌避等の場合の罰則が、個人情報保護法よりも強化されているので注意が必要である（法74条）（図表1-49）。

図表1-49　罰則（個人情報保護法との法定刑の違い）

行　為	マイナンバー法	個人情報保護法	両罰規定
委員会に対する、虚偽の報告、虚偽の資料提出、検査拒否等（法74条）	1年以下の懲役または50万円以下の罰金	30万円以下の罰金（報告拒否、虚偽の報告）	いずれも○

　なお、これら指導及び助言についての規定は、各議院審査等が行われる場合またはマイナンバー法19条12号の政令で定める場合のうち各議院審査等に準ずるものとして政令で定める手続（各議員等による国政調査権の行使、訴訟手続、裁判の執行、刑事事件の捜査、犯則事件の調査など）が行われる場合における特定個人情報の提供及び提供を受け、または取得した特定個人情報の取扱いにつ

いては、適用しないものとされている（法53条）。国政調査権の行使として国会が特定個人情報を保管する場合など、委員会の権限の範囲外とすべき場合もあることから、適用除外の場合を定めたものである。

　この適用除外の規定は、委員会の勧告及び命令（法51条）、報告及び立入検査（法52条）の場合にも適用される。

② 勧告及び命令

　委員会は、特定個人情報の取扱いに関して法令の規定に違反する行為が行われた場合において、特定個人情報の適正な取扱いの確保のために必要があると認めるときは、当該違反行為をした者に対し、期限を定めて、当該違反行為の中止その他違反を是正するために必要な措置をとるべき旨を勧告することができる（法51条1項）。

　実務上どのような場合に勧告がなされるかは今後の運用に委ねられることになるが、個人情報保護法（34条1項）においては**図表1-50**のケースにおいて勧告がなされている。

　また、対象者が正当な理由がなくて勧告に従わない場合には、委員会は、その者に対し、期限を定めて、その勧告に係る措置をとるべきことを命ずることができる（法51条2項）。正当な理由がないことが必要であるため、対象者の責めに帰すことができない理由で勧告に従わなかった場合は除かれる。

　さらに、委員会は、上記にかかわらず、特定個人情報の取扱いに関して法令の規定に違反する行為が行われた場合において、個人の重大な権利利益を害する事実があるため緊急に措置をとる必要があると認めるときは、当該違反行為をした者に対し、期限を定めて、当該違反行為の中止その他違反を是正するために必要な措置をとるべき旨を命ずることができる（法51条3項）。これは、例えば、個人番号が自動的に無作為の相手に送信するような設定がなされることで日々刻々と提供され続けているような場合など、迅速な措置をとらなければならない場合に適用される緊急の権限であり、この場合、委員会は勧告を前置しなくても命令を発することができる。

図表1-50　個人情報に関する主務大臣の勧告事案

年	主務大臣	勧告対象（勧告月日）・事案の概要	勧告の内容
2005	金融庁長官	銀行（5月20日） 2005年4月頃、顧客情報が約128万件（うち個人情報約124万件）が記録されたCD-ROM3枚を紛失した。	個人データが移送の際に行内規程通りに取り扱われていない事例があり、また従業員に対する監督が不十分であったことなどから、個人データの安全管理のための措置の実効性を確保し、従業者に対する監督を徹底するよう勧告。
2006	金融庁長官	銀行（4月25日） 課長職にあった者が、2006年2月頃、個人顧客628名及び法人顧客623社の情報を不正に持ち出した。	顧客情報の漏えいを防止するための適切な規程の整備等が行われておらず、顧客情報の漏えいを看過しているほか、従業員に対する監督が不十分であることなどから、個人データの安全管理のための措置の実効性を確保し、従業者に対する監督を徹底するよう勧告。
2007	総務大臣	通信事業者（3月9日） 業務委託先従業者が、2007年1月頃、顧客情報の一部が記録（約22万4,000件の個人情報）された光磁気ディスクを紛失した。	個人データの記録媒体の取扱いや委託先に対する指導・監督、個人情報の管理体制が不十分であったこと、さらに、同社では2006年6月に顧客情報約400万件の漏えい事案が発覚し、同年9月に総務省から再発防止に努めるよう厳重注意を受けたにもかかわらず、再び大規模な個人情報漏えい事案を発生させたことから、個人データの安全管理のための措置及び委託先に対する監督を徹底するよう勧告。
	経済産業大臣	メーカー系金融業者（3月30日） 従業員が、2006年8月から10月にかけて、計24件の個人信用情報を本人の同意を得ずに与信審査目的以外の目的で照会して不	従業員の個人データへのアクセス状況を記録すること、アクセス記録を確認する等の実効的な方法により従業員のアクセス状況を監視すること等を勧告。

第5節　特定個人情報保護委員会による監視・監督

		正に取得し、第三者に提供した。	
	経済産業大臣	信販系金融業者（3月30日）従業員が、2004年3月から2007年3月にかけて、計673件の個人信用情報を本人の同意を得ずに与信審査目的以外の目的で照会して不正に取得し、第三者に提供した。	安全管理措置及び従業員の監督の具体的な実施状況を確認し、その内容を改善するよう勧告。
2009	金融庁長官	証券会社（6月25日）システム部の従業員が、2009年1月から3月にかけて、約150万人分の個人顧客情報を社外に持ち出し、そのうちの一部である約5万人分の顧客情報を第三者に売却した。	個人顧客情報の管理をはじめとする内部管理体制が十分ではないとして、個人データの安全管理のため実効性のある措置を確保し、従業者に対する監督を徹底するよう勧告。
2010	金融庁長官	生命保険会社（2月24日）業務委託先の従業員が、2008年3月から5月にかけて、業務委託先オフィスにあるコンピュータ端末から米国にあるホストコンピュータに対して、委託業務遂行のために付与されていたアクセス権限を用いてアクセスし、個人顧客情報（約3万2,000件）を社外に持ち出した。	個人顧客情報の管理態勢には重大な不備があったとして、個人データの安全管理のため実効性のある措置を確保し、委託を受けた者に対する必要かつ適切な監督を行うよう勧告。
2014	経済産業大臣	通信教育会社（9月26日）業務委託先の従業員が、アクセス権を用いて、顧客情報を業務用パソコンに抽出し、私物スマートフォンを介して、不正に外部に持ち出し、第三者に売却した（疑い）。	個人情報の漏えい再発防止に向けて、委託先も含めた個人情報の保護に関する実施体制の明確化、及び情報セキュリティ対策の具体化を行うよう勧告。

（注）事案の概要については、勧告時点で判明していた内容を基に記述しており、勧告後の調査等によって事実関係（例えば、漏えい時期や個人情報の流出件数等）は修正されていることがある。

これら委員会の命令に違反した者に対しては、2年以下の懲役または50万円以下の罰金が科されており（法73条）、委員会の命令については刑事罰による実効性の担保が図られている（罰則に関しては、両罰規定も設けられている（法77条））（図表1-51）。

図表1-51　罰則（個人情報保護法との法定刑の違い）

行　為	マイナンバー法	個人情報保護法	両罰規定
委員会から命令を受けた者が、委員会の命令に違反（法73条）	2年以下の懲役または50万円以下の罰金	6月以下の懲役または30万円以下の罰金	いずれも○

なお、指導及び助言に関するのと同様、各議院審査等が行われる場合等の一定の場合における特定個人情報の提供及び提供を受け、または取得した特定個人情報の取扱いについては、マイナンバー法51条は適用しないものとされている（法53条）。

③ 報告及び立入検査

委員会は、マイナンバー法の施行に必要な限度において、特定個人情報を取り扱う者その他の関係者に対し、特定個人情報の取扱いに関し、必要な報告もしくは資料の提出を求め、またはその職員に、当該特定個人情報を取り扱う者その他の関係者の事務所その他必要な場所に立ち入らせ、特定個人情報の取扱いに関して質問させ、もしくは帳簿書類その他の物件を検査させることができる（法52条1項）。

この権限は、個人情報保護法における主務大臣には立入検査権がなかったことと比較して大きく異なるので、留意が必要である。

また、勧告及び命令は、法令の規定に違反する行為が行われた場合に行うことができるものとされているが、報告徴求及び立入検査は「この法律（マイナンバー法）の施行に必要な限度において」行うことが可能である。

指導及び助言（法50条）や勧告及び命令（法51条）は、いずれも報告徴求や

立入検査後に行うことを手続的に要求されているわけではないが、実際には、報告徴求や立入検査をふまえて指導・助言や勧告・命令を行うことが想定される。

なお、各議院審査等が行われる場合等一定の場合における特定個人情報の提供及び提供を受け、または取得した特定個人情報の取扱いについては、指導及び助言、勧告及び命令に関するのと同様、マイナンバー法52条は適用しないものとされている（法53条）。

また、手続の適正のため、立入検査をする職員は、その身分を示す証明書を携帯し、関係人の請求があったときは、これを提示しなければならないとされる（法52条2項）。さらに、令状主義を規定した日本国憲法35条との関係で、立入検査の権限は、犯罪捜査のために認められたものと解釈してはならないことが明記されている（法52条3項）。

本条の報告徴求や立入検査の実効性を担保するため、検査忌避等を行った場合には、1年以下の懲役または50万円以下の罰金が科される（法74条。命令違反の場合と同様に、検査忌避等についても両罰規定が設けられている（法77条））。

4 措置の要求

個人情報保護の観点からシステム構築及び維持管理の一層の適正化を図るため、委員会は、個人番号その他の特定個人情報の取扱いに利用される情報提供ネットワークシステムその他の情報システム（※）の構築及び維持管理に関し、費用の節減その他の合理化及び効率化を図った上でその機能の安全性及び信頼性を確保するよう、総務大臣その他の関係行政機関の長に対し、必要な措置を実施するよう求めることができる（法54条1項）。

※ 住民基本台帳ネットワークシステム、住民基本台帳システム、個人番号カード関連システム、各行政機関等が使用する個人番号を取り扱う既存業務システム等が想定される。

また、委員会は、上記の必要な措置の実施を求めたときは、対象となる関係行政機関の長に対して、その措置の実施状況について報告を求めることもできる（法54条2項）。

⑤ 内閣総理大臣に対する意見の申出

委員会は、内閣総理大臣に対し、その所掌事務の遂行を通じて得られた特定個人情報の保護に関する施策の改善についての意見を述べることができる（法55条）。

これは、委員会が、監視や監督等のための機関として設置されるもので、マイナンバー法を含む制度全体については別途内閣府が所管することとされている関係で、制度全体に関する改善の必要性等を認識した場合に、主任大臣である内閣総理大臣に意見を述べる権利を与えたものである。

⑥ 国会に対する報告

立法府を通じた民主的統制が及ぶようにするため、委員会は、毎年、内閣総理大臣を経由して国会に対し所掌事務の処理状況を報告するとともに、その概要を公表しなければならないこととされている（法56条）。

所掌事務の処理状況については、マイナンバー法違反事案の件数や、委員会による措置の概要などが想定される。

第6節

罰　則

　住民基本台帳ネットワークシステムに係る最高裁合憲判決（最判平成20年3月6日）では、「目的外利用または秘密の漏えい等は、懲戒処分または刑罰をもって禁止されていること」を同システムが合憲であることの要素としてあげている。そこで、マイナンバー法においても罰則が規定された。また、これら罰則規定で定められた行為については、悪質性が高く、想定される被害も大きいこと等から、法定刑は関連する法令において定められている罰則よりも厳格化されている。

　本罰則規定のうち、企業・団体に関係のある規定は**図表1-52**のとおりである。個人情報保護法では存在しなかった直罰規定（行政指導や行政命令等を経ることなく、直ちに罰則が適用されることを定めた規定）が数多く設けられている点に留意が必要である。

　なお、マイナンバー法においても、原則として、刑法総則の規定が適用されることから（刑法8条）、罪を犯す意思（故意）がない場合は処罰されない（刑法38条1項）。

1 特定個人情報ファイルの不正提供

① 趣旨
　個人番号はそれを悪用して不当なデータマッチングに利用される危険があり、また特定個人情報ファイルは、その検索の容易性及びそれに含まれる個人情報の大量性ゆえに、これが漏えいした場合には、個人の権利利益に対する重

図表1-52　企業・団体に関係する罰則

行　為	法定刑	国外犯処罰	両罰規定	個人情報保護法における類似の罰則
個人番号利用事務等に従事する者または従事していた者が、正当な理由なく、個人の秘密に属する事項が記録された特定個人情報ファイルを提供（法67条）	4年以下の懲役もしくは200万円以下の罰金または併科	○	○	ー
上記の者が、不正な利益を図る目的で、個人番号を提供または盗用（法68条）	3年以下の懲役もしくは150万円以下の罰金または併科	○	○	ー
情報提供ネットワークシステムの事務に従事する者または従事していた者が、情報提供ネットワークシステムに関する秘密を漏えいまたは盗用（法69条）	3年以下の懲役もしくは150万円以下の罰金または併科	○	×	ー
人を欺き、人に暴行を加え、人を脅迫し、または、財物の窃取、施設への侵入、不正アクセス等により個人番号を取得（法70条）	3年以下の懲役または150万円以下の罰金	○	○	ー
委員会から命令を受けた者が、委員会の命令に違反（法73条）	2年以下の懲役または50万円以下の罰金	×	○	6月以下の懲役または30万円以下の罰金
委員会に対する、虚偽の報告、虚偽の資料提出、検査拒否等（法74条）	1年以下の懲役または50万円以下の罰金	×	○	30万円以下の罰金（報告拒否、虚偽の報告）
偽りその他不正の手段により個人番号カード等を取得（法75条）	6月以下の懲役または50万円以下の罰金	×	○	ー

（注）企業・団体に関係しない罰則としては、①国の機関の職員等が、職権を濫用して特定個人情報が記録された文書等を収集したとき（法71条）、②委員会の委員等が、職務上知り得た秘密を漏えいまたは盗用したとき（法72条）に適用される罰則がある。

大な侵害をもたらすおそれがある。そのため、特定個人情報ファイルの不正提供について罰則が設けられている（法67条）。

2 主体
本罪の主体は以下①～④の事務に従事する者、または従事していた者である。
① 個人番号利用事務または個人番号関係事務
② マイナンバー法7条1項または2項の規定による個人番号の指定または通知に関する事務
③ マイナンバー法8条2項の規定による個人番号とすべき番号の生成または通知に関する事務
④ マイナンバー法14条2項の規定による機構保存本人確認情報の提供に関する事務

3 行為
上記の者が、正当な理由がないのに、その業務に関して取り扱った個人の秘密に属する事項が記録された特定個人情報ファイルを提供した場合、本罪が成立する。

「個人の秘密に属する事項が記録された特定個人情報ファイル」には、その全部または一部を複製（例えば、電子計算機処理に係る特定個人情報ファイルを私用の電磁的記録媒体にコピーすること、紙媒体の特定個人情報ファイルをコピーすることなど）し、または加工したものが含まれる。また、「秘密」とは、一般に知られていない事実であること（非公知性）、他人に知られないことについて相当の利益があること（秘匿の必要性）を要件とする。特定個人情報ファイルに含まれる「個人番号」に代えて、「個人番号に対応し、当該個人番号に代わって用いられる番号、記号その他の符号であって、住民票コード以外のもの」を含む特定個人情報ファイルも含まれる（法2条8項・9項）。したがって、脱法的に、例えば個人番号の1、2、3…をa、b、c…と読み替えるという規則に従って個人番号を別の数字、記号または符号に置き換えるなどした場合であっ

ても、本罪の規制の対象となるとされている。

「提供」とは、他者が利用できる状態に置くことをいい、データベースであるファイルが記録された電磁的記録媒体や紙媒体であるファイルを交付すること、データベースであるファイルを電子メールまたはインターネットを通じて交付することなどが該当する。

そのほか、個人の秘密に属する事項が記録された特定個人情報ファイルが表示されたパソコン画面を自由に閲覧できる状態にすること、特定個人情報ファイルを管理するシステムを操作するためのパスワードを知らせてこれを操作させることなども該当するとされる。

④ 法定刑

本罪の法定刑は、4年以下の懲役もしくは200万円以下の罰金、またはこれらの併科である。

本罪の法定刑は、行為の悪質性や被害の大きさから、マイナンバー法の中で最も重い法定刑となっている。また、行政機関個人情報保護法及び独立行政法人等個人情報保護法における同様の行為に対する法定刑（2年以下の懲役または100万円以下の罰金）よりも法定刑が重くなっている。

なお、3年よりも長期の懲役の言い渡しに対しては執行猶予をつけられないため、留意が必要である（刑法25条）。

2 個人番号の不正提供、盗用

① 趣旨

特定個人情報ファイルを提供する行為についてはマイナンバー法67条において罰則が規定されているが、ファイル化されていない個人番号にあっても、これが漏えいした場合には、これを使った不当なデータマッチングにより個人の権利利益が大きく、侵害のおそれが高い。そのため、個人番号の不正提供や盗用についても罰則が設けられている（法68条）。

2 主体

主体はマイナンバー法67条と同様である。

3 行為

上記の者が、その業務に関して知り得た個人番号を自己もしくは第三者の不正な利益を図る目的で提供し、または盗用した場合、本罪が成立する。

本罪で規定する「業務」には、過去に従事したものと現に従事しているものを両方含むとされる。また、前条と異なり、本条の対象は特定個人情報ファイルに限定されないため、散在している個人番号も含まれる。「個人番号」には「個人番号に対応し、当該個人番号に代わって用いられる番号、記号その他の符号であって、住民票コード以外のもの」も含まれる（法2条8項が本条において同様である旨規定している）。したがって、例えば、個人番号の1、2、3…を、a、b、c…と読み替えるという規則に従って個人番号を別の数字、記号または符号に置き換えるなどしたものを提供、盗用することも、本条の対象となる。

「自己若しくは第三者の不正な利益を図る目的」とは、例えば、個人番号を反社会的勢力に売却して経済的利益を図ることが考えられる。

「提供」は、マイナンバー法67条と同義である。

「盗用」は、例えば、個人番号利用事務等実施者の職員が職務上取り扱っている個人番号の対象者になりすまし、当該個人番号を使い、社会保障給付に関する手続を行うことなどが該当するとされる。

4 法定刑

本罪の法定刑は、3年以下の懲役もしくは150万円以下の罰金、またはこれらの併科である。本条に規定する行為の悪質性の高さから、マイナンバー法67条の次に重い法定刑が定められている。

また、行政機関個人情報保護法及び独立行政法人等個人情報保護法における同様の行為に対する法定刑（1年以下の懲役または50万円以下の罰金）や、住民基本台帳法における法定刑（2年以下の懲役または100万円以下の罰金）よりも法

定刑が重くなっている。

3 情報提供ネットワークシステムに関する秘密漏えい

1 趣旨

　情報提供ネットワークシステムは、これを通じて大量の個人情報が流通することになる仕組みであることから、これに関する秘密が漏えいし、または盗用された場合には、大量の個人情報がデータマッチングされて個人の権利利益に対する大きな侵害が生じるなどの危険がある。

　そのため、情報提供ネットワークシステムに関する秘密保持義務を規定したマイナンバー法25条に違反する行為について、罰則が設けられている（法69条）。

2 主体

　本罪の主体となるのは、マイナンバー法25条に規定しているとおり、情報提供等事務または情報提供ネットワークシステムの運営に関する事務に従事する者または従事していた者である。

　例えば、情報提供ネットワークシステムの運営を行う機関の職員、同システムを利用する情報提供者及び提供照会者の役員、職員、従業者、これらの機関に派遣されている派遣労働者、さらに、これらの機関から委託を受けた受託者及び再受託者やその従業者・派遣労働者等もこれにあたる。

　情報提供等事務については、確定給付企業年金法・確定拠出年金法の事業主及び健康保険組合が情報提供ネットワークを使用して行う特定個人情報の提供の求めに関する事務等がこれにあたる（法25条、24条、19条7号、別表第二98・99）。

3 行為

　上記の者が、マイナンバー法25条の規定に違反して秘密を漏らし、または盗用した場合、本罪が成立する。

第6節　罰則

　例えば、情報提供ネットワークシステムを運営する機関の職員等については、情報提供等事務において用いる符号、システムの機器構成・設定、暗号及び複号に必要な鍵情報等を漏らしまたは盗用すること、情報照会者・情報提供者の職員等については、上記の符号、暗号及び復号に必要な鍵情報等を漏らしまたは盗用することなどが、対象の行為となり得るとされている。

④ 法定刑

　本罪の法定刑は、3年以下の懲役もしくは150万円以下の罰金、またはこれらの併科である。

　情報提供ネットワークシステムを通じて社会保障等の分野における機微性の高い情報が大量にやりとりされることなどに照らし、本条違反の行為は個人番号の漏えい等に比肩する程度に違法性が高いと考えられることから、マイナンバー法68条と同じく、マイナンバー法67条に次ぐ重い法定刑となっている。また、住民基本台帳法における同様の行為に対する法定刑（2年以下の懲役または100万円以下の罰金）よりも法定刑が重くなっている。

　なお、本罪については法人としての国の機関を処罰するということが観念できないため、両罰規定の適用対象からは除外されている（法77条）。

4　詐欺行為等による情報取得

① 趣旨

　マイナンバー制度は、個人番号が不当に流出した場合、個人の権利利益が侵害されるとともに制度そのものに対する信用が失われることになる。

　そのような事態を防ぐためには、個人番号を利用する者による漏えい等に対して厳格に対処するとともに、これを保有する者から不当に取得する行為に対しても同様に厳格に対処することが必要である。そのため、マイナンバー法70条において、特に違法性の高い手段による個人番号の不正取得について、罰則が設けられている。

2 主体

限定はなく、誰でも主体となり得る。

3 行為

　人を欺き、人に暴行を加え、もしくは人を脅迫する行為（詐欺等行為）、または、財物の窃取、施設への侵入、不正アクセス行為その他の保有者の管理を害する行為（管理侵害行為）によって、個人番号を取得した場合、本罪が成立する（法70条1項）。

　「個人番号」の意味については、マイナンバー法68条と同様である。

　詐欺等行為や管理侵害行為によって、有体物に記録された個人番号を取得する行為のほか、有体物に記録されていない個人番号を口頭で聞き取ることも本罪に含まれるとされる。

4 法定刑

　本罪の法定刑は、3年以下の懲役もしくは150万円以下の罰金である。

　悪質な態様で個人番号を外部に流出させる行為である点において、個人番号の提供または盗用行為と同程度の非難に値すると考えられることから、個人番号の提供または盗用の罪（法68条）と同程度の法定刑としている。

　なお、個人番号が記録された有体物を、詐欺等行為または管理侵害行為により取得した場合には、それら行為に該当する刑法等の罰則の適用を受ける。マイナンバー法70条2項では、「刑法（中略）その他の罰則の適用を妨げない」として、それを注意的に規定している。

　例えば、財物の窃取により本罪を犯した場合、窃盗罪（法定刑は10年以下の懲役または50万円以下の罰金）の構成要件にも該当することとなり、両者の関係は観念的競合（1つの行為が複数の罪にあたる場合であって、いずれの罪も成立するが重い方の罪の刑で処断される）となる。

5 委員会への命令違反・検査忌避

1 趣旨

　委員会の勧告・命令の実効性や、委員会の報告徴収・資料提出要求・立入検査等の権限行使を担保するため、本条において、命令違反者や検査忌避者等に対して罰則が設けられている（法73条、74条）。

2 行為

　マイナンバー法51条2項または3項の規定による命令に違反した場合（法73条）、及び法52条1項の規定による報告や資料の不提出、虚偽報告、虚偽の資料提出、当該職員の質問に対する不答弁、虚偽答弁、検査拒否、検査妨害、検査忌避等を行った場合（法74条）に、各罪が成立する。

3 法定刑

　委員会への命令違反についての法定刑は、2年以下の懲役または50万円以下の罰金である（法73条）。個人情報保護法における主務大臣の命令に違反する行為についての法定刑（6月以下の懲役または30万円以下の罰金）や、住民基本台帳法における同様の行為についての法定刑（1年以下の懲役または50万円以下の罰金）よりも重くなっている。

　検査忌避等についての法定刑は、1年以下の懲役または50万円以下の罰金である（法74条）。個人情報保護法や住民基本台帳法上、主務大臣に対して虚偽の報告等をする行為についての法定刑（30万円以下の罰金）よりも重くなっている。

6 通知カード及び個人番号カードの不正取得

1 趣旨

　個人番号カードは、券面に個人番号等が記載されている上に顔写真が表示さ

れており、また、通知カードは、写真は表示されていないものの個人番号等が記載されており、いずれも本人確認に用いられる重要なもので、不正に取得された場合には、なりすましによる情報漏えいや財産的被害等をもたらす危険がある。

そのため、個人番号カード及び通知カードを不正に取得する行為について、罰則が設けられている（法75条）。

2 行為

偽りその他不正の手段により通知カードまたは個人番号カードの交付を受けた場合に、本罪が成立する。

3 法定刑

本罪の法定刑は、6月以下の懲役または50万円以下の罰金である。

住民基本台帳法における、住民基本台帳カードの不正取得についての法定刑（30万円以下の罰金）よりも重くなっている。

7 国外犯処罰

上記の罰則規定は、日本国外において罪を犯した者にも適用される（法76条）。

ただし、委員会に対する命令違反（法73条）及び検査忌避等（法74条）、不正手段による個人番号カード等の取得（法75条）については、日本国内で行われるものであるから、国外犯処罰の対象とはなっていない。

8 両罰規定

罰則が規定された各行為について、それらが法人等の業務として行われた場合においては、各行為者を処罰するだけでは不十分な場合がある。そのためマイナンバー法では、一定の罪（法69条、71条、72条）を除き、両罰規定を設け

ることにより法人等も同様の罰金刑の処罰の対象とすることで、すでに述べた罰則規制を強化している（法77条）。

　個人情報保護法の下では直罰規定がなかったが、マイナンバー法では多くの直罰規定が設けられたことは上述のとおりであり、しかもそれらに両罰規定が設けられている。

　したがって、企業・団体において、従業員等が故意による特定個人情報ファイルの漏えいを行った場合等には、個人情報保護法とは異なり、法人としても刑事事件となってしまう可能性があるため留意が必要である。

第7節
マイナンバー法と個人情報保護法の相違点

　マイナンバー法は個人情報保護法の特例を定めるものであることから（法1条）、マイナンバー法に規定のない特定個人情報の取扱いに関しては、取り扱う企業・団体が個人情報取扱事業者である限り個人情報保護法の適用がある。
　個人情報等の取扱い場面ごとに関連する個人情報保護法及びマイナンバー法をまとめると、おおむね**図表1-53**のとおりになる。

第7節　マイナンバー法と個人情報保護法の相違点

図表1-53　個人情報等の取扱いに関連する条文

区分	個人情報保護法（条文）	マイナンバー法（条文）、ガイドライン	
取得	・利用目的の特定（15条） ・適正な取得（17条） ・利用目的の通知等（18条）	・個人番号の提供の要求（14条） ・個人番号の提供の求めの制限、特定個人情報の提供制限（15条、19条、29条3項） ・収集・保管制限（20条） ・本人確認（16条）	・第4-3-(1) ・第4-3-(2) ・第4-3-(3) ・第4-3-(4)
利用	・利用目的による制限（16条） （注）マイナンバー法による読替え及び適用除外あり ・利用目的の通知等（18条3項）	・個人番号の利用制限（9条、29条3項、32条） ・特定個人情報ファイルの作成の制限（28条）	・第4-1-(1) ・第4-1-(2)
提供	・第三者提供の制限（23条） （注）マイナンバー法では適用除外	・個人番号の提供の求めの制限、特定個人情報の提供制限（15条、19条、29条3項）	・第4-3-(2)
保管	・正確性の確保（19条） ・保有個人データに関する事項の公表等（24条）	・収集・保管制限（20条）	・第4-3-(3)
安全管理措置等	・安全管理措置（20条） ・従業者の監督（21条） ・委託先の監督（22条）	・委託の取扱い（10条、11条） ・安全管理措置（12条、33条、34条）	・第4-2-(1) ・第4-2-(2) ・別添
開示訂正利用停止	・開示、訂正等、利用停止等（25～30条） （注）利用停止等（27条）はマイナンバー法による読替えあり	・第三者提供の停止に関する取扱い（29条3項）	・第4-4
廃棄	―	・収集・保管制限（20条）	・第4-3-(3)

出典：番号法ガイドライン巻末資料より作成

　以下本節では、個人情報保護法とマイナンバー法の異同を概括する（図表1-54）。

図表1-54 個人情報保護法とマイナンバー法の比較

		個人情報保護法	マイナンバー法
射程	適用除外	個人の数が過去6か月以内に5,000を超えない者	なし
	適用情報	生存者の個人情報	すべての者の個人番号 特定個人情報
利用	利用範囲	定めなし （企業側で自由に設定）	厳しく制限（法定の範囲）
	目的外利用	ある程度認められている ［例］本人が事前同意した場合	厳しく制限（原則不可） ［例］本人の事前同意があっても不可
提供	第三者提供	ある程度認められている ［例］本人が事前同意した場合	厳しく制限 ［例］本人の事前同意があっても不可
	オプトアウト方式	認められている	認められていない
	第三者への委託	認められている	
	収集・保管	「利用」と同じ	「提供」と同じ
	データベースの作成	制限なし	厳しく制限
	行政・第三者機関の監督権限	立入検査権なし	立入検査権あり
	罰則	直罰規定なし	直罰規定あり （間接罰も法定刑が重い）

1 適用の範囲（射程）

　個人情報保護法は、個人情報データベース等を事業の用に供している者であっても、当該データベース等を構成する個人情報によって識別される特定の個人の数が過去6か月以内に5,000を超えない者には適用されない（個人情報保護法2条3項5号、同法施行令2条）。

　他方、マイナンバー法にはこのような適用除外の規定はなく、個人情報保護法の適用のない個人番号取扱事業者であっても（つまり、1件でも個人番号・特

定個人情報を取り扱えば）マイナンバー法の適用がある。

　また、個人情報保護法において個人情報は「生存する個人に関する情報であって、当該情報に含まれる氏名、生年月日その他の記述等により特定の個人を識別することができるもの（他の情報と容易に照合することができ、それにより特定の個人を識別することができることとなるものを含む。）」と定義されている（個人情報保護法2条1項）。そのため、個人情報保護法によって保護される個人情報は「生存する個人」の情報に限定される。

　他方、マイナンバー法において個人番号は「第7条第1項又は第2項の規定により、住民票コード（中略）を変換して得られる番号であって、当該住民票コードが記載された住民票に係る者を識別するために指定されるもの」と定義され（法2条5項）、生存者の番号に限定されていない。

　したがって、例えば、個人番号の安全管理措置を講じる義務について定めたマイナンバー法12条は、生存者の個人番号のみならず、死者の個人番号についても適用されることになる。

2 個人情報取扱事業者による特定個人情報の取得及び利用

　個人番号・特定個人情報も個人情報であることから、企業・団体が個人情報取扱事業者に該当する限り、個人情報を取得する場合と同様、偽りその他不正の手段により個人番号・特定個人情報を取得してはならず（個人情報保護法17条）、取得の際には利用目的の通知等をしなければならない（個人情報保護法18条1項）。

　また、個人番号・特定個人情報の利用目的をできる限り特定しなければならない点も同様である（個人情報保護法15条1項）。もっとも、個人情報であれば利用目的を特定さえすればどのような目的に特定するかは企業の自由であるのに対し、個人番号・特定個人情報はマイナンバー法において個人番号の利用制限がなされていることから（法9条）、法定の範囲内で利用目的を特定する必

要がある。

　さらに、個人情報保護法では本人の事前同意があれば、特定された利用目的を超えて個人情報を利用することができるのに対し（個人情報保護法16条1項）、特定個人情報は本人の事前同意があったとしても特定された利用目的を超えて利用することは原則としてできない（法29条3項、個人情報保護法16条1項）。

　したがって、利用目的を超えて個人番号・特定個人情報を利用できるのは、当初の利用目的と相当の関連性を有すると合理的に認められる範囲に限って行うことができる利用目的の変更が可能な場合に限定されることになる（個人情報保護法15条2項、18条3項、番号法ガイドライン第4－1－(1)）。

　（注）個人番号・特定個人情報の取扱いに関して、個人情報保護法の適用を受けるのは、企業・団体が個人情報取扱事業者に該当する場合である。したがって、個人情報取扱事業者でない個人番号取扱事業者は個人情報保護法の適用を受けないことから、例えば、利用目的を特定する義務はなく、利用目的を本人に通知等する必要もない。もっとも、個人番号を「個人番号利用事務等を処理するために必要な範囲」（法32条）で利用する際、どの事務で処理するために個人番号を利用するのかを決める必要があることから、事実上、利用目的の特定を行うことになると考えられている（Q&A「Q1-9」）。

3 個人情報取扱事業者による特定個人情報の提供及び委託

　特定個人情報を提供することは原則として禁止されており、提供が可能な場合はマイナンバー法に制限的に列挙されている（法19条）。つまり、同条に該当する場合でなければ事前に本人の同意を得ても提供することは認められていない。

　これは、マイナンバー法が、本人の事前同意がある場合（個人情報保護法23条1項）やオプトアウト方式が採用されている場合（個人情報保護法23条2項）などに個人情報の第三者に対する提供を認める個人情報保護法23条の適用を全面的に排斥しているからである（法29条3項）。

　他方、特定個人情報は、マイナンバー法19条に該当する場合であれば事前に本人の同意を得ることなく提供することが可能である。

なお、特定個人情報の取扱いを本人の同意なく委託することが認められていることは個人情報の取扱いと同様である（法19条5号等参照）。

もっとも、個人情報保護法と異なり、特定個人情報の取扱いを再委託、再々委託等する際には、最初の委託者の許諾が必要とされる（法10条）。

4 個人情報取扱事業者による特定個人情報の収集及び保管

個人情報の収集及び保管は、個人情報の利用の一環として利用目的による制限（個人情報保護法16条）に服する。これに対し、特定個人情報の収集及び保管は原則禁止され、マイナンバー法19条に該当する場合にのみ収集及び保管が認められている（法20条）。

もっとも、保管されている特定個人情報が利用目的の達成に必要な範囲内において、正確かつ最新の内容に保つよう努めなければならないこと（個人情報保護法19条）は個人情報の場合と異ならない。

5 データベースの作成

個人情報保護法上、個人情報データベース等を作成することは制限されていない。

しかしながら、特定個人情報ファイルについては、個人番号利用事務等実施者その他個人番号利用事務等に従事する者が個人番号利用事務等を処理するために「必要な範囲」を超えて作成することは認められていない（法28条）。

6 行政・第三者機関の監督権限及び罰則

個人情報については、事業分野ごとに主務大臣がガイドラインを策定し、個人情報保護法及びガイドラインに従った取扱いがなされているかを監督する権限を有している（報告の徴収（個人情報保護法32条）、助言（個人情報保護法33条）、

勧告・命令（個人情報保護法34条））。

　他方、特定個人情報の取扱いに関しては、第三者機関として特定個人情報保護委員会が設置され（法36条）、この委員会がマイナンバー法、個人情報保護法及び番号法ガイドラインに従った特定個人情報の取扱いがなされているかを監督する権限を有している。

　委員会は、報告の徴収、助言、勧告・命令の権限を有することに加え、立入検査の権限を有していることに特色がある（法50～52条）。

　また、個人情報保護法では主務大臣の命令違反等に対する罰則が定められているだけであったが、マイナンバー法においてはマイナンバー法の違反行為に対する直罰規定が設けられた（法67～72条。詳細は前記第6節）。

第8節

企業・団体のための重要な条文
（まとめ）

　以上述べてきたマイナンバー法の条文の中でも、企業・団体にとって特に重要な条文は、図表1-55のとおりである。

　企業・団体においては、まずこれらの条文を押さえておくことが重要である。

図表1-55　企業・団体にとって重要なマイナンバー法の条文

内容（条文）	留意点
個人番号の利用範囲の制限（9条）	9条各項が定める場合以外に個人番号を利用することは違法
委託先の監督（11条）、安全管理措置（12条、33条）	具体的な監督・措置の内容については、番号法ガイドラインに準拠する必要
個人番号の提供の求めの制限（14条、15条）	「必要」があるときまたは19条各号に該当する場合以外に個人番号の提供を求めることは違法
特定個人情報の提供制限（19条）	19条各号が定める場合以外に特定個人情報を提供することは違法
特定個人情報の収集・保管の制限（20条）	19条各号に該当する場合以外に特定個人情報を収集・保管することは違法
特定個人情報ファイルの作成の制限（28条）	「必要な範囲」を超えて特定個人情報ファイルを作成することは違法
個人情報保護法の読替え（29条3項）	個人情報保護法の条文の適用が除外されたり、読み替えられている点に留意が必要
委員会による監視・監督（51条～52条）	委員会に立入検査権（52条）がある点、ならびに委員会による命令に対する違反及び委員会に対する報告拒否、虚偽報告等に関する罰則（73条、74条）が個人情報保護法よりも強化されている点に留意が必要
罰則（67条～77条）	直罰規定（67～70条）がある点に留意が必要

<参考文献>
・宇賀克也著『番号法の逐条解説』有斐閣、2014年3月
・岡村久道著『よくわかる共通番号法入門―社会保障・税番号のしくみ』商事法務、2013年
・水町雅子著『やさしい番号法入門』商事法務、2014年
・内閣府大臣官房番号制度担当室「行政手続における特定の個人を識別するための番号の利用等に関する法律【逐条解説】」
・特定個人情報保護委員会「特定個人情報保護評価指針の解説」、2014年4月20日

第 2 章

企業・団体における実務対応

第1節

マイナンバー法がもたらす新たなリスク

1 求められる情報漏えいへの備え

　個人番号・特定個人情報の取得、利用・提供、情報管理等には、第1章で述べたとおり厳しい規制がある。

　また、マイナンバー法の下では、個人情報保護法と異なり情報漏えい等に対する罰則が定められている上、特定個人情報保護委員会には、立入検査権が認められるなど、企業・団体に対する強い監督権限がある。個人情報保護法は施行からすでに10年が経過し、個人情報の流出事件も多発しているのに対し、施行されたばかりのマイナンバー法の下で万が一個人番号・特定個人情報が流出した場合には、企業が晒されるレピュテーション・リスク（風評リスク）や訴訟対応のリスクも大きいといわざるをえない。

　他方、マイナンバー法の下では、社会保険（健康保険・厚生年金保険、労働保険、労災保険）関係の書類や税務署及び市区町村に提出する書類（源泉徴収票、支払調書、届出書、報告書等）に個人番号を記載することが求められていることから、すべての企業・団体が個人番号・特定個人情報を取り扱うことになる。

　そのため、企業・団体は、個人番号・特定個人情報の取扱いについて、マイナンバー法に準拠した本人確認の業務フロー、安全管理措置としての体制やITシステム、帳票の出力の仕組み等を導入しなければならない。

　第2章においては、企業・団体が、マイナンバー法の下でどのような実務的な対応をすべきなのかを具体的に解説する。

2 個人番号・法人番号を取得・利用する場面の類型

　企業・団体においては、2016（平成28）年1月以降、社会保険関係の書類、及び税務署・市区町村に提出する税務関係の書類（源泉徴収票、支払調書、届出書、報告書等）に広く個人番号・法人番号を記載することが求められるため、次に掲げる者の個人番号・法人番号を取得することが必要となる。

① 従業員、扶養親族等
② 株主・出資者
③ 取引先（不動産の貸主、外部の専門家等）
④ 金融機関の顧客

　企業・団体が個人番号・法人番号を取得する際の実務的なポイントは、上記の対象者に応じて異なることから、以下では、①～④のそれぞれの場合について、企業・団体に求められる実務的な対応を述べる。

第2節

従業員、扶養親族等をめぐる実務対応

1 従業員、扶養親族等の個人番号の取扱い（総論）

［1］個人番号の取得対象者

　企業・団体においては、2016年1月以降、社会保険関連の書類や給与所得の源泉徴収票等の税務関係書類に広く個人番号の記載を求められることになる。

　そのため、企業・団体は、パートタイム労働者やアルバイトを含む全従業員・職員（以下「従業員等」という）及びその扶養親族等から個人番号の提供を受ける必要がある。

　なお、どのように短期のアルバイトであっても、源泉徴収票を提出する以上、個人番号の提供を受ける必要がある。これに対し、派遣労働者については、源泉徴収票の作成や社会保険関係の手続は派遣元が行うことになるため、派遣先の会社は派遣社員から個人番号の提供を受ける必要がないのが一般的であると考えられる。

［2］個人番号の提供を求める時期

　個人番号は、個人番号関係事務が発生した時点で個人番号の提供を求めることが原則である。

　しかし、本人との法律関係等に基づき、個人番号関係事務の発生が予想される場合には、契約を締結した時点等の当該事務の発生が予想できた時点で個人番号の提供を求めることが可能であるとされている（具体的には**図表2-1**に記

図表 2-1　従業員等の個人番号の提供を求める時期

提供を求める対象	提供を求める時期
従業員等の給与所得の源泉徴収票、健康保険・厚生年金保険被保険者資格取得届等の作成事務の場合	雇用契約の締結時点で個人番号の提供を求めることも可能であると解される（番号法ガイドライン第4-3-(1)）。
内定者の場合	いわゆる「内定者」については、その立場や状況が個々に異なることから一律に取り扱うことはできないが、例えば、**「内定者」が確実に雇用されることが予想される場合（正式な内定通知がなされ、入社に関する誓約書を提出した場合等）**には、その時点で個人番号の提供を求めることができると解される（Q&A「Q4-1」）。
親会社が、子会社の従業員に対しストックオプションを交付している場合	子会社の従業員等となった時点で、子会社との雇用関係に基づいて親会社からストックオプションの交付を受けることが予想されるのであれば、個人番号関係事務を処理する必要性があるものと認められるため、親会社においてその時点で個人番号の提供を受けることができると解される（Q&A「Q4-3」）。
人材派遣会社における登録者の場合	人材派遣会社に登録したのみでは、雇用されるかどうかは未定で個人番号関係事務の発生が予想されず、いまだ給与の源泉徴収事務等の個人番号関係事務を処理する必要性が認められるとはいえないため、原則として登録者の個人番号の提供を求めることはできない。ただし、**登録時にしか本人確認をした上で個人番号の提供を求める機会がなく、実際に雇用する際の給与支給条件等を決める等、近い将来雇用契約が成立する蓋然性が高いと認められる場合**には、雇用契約が成立した場合に準じて、個人番号の提供を求めることができると解される（Q&A「Q4-5」）。

（注）従業員持株会社については後記第4節（220頁）参照。

載したとおりである）。

　他方、契約内容等から個人番号関係事務が明らかに発生しないと認められる場合には、個人番号の提供を求めてはならないとされている（番号法ガイドライン第4-3-(1)）。

［3］利用目的の特定

1 個人情報取扱事業者の場合

　個人番号及び特定個人情報には、マイナンバー法だけではなく個人情報保護法も適用される。したがって、個人情報取扱事業者（個人情報保護法2条3項、同法施行令2条）が個人番号を取り扱うにあたっては、個人情報保護法15条1項に基づき、その利用目的をできる限り特定しなければならない。

＜個人情報保護法15条1項＞

> （利用目的の特定）
> 第15条　個人情報取扱事業者は、個人情報を取り扱うに当たっては、その利用の目的（以下「利用目的」という。）をできる限り特定しなければならない。

　その特定の程度としては、本人が、自らの個人番号がどのような目的で利用されるのかを一般的かつ合理的に予想できる程度に具体的に特定する必要がある。

　具体的には、番号法ガイドラインは、以下のように特定することが考えられるとしている（番号法ガイドライン第4-4-(1)）。

- 源泉徴収票作成事務（※）
- 健康保険・厚生年金保険届出事務

※　給与支払報告書、退職所得の特別徴収票は、源泉徴収票と共に統一的な書式で作成することとなることから、それらの作成事務は「源泉徴収票作成事務」と特定した利用目的に含まれるものと考えられている（Q&A「Q1-2」）。

　この際、個人番号の個々の提出先を具体的に示す必要まではなく（Q&A「Q1-1」）、また、本人が一般的かつ合理的に予想できる程度に特定されていれば、利用目的として「等」という表現を用いることも可能であるとされている（特定個人情報保護委員会事務局「特定個人情報の適正な取扱いに関するガイドライン（事業者編）（案）に関する意見募集の結果について（2014年12月11日）」No.30）。

2 個人情報取扱事業者でない個人番号取扱事業者の場合

　個人情報取扱事業者でない（※）個人番号取扱事業者においては、個人情報保護法15条1項に従って利用目的の特定を行う義務はないが、個人番号を「個人番号利用事務等を処理するために必要な範囲」内で利用しなければならない義務が課されている（法32条）。

※　保有する個人情報の合計件数が、過去6か月以内のいずれの日においても5,000件を超えない者を指す（個人情報保護法2条3項、同法施行令2条）。

　個人番号を「個人番号利用事務等を処理するために必要な範囲」内で利用するにあたっては、個人番号をどの事務を処理するために利用するのかを決めることとなるため、事実上、利用目的の特定を行うことになると考えられている（Q&A「Q1-9」）。

　なお、個人情報取扱事業者でない個人番号取扱事業者においても、特定個人情報の取扱いに関し、マイナンバー法に特段の規定が置かれていない事項については、個人情報保護法における個人情報の保護措置に関する規定及び当該部分に係る主務大臣のガイドライン等に従い、適切に取り扱うことが望ましいとされている（番号法ガイドライン第3-7）。

　したがって、個人情報取扱事業者に該当しない企業・団体についても、上記のとおり、利用目的をできる限り特定することが望ましいといえる。

［4］利用目的の通知または公表

1 個人情報取扱事業者の場合

　個人情報取扱事業者が個人番号を取得した場合には、あらかじめその利用目的を公表している場合を除き、すみやかに、前記［3］で特定した利用目的を、本人に通知し、または公表しなければならない（個人情報保護法18条1項）。

　また、書面（電子メールやウェブサイト画面から入力するなど、電子的方式や磁気的方式を含む）により直接本人から個人番号を取得する場合は、あらかじめ、本人に対し、その利用目的を明示しなければならない（同条2項。以下、同条1項の利用目的の通知または公表及び同条2項の明示をあわせて「通知等」という）。

なお、利用目的について本人の同意を得る必要はない。

＜個人情報保護法18条1項・2項＞

（取得に際しての利用目的の通知等）
第18条　個人情報取扱事業者は、個人情報を取得した場合は、あらかじめその利用目的を公表している場合を除き、速やかに、その利用目的を、本人に通知し、又は公表しなければならない。
2　個人情報取扱事業者は、前項の規定にかかわらず、本人との間で契約を締結することに伴って契約書その他の書面（電子的方式、磁気的方式その他人の知覚によっては認識することができない方式で作られる記録を含む。以下この項において同じ。）に記載された当該本人の個人情報を取得する場合その他本人から直接書面に記載された当該本人の個人情報を取得する場合は、あらかじめ、本人に対し、その利用目的を明示しなければならない。ただし、人の生命、身体又は財産の保護のために緊急に必要がある場合は、この限りでない。

　利用目的を通知等する際には、将来個人番号を利用すると予想される事務を利用目的に含めておくことができる。したがって、実務的には、企業・団体が従業員等から個人番号の提供を受けるにあたっては、従業員等の個人番号を利用すると予想される事務のすべてを利用目的として特定して、本人への通知等を行うことになる（Q&A「Q1-3」）。

　通知等の方法は、従来から行っている個人情報の取得の際と同様でよい。
　したがって、従業員等に対する通知または公表の方法としては、
① 　社内LANにおける通知
② 　利用目的を記載した書類の提示
③ 　就業規則への明記
等が考えられる（番号法ガイドライン第4-1-(1)、Q&A「Q1-5」。図表2-2）。

図表2-2 「本人に通知」または「公表」とは

【適切に「公表」している例】
　（1）会社のホームページのうちアクセスが容易な場所への掲載
　（2）従業員に対する回覧板への現従業員に係る雇用管理情報の利用目的の掲載
　（3）パンフレット、社内報等の配布
　（4）従業員が定期的に見ると想定される事業所内の掲示板への掲示

【適切に「本人に通知」している例】
　（1）面談において、口頭で伝達し又はちらし等の文書を渡すこと
　（2）当該本人であることを確認できていることを前提として、電話により口頭で知らせること
　（3）退職者等で遠隔地に在住する者に対して、文書を郵便等で送付すること、又は電子メール、FAX等のうち本人が常時使用する媒体により送信すること

【「本人に通知」しているとはいえない例】
　（1）当該本人であることを確認できていない状況下において、電話により口頭で知らせること
　（2）現住所が正確に把握できていない者に対し、文書を郵便等で送付し、無事届いたか否かにつき事後的な確認及び必要な対応を行わないこと
　（3）電子メールを常時使用する者でない者に対し、電子メールを送信すること

出典：厚生労働省「雇用管理分野における個人情報保護に関するガイドライン：事例集」

　従業員等からは、入社時・異動時に、書面またはイントラネット上での入力によって個人番号の提供を受けるケースが多くあると考えられる。その場合には、個人情報保護法18条2項により、あらかじめ利用目的を明示しなければならないことになる。

　したがって、個人番号の提供を受ける際に使用する書面、または個人番号を送信・入力するイントラネット上の画面上等に（**図表2-3**）、個人番号を利用すると予想される事務のすべてを、利用目的として明記することになると考えられる。

　なお、従業員等から、その配偶者や親族（控除対象配偶者・扶養親族、被扶養者等として個人番号の提供を受ける場合である。以下「扶養親族等」という）の個人番号の提供を受ける際にも、個人情報保護法18条に従って、本人である扶養親族等に対して利用目的の通知等を行わなければならないから注意が必要であ

図表2-3 利用目的の明示に該当する事例

事例1）利用目的を明記した契約書その他の書面を相手方である本人に手渡し、又は送付すること（契約約款又は利用条件等の書面（電子的方式、磁気的方式その他人の知覚によっては認識することができない方式で作られる記録を含む。）中に利用目的条項を記載する場合は、例えば、裏面約款に利用目的が記載されていることを伝える、又は裏面約款等に記載されている利用目的条項を表面にも記述する等本人が実際に利用目的を目にできるよう留意する必要がある。）
事例2）ネットワーク上においては、本人がアクセスした自社のウェブ画面上、又は本人の端末装置上にその利用目的を明記すること（ネットワーク上において個人情報を取得する場合は、本人が送信ボタン等をクリックする前等にその利用目的（利用目的の内容が示された画面に1回程度の操作でページ遷移するよう設定したリンクやボタンを含む。）が本人の目にとまるようその配置に留意する必要がある。）

出典：経済産業省「個人情報の保護に関する法律についての経済産業分野を対象とするガイドライン」（平成26年12月12日厚生労働省・経済産業省告示第4号）

る（Q&A「Q1-6」）。

したがって、書面により提供を受けるケースでは当該書面に利用目的を明記する、従業員等がイントラネット上で送信・入力する形で提供するケースでは利用目的を明記した書面を扶養親族等に事前に交付する、といった対応が考えられる。

ここで、実務上、扶養控除等（異動）申告書のように行政機関等に提出する書面そのものに従業員等及び扶養親族等の個人番号が記載されており、書面により特定個人情報の提供を受ける形になる場合に、本人に対する利用目的の明示をどのように考えるべきかが問題となる。

この場合、当該書面により提供を受けた個人番号を、当該書面を行政機関等にそのまま提出する以外の目的では利用しない（行政機関にそのまま書面を提出する）のであれば、一般的には「取得の状況から見て利用目的が明らかであると認められる場合」（個人情報保護法18条4項4号）にあたると考えられるため、本人に対する利用目的の明示は不要であろう。

2 個人情報取扱事業者でない個人番号取扱事業者の場合

これに対し、個人情報取扱事業者でない個人番号取扱事業者においては、利用目的の通知等を行う必要はないとされている（Q&A「Q1-9」）。

もっとも、個人情報保護法上の主務大臣が定めるガイドラインにおいて、個人情報取扱事業者でない事業者についても、当該ガイドラインに規定されている事項を遵守することが望ましいとされている場合には、上記の利用目的の通知等を行うことが望ましいといえる。

例えば、「個人情報の保護に関する法律についての経済産業分野を対象とするガイドライン」（平成26年12月12日厚生労働省・経済産業省告示第4号）2頁では、「経済産業分野において個人情報取扱事業者でない事業者等についても、『個人情報は、個人の人格尊重の理念の下に慎重に取り扱われるべきものであることにかんがみ、その適正な取扱いが図られなければならない。』（法3条）という法の基本理念を踏まえ、このガイドラインに規定されている事項を遵守することが望ましい」とされている。

［5］利用目的の変更及び本人への通知または公表

1 原則

マイナンバー法は、個人情報保護法とは異なり、たとえ本人の同意があったとしても、利用目的を超えて特定個人情報を利用してはならないと定めている（法29条3項により読み替えて適用される個人情報保護法16条1項（個人情報取扱事業者））。

したがって、個人情報取扱事業者の場合、個人番号は、マイナンバー法9条が定める個人番号を利用できる事務の範囲内であり、かつ個人情報保護法15条に従って特定した利用目的の範囲内でのみ、利用することができる。

(注) 個人情報取扱事業者でない個人番号取扱事業者の場合、マイナンバー法32条により同様の規制がかけられている。

他方、個人情報保護法15条2項は、個人情報取扱事業者は、変更前の利用目的と相当の関連性を有すると合理的に認められる範囲で利用目的を変更するこ

とができるとしている。

したがって、当初個人番号の提供を受けた際に特定した利用目的以外の目的で個人番号を利用する必要が生じた場合には、当初の利用目的と相当の関連性を有すると合理的に認められる範囲内で利用目的を変更して、本人への通知または公表（個人情報保護法18条3項）を行うことにより、変更後の利用目的の範囲内で個人番号を利用することができる（番号法ガイドライン第4－1－(1)）。

(注) この点は、2014年10月10日にパブリックコメントに付された番号法ガイドライン（案）15頁において、利用目的を超えて個人番号を利用する必要が生じた場合には、「個人番号を適法に保管していたとしても、原則として、改めて利用目的の特定及び本人への通知等を行った上で、個人番号の提供を求めなければならない。」とされていたものが、同年12月11日に公表された正式な番号法ガイドラインにおいて記載が変更されているから留意が必要である。

＜個人情報保護法15条2項、18条3項＞

> （利用目的の特定）
> 第15条　（略）
> 2　個人情報取扱事業者は、利用目的を変更する場合には、変更前の利用目的と相当の関連性を有すると合理的に認められる範囲を超えて行ってはならない。
>
> （取得に際しての利用目的の通知等）
> 第18条　（略）
> 3　個人情報取扱事業者は、利用目的を変更した場合は、変更された利用目的について、本人に通知し、又は公表しなければならない。

以上を前提に、①利用目的の範囲内として利用が認められる場合（すなわち利用目的の変更、及び本人への通知または公表が不要な場合）と、②利用目的の変更、及び本人への通知または公表が必要であり（※）、かつ、その変更、及び本人への通知または公表が認められる場合（すなわち当初の利用目的と相当の関連性を有すると合理的に認められる範囲内にある場合（本人の同意は不要である））の例について、**図表2－4**にそれぞれまとめた。

※　ただし、個人情報取扱事業者でない個人番号取扱事業者の場合は、個人情報保護法15

図表2−4　利用目的の変更及び本人への通知等

①利用目的の範囲内として利用が認められる場合（利用目的の変更、及び本人への通知または公表が不要な場合）

例　示	対　応
当年以後の源泉徴収票作成事務に用いる場合	前年の給与所得の源泉徴収票作成事務のために提供を受けた個人番号については、同一の雇用契約に基づいて発生する当年以後の源泉徴収票作成事務のために利用することができると解される（番号法ガイドライン第4−1−(1)）。
退職者について再雇用契約が締結された場合	前の雇用契約を締結した際に給与所得の源泉徴収票作成事務のために提供を受けた個人番号については、後の雇用契約に基づく給与所得の源泉徴収票作成事務のために利用することができると解される（番号法ガイドライン第4−1−(1)）。
合併等の場合	事業者甲が、事業者乙の事業を承継し、源泉徴収票作成事務のために乙が保有していた乙の従業員等の個人番号を承継した場合、当該従業員等の個人番号を当該従業員等に関する源泉徴収票作成事務の範囲で利用することができる（番号法ガイドライン第4−1−(1)、法29条3項により読み替えて適用される個人情報保護法16条2項（個人情報取扱事業者））。

②利用目的の変更、及び本人への通知または公表が必要であり、かつ、その変更、及び本人への通知または公表が認められる場合（本人の同意は不要）

例　示	対　応
源泉徴収票作成事務のために取得した個人番号を、雇用契約に基づく別の行政手続のための事務に用いる場合	雇用契約に基づく（※）給与所得の源泉徴収票作成事務のために提供を受けた個人番号を、雇用契約に基づく健康保険・厚生年金保険届出事務等に利用しようとする場合は、利用目的を変更して、本人への通知等を行うことにより、健康保険・厚生年金保険届出事務等に個人番号を利用することができる（番号法ガイドライン第4−1−(1)）。

※　雇用契約に基づく各種行政手続という範囲であれば、「当初の利用目的と相当の関連性を有すると合理的に認められる範囲内」といえるとの趣旨であると解される。

条2項、18条3項は適用されないため、利用目的の変更、及び本人への通知または公表を行う義務はないと考えられる。

　もっとも、この場合においても、個人情報保護法上の主務大臣が定めるガイドライン

において、当該ガイドラインの規定を遵守することが望ましいとされているかどうかについて留意が必要であることは、前記［3］2（120頁）と同様である。

2 例外

マイナンバー法では、前記1（124頁）で述べたとおり、利用目的を超えた個人番号の利用は原則として認められていない。

もっとも、図表2-5の場合には、例外的に利用目的を超えた個人番号の利用が認められている。すなわち、これらの場合において個人番号を利用するときには、利用目的の変更、及び本人への通知または公表は不要である。

図表2-5　利用目的を超えて利用することができる場合（利用目的の変更、及び本人への通知または公表が不要な場合）

例　示	対　応
金融機関が激甚災害時等に金銭の支払を行う場合 （法9条4項、法29条3項により読み替えて適用される個人情報保護法16条3項1号（個人情報取扱事業者）、法32条（個人情報取扱事業者でない個人番号取扱事業者）、番号法ガイドライン第4-1-(1)）	支払調書の作成等の目的で保有している個人番号について、顧客に対する金銭の支払を行うために、顧客の預金情報等の検索に利用することができる。 なお、この点については、後記第6節（234頁）で詳述する。
人の生命、身体または財産の保護のために必要がある場合であって、本人の同意があり、または本人の同意を得ることが困難である場合 （法29条3項により読み替えて適用される個人情報保護法16条3項2号（個人情報取扱事業者）、法32条（個人情報取扱事業者でない個人番号取扱事業者）、番号法ガイドライン第4-1-(1)）	支払調書の作成等の目的で保有している個人番号について、人の生命、身体または財産を保護するために利用することができる。

[6] 本人確認

個人番号利用事務等実施者が個人番号の提供を受ける場合には、本人確認を行わなければならない（法16条）。

以下、企業・団体自らが本人確認を行わなければならない場合とはどのような場合なのか（下記①）、企業・団体自らが本人確認を行わなければならない場合に、どのような方法（対面、郵送、オンラインまたは電話）で個人番号の提供を受け、誰（どの部署）が本人確認作業を行うのか（下記②）を順に検討する。

① 企業・団体自らが本人確認を行わなければならない場合（4つのパターン）

個人番号利用事務等実施者が個人番号の提供を受ける場合には、本人確認を行わなければならない（法16条）。

したがって、企業・団体において従業員等またはその扶養親族等の個人番号を取り扱う際には、まず、「誰が、本人確認を行わなければならないのか」を確認する必要がある。これは、税務・社会保険関連の法令上、「誰が、誰に、誰の個人番号を提供する義務を負っているのか」によって決まることになる。

このような観点から、企業・団体において従業員等またはその扶養親族等の個人番号の提供を受ける場合の業務フローを分類すると、以下a〜dのとおり、4つのパターンに分けて考えることができる。

企業・団体においては、行政機関等に提出する各種帳票がこれら4つのパターンのどれに該当するのかを確認することで、誰が本人確認を行わなければならないのかを把握することができる。

a. **パターン1：企業・団体が行政機関等に提出する書面に、従業員等の個人番号を記載しなければならない場合等**（図表2-6）

パターン1では、企業・団体は、法令または条例の規定により、従業員等の個人番号を記載した書面の提出を行うものとされた者にあたるため、個人番号関係事務実施者（法9条3項、法2条11項・13項）となる。

図表2-6　パターン1（例：健康保険・厚生年金保険 被保険者資格取得届）

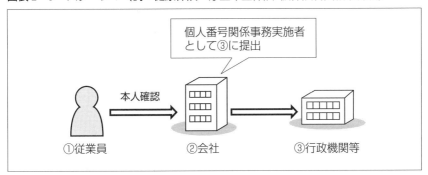

　この場合、企業・団体は、自らが作成して行政機関等に提出する書面に従業員等の個人番号を記入するために、従業員等から個人番号の提供を受ける必要がある。

　そのため、企業・団体は、従業員等から個人番号の提供を受ける際に、本人から提供を受ける場合の本人確認（第1章第4節❷［2］②（37頁））を行わなければならない。

b．パターン2：企業・団体が行政機関等に提出する書面に、従業員等の配偶者等の個人番号を記載しなければならない場合（図表2-7）

　パターン2でも、企業・団体は、法令または条例の規定により、配偶者等の個人番号を記載した書面の提出を行うものとされた者にあたるので、個人番号関係事務実施者（法9条3項、法2条11項・13項）となる。

　この場合、企業・団体は、自らが作成して提出する書面に従業員等の配偶者等の個人番号を記入するために、従業員等の配偶者等の個人番号の提供を受ける必要があるが、配偶者等から直接個人番号の提供を受けるのではなく、従業員等を通じて個人番号の提供を受けることになるのが一般的であると考えられる。本書では、このような事務を前提にしている。

　このパターンでは、「従業員等が配偶者等の代理人として配偶者等の個人番号を提供する方法」（案1）と、「企業・団体が従業員等に対してその配偶者等

図表2-7 パターン2（例：国民年金第3号被保険者関係届）

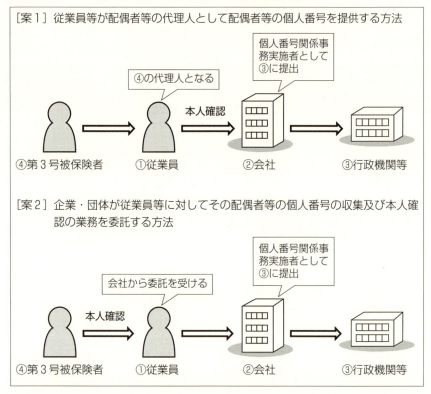

の個人番号の収集及び本人確認の業務を委託する方法」（案2）の2つの方法が考えられる。

案1の場合、企業・団体は、代理人である従業員等から配偶者等の個人番号の提供を受けることになるため、代理人から本人の個人番号の提供を受ける場合に必要な本人確認（※）を行うことになる（第1章第4節 2［2］3（42頁））。

※ 本人（配偶者等）から代理人（従業員等）への委任状が必要になる（なお、法定代理人の場合は戸籍謄本）。

この場合、企業・団体が、従業員等に対し、行政機関等に提出する当該書面の記入用紙または印字済みの書面を交付し、従業員等や配偶者等が記入・押印して企業・団体に持参するのが一般的であると思われる。したがって、実務上は、当初に用紙・書面を交付する際に委任状の雛形（**図表2-8**）もあわせて交付し、用紙・書面と同時に委任状にも記入・押印して持参させるのが簡便であると思われる。

これに対し、案2の場合、従業員等が、企業・団体から「委託を受けた者」（法9条3項第2文、法2条11項・13項）として本人確認を行うこととなる。

この場合、従業員等に当該書面の記入用紙または印字済みの書面を交付する際に、同時に、個人番号の収集及び本人確認を委託する旨とその方法を記載した書面を従業員等に交付することが考えられる。

企業・団体は、委託先である従業員等が本人確認した上で取得した配偶者等の個人番号を受け取るだけであるから、本人確認を行う必要がない。

もっとも、案2の場合には、委託先である従業員等に対する監督義務（法11条）を課せられる点に留意が必要である。

c. パターン3：従業員等が企業・団体を通じて行政機関等に提出する書面に、扶養親族等の個人番号を記載しなければならない場合（図表2-9）

パターン3は、従業員等自身が、扶養親族等の個人番号を記載した書面を、企業・団体を通じて行政機関等に提出することが義務づけられている場合である。給与所得者の扶養控除等（異動）申告書がこの典型例である。

パターン3では、従業員等自身が、他人の個人番号を記載した書面の提出を行うものとされた者（法9条3項）にあたるため、個人番号関係事務実施者となる。そのため、従業員等が、扶養親族等から個人番号の提供を受ける際に、本人確認を行わなければならない。

第2章 企業・団体における実務対応

図表2-8 委任状のサンプル

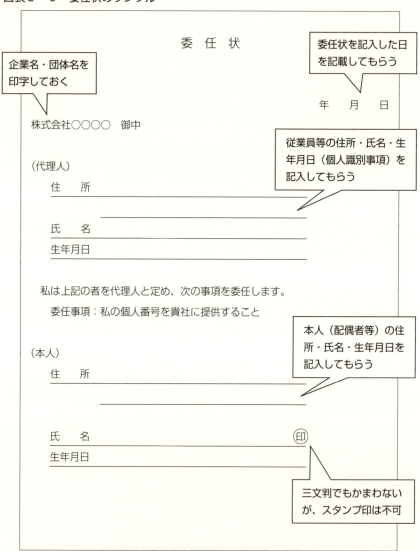

（注）委任状とは、「個人識別事項が記載された書類であって、当該個人識別事項により識別される特定の個人が本人の依頼により（中略）本人の代理人として個人番号の提供をすることを証明するもの」（令12条2項1号、則6条1項2号）である。

図表2-9 パターン3（例：給与所得者の扶養控除等（異動）申告書）

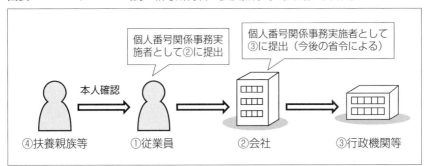

(注) なお、税務関係の手続に関しては、「所得税法に規定する控除対象配偶者または扶養親族その他の親族（中略）であって、知覚すること等により、個人番号の提供を行う者が本人であることが明らかな場合」（国税庁告示）には、身元（実在）確認は不要である（第1章第4節**2**［2］**2**（37頁）、**図表1-24**（40頁））。

また、企業・団体も、当該書面を従業員等から受領して行政機関に提出する義務を負っているため、個人番号関係事務実施者にあたる。

例えば、扶養控除等（異動）申告書は、従業員等が、給与支払者である企業・団体を通じて、税務署に提出するとされている（所得税法194条）。したがって、従業員等と企業・団体の両者が、ともに、法令の規定により他人の個人番号を記載した書面の提出を行うものとされた者として、個人番号関係事務実施者にあたることになる（法9条3項、2条11項・13項）。

この場合、企業・団体は、個人番号関係事務実施者である従業員等（※）から扶養親族等の個人番号の提供を受けることになる。

※ 従業員等は個人番号関係事務実施者として個人番号を取り扱うから、企業・団体としては従業員等に対する監督義務（個人情報保護法21条、法34条（個人情報取扱事業者でない個人番号取扱事業者））を負わない（Q&A「Q1-11」）。

このように、個人番号関係事務実施者として他の個人番号関係事務実施者から他人の個人番号の提供を受ける場合には、本人確認を行う必要はない。

d. パターン4:従業員等が行政機関等に直接提出する書面に、個人番号を記載しなければならない場合(図表2-10)

　パターン4は、従業員等が行政機関等に直接提出する義務を負っている書面に、従業員等または扶養親族等の個人番号を記載する場合である。

　パターン4では、法令または条例の規定により書面の提出を行うものとされているのは従業員等であって、企業・団体は、当該書面の提出を行うものとされていない。したがって、企業・団体は、個人番号関係事務実施者(法9条3項、2条11項・13項)には該当しないため、原則として個人番号が記載されている当該書面を取り扱うことはできない。

　したがって、このような書面については、マイナンバー法施行以降は、企業・団体としては取り扱わず、従業員等が直接行政機関等に提出するようにすることは、合理的な判断であると考えられる。

　しかしながら、このような書類についても、従前どおり、企業・団体の総務部門・人事部門・経理部門等が取り扱う事務とするのであれば、以下の3つのいずれかの方法をとることが考えられる。

①　企業・団体が従業員等の代理人として提出する取扱いとする方法(案1)

　これによれば、企業・団体は、従業員等の代理人として当該書面を取り扱うことができ、行政機関等に対し代理人として個人番号を提供する際の本人確認書類(第1章第4節 2 [2] 3 (42頁))の3点セットを提出することになる。

②　従業員等に当該書面を封筒に入れて封をさせ、それを開封せずにそのまま行政機関等に提出する方法(案2)

　この方法は、従業員等が行政機関等に直接提出する形となる。

　このような業務フローがマイナンバー法に準拠したものとなっているかどうかは具体的な事案ごとに検討が必要ではあるが、こうすれば、企業・団体が当該書類をまとめて行政機関等に提出する事務を維持することができると考えられる。また、企業・団体としては、本人確認を行う必要もないことになる。

図表2-10　パターン4（例：高額療養費支給申請書）

［案1］企業・団体が従業員等の代理人として提出する取扱いとする方法

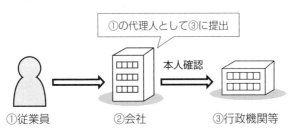

①従業員　②会社　③行政機関等

［案2］従業員等に当該書面を封筒に入れて封をさせ、それを開封せずにそのまま行政機関等に提出する方法

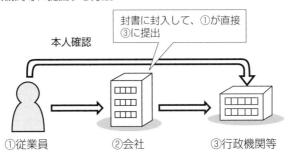

①従業員　②会社　③行政機関等

［案3］行政機関等（とりわけ健康保険組合）から、当該書類の受領（及び本人確認）の業務の委託を受ける方法

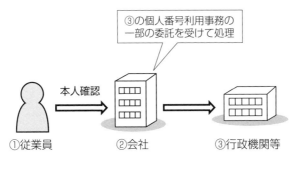

①従業員　②会社　③行政機関等

③ 企業・団体が、行政機関等（とりわけ健康保険組合）から、当該書類の受領（及び本人確認）の業務の委託を受ける方法（案3）

これによれば、企業・団体は、行政機関等が行う事務の一部の委託を受けた者として個人番号利用事務実施者となり（法9条1項第2文、2条10項・12項）、当該書類を取り扱うことができる。

本人確認を誰が行うかは委託の内容次第であるが、行政機関等から本人確認の事務の委託も受けていれば、委託を受けた事務として企業・団体が本人確認を行うことになる。

以上のとおり、企業・団体において従業員等またはその扶養親族等の個人番号の提供を受ける場合の業務フローは、大きく4つのパターンに分けて考えることができる。

複数の案があるパターンについては、事務の煩雑さ等のメリット・デメリットを比較して、どの案を採用するのかを決めておく必要がある。どの案を採用するのかによって、企業・団体において自ら本人確認を行わなければならないのか否かや、やりとりする書面の内容が異なってくるからである。

2 企業・団体自らが本人確認を行わなければならない場合の対応のポイント

次に、前記1の4つのパターンのうち、企業・団体自らが本人確認を行わなければならない場合（前記1のパターン1、パターン2の案1、パターン4の案3）において、どのような方法で個人番号の提供を受け、企業・団体の中の誰がどのような本人確認作業を行うのかを整理する。

a. 対面または書面の送付により提供を受ける場合

本人たる従業員等または代理人たる従業員等から、対面で、個人番号の提供を受ける場合に必要な本人確認は、第1章第4節2［2］2（37頁）で述べたとおりである。

この場合、個人番号の提供を行う者（本人または代理人たる従業員等）と雇用

関係にあること等の事情を勘案し、人違いでないことが明らかであると個人番号利用事務実施者（すなわち、書類を提出する先の行政機関等）が認める場合は、本人または代理人の「身元（実在）確認」は不要とされている（則3条5項、9条4項）。

　例えば、国税関係の手続では、「雇用契約成立時等に本人であることの確認を行っている雇用関係その他これに準ずる関係にある者であって、知覚すること等により、個人番号の提供を行う者が本人であることが明らかな場合」及び「過去に本人であることの確認を行っている同一の者から継続して個人番号の提供を受ける場合で、知覚すること等により、個人番号の提供を行う者が本人であることが明らかな場合」等（代理人たる従業員等についても同様である）には、身元（実在）確認は不要である。

　つまり、入社時に本人確認を行っている場合か、一度本人確認して個人番号の提供を受けたことのある従業員等から2回目以降に個人番号の提供を受ける場合等には、一般的には従業員等の身元（実在）確認は不要であることになる（第1章第4節 2 ［2］ 2（37頁）、図表1-24（40頁））。

　この場合に本人確認の作業を行うのは、従業員等から直接書類を受け取る者でもよいし、総務部・人事部・経理部等が一括で行ってもよい。

　例えば、営業部の従業員等の個人番号を営業部庶務課の担当者が収集したり、各事業所や支社・店舗で勤務する従業員等の個人番号について、各事業所や支社・店舗の長が収集した上で、それを本社の総務・人事・経理部等に送付する場合に、①営業部庶務課の担当者や各事業所等の長が本人確認してもよいし、②本社の総務・人事・経理部が本人確認してもよい。

　①の場合には、対面で個人番号の提供を受けることになり、その場で本人確認書類の提示を受けて本人確認することになる。②の場合には、書面の送付により個人番号の提供を受けることになり、写しの送付を受けた総務・人事・経理部等が本人確認をすることになる。

　なお、②の場合、営業部庶務課の担当者や各事業所等の長は、単に従業員等の個人番号が記載された書類等を受け取り、総務・人事・経理部等に受け渡す

だけの立場にあるが、書類を受け取る際に、書類に不備がないかどうか等を個人番号を含めて確認することは差し支えない。ただし、できるだけすみやかにその書類を受け渡すこととし、自分の手元に個人番号を残してはならないとされている（番号法ガイドライン第4-3-(3)）ので留意が必要である。

取得した個人番号の保管ルールの詳細については、第3章で述べる。

b. オンラインで提供を受ける場合

企業・団体においては、従業員等が多数にのぼる場合や本社から離れた遠隔地に散在する場合が多くあり、オンラインで従業員等から個人番号の提供を受けることが有益と考えられる。

一般の企業・団体が、国税関係の手続に関して本人たる従業員等から個人番号の提供を受ける場合には、例えば、以下の方法によって本人確認を行うことが可能とされている（第1章第4節2［2］2b（46頁））。

（1）番号確認
　① 過去に本人確認の上、特定個人情報ファイルを作成している場合には、当該特定個人情報ファイルの確認をすること、または、
　② 本人たる従業員等の個人番号カード、通知カード、住民票の写しもしくは従業員自身の個人番号に相違ない旨の本人による申立書の写し（PDFファイルや画像ファイル等）を、本人が使用するPC等から送信させて受け取ること
（2）身元（実在）確認
　① 本人の個人番号カード、運転免許証もしくは旅券等の写し（PDFファイルや画像ファイル等）を、本人が使用するPC等から送信させて受け取ること、または、
　② 当該企業・団体が本人であることの確認を行った上で従業員等に対して1つだけ発行したID及びパスワードを使用した認証を行うこと

したがって、例えば、初めて個人番号の提供を受ける際には、従業員等がID及びパスワードでイントラネットにログインした（上記（2）②）上で、個

人番号カード等の写しをアップロードする（上記（1）②）方法や、従業員等から電子メールで通知カード及び運転免許証の写しの提出を受ける（上記（1）②及び（2）①）方法によって本人確認を行うことが可能であると考えられる。

その際に個人番号を記録したデータベースを作っておけば、2回目以降に個人番号の提供を受ける際には、従業員等がID及びパスワードでイントラネットにログインした（上記（2）②）上で、従業員等が申告した個人番号がデータベースに記録された個人番号と相違ないかを確認（上記（1）①）すればよいことになる。

また、一般の企業・団体が、代理人たる従業員等から本人たる配偶者等の個人番号の提供を受ける場合は、例えば国税関係の手続に関しては、以下の方法によって本人確認を行うことが可能とされている。

（1）代理権の確認

　　本人及び代理人の個人識別事項ならびに本人の代理人として個人番号の提供を行うことを証明する情報（電子的に作成された委任状）の送信を受けること

（2）代理人の身元（実在）確認

　①　代理人の個人番号カード、運転免許証もしくは旅券等の写し（PDFファイルや画像ファイル等）を、代理人が使用するPC等から送信させて受け取ること、または、

　②　当該企業・団体が本人であることを確認した上で代理人たる従業員等に対して1つだけ発行したID及びパスワードを使用した認証を行うこと

（3）本人の番号確認

　①　過去に本人確認の上、特定個人情報ファイルを作成している場合には、当該特定個人情報ファイルの確認をすること

　②　本人の個人番号カード、通知カード、住民票の写しもしくは本人自身の個人番号に相違ない旨の本人による申立書の写し（PDFファイルや画像ファイル等）を、代理人が使用するPC等から送信させて受け取るこ

したがって、代理人たる従業員等から本人たる配偶者等の個人番号の提供を受ける場合にも、上述した本人たる従業員等から個人番号の提供を受ける場合と同様に、イントラネットや電子メールによって本人確認を行うことが可能であると考えられる。

なお、オンラインの場合には、対面の場合と異なり、本人たる従業員等または代理人たる従業員等から個人番号の提供を受ける場合であっても、本人または代理人の「身元（実在）確認」が不要とはされていない点に留意が必要である。オンラインの場合には、個人番号の提供者が従業員本人であるかどうかを「知覚」することができないからである。

c. 電話で提供を受ける場合

また、本人たる従業員等または代理人たる従業員等から電話で個人番号の提供を受ける場合の本人確認については、第1章第4節**2**［2］**2**c（49頁）で述べたとおりである。

なお、電話による本人確認は初回の本人確認には利用できない点、及び、対面の場合と異なり、本人たる従業員等又は代理人たる従業員等から個人番号の提供を受ける場合であっても、本人または代理人の「身元（実在）確認」が不要とはされていない点に留意が必要である。

［7］退職した際の個人番号の廃棄・削除

第1章第4節**3**［4］（67頁）で述べたとおり、マイナンバー法20条は社会保険や税務に関する書類に個人番号を記載して行政機関等に提出する場合等を除き、特定個人情報を保管しておくことを禁止している。また、同法28条は、個人番号利用事務等に必要な範囲を超えて特定個人情報ファイルを作成することを禁止している。

そのため、個人番号利用事務等（行政機関に当該個人番号を記載して提出する事務）を処理する必要がなくなり、かつ所管法令において定められている保存

期間を経過した場合には、個人番号をできるだけすみやかに廃棄または削除しなければならない（図表2-11）。

図表2-11　一般の企業・団体で書類・データの廃棄・削除が必要となるタイミング

以下の①及び②のいずれも満たした場合 　①行政機関に当該個人番号を記載して提出する事務を処理する必要がなくなった場合 　②書類の法定保管期間が経過した場合

　例えば、扶養控除等（異動）申告書は、所得税法施行規則76条の3により、当該申告書の提出期限（毎年最初に給与等の支払を受ける日の前日まで）の属する年の翌年1月10日の翌日から7年を経過する日まで保存することとなっていることから、当該期間を経過した場合には、当該申告書に記載された個人番号を保管しておく必要はなく、原則として、個人番号が記載された扶養控除等申告書をできるだけすみやかに廃棄しなければならない（番号法ガイドライン第4-3-(3)）。

　したがって、従業員等が退職した場合、税務関係及び社会保険関係の書類の法定保管期間の最も長いものが経過した時点で、個人番号が記載された書類を廃棄（※）し、電磁的に保存された個人番号のデータも削除しなければならないことになる。

　※　その個人番号部分を復元できない程度にマスキングまたは削除した上で保管を継続することは可能であるとされている。

　なお、従業員等が休職している場合には、復職が未定であっても雇用契約が継続していることから、特定個人情報を継続的に保管できると解されている。

　廃棄・削除の具体的な方法や社内規程のあり方は、第3章第1節 **3** （276頁）の安全管理措置を参照されたい。

2 個人番号の取扱いに関する実務の構築（各論）

[1] 税務関係の手続

1 個人番号の記載が要求される帳票

　まず、企業・団体においては、税務署または市区町村（以下「税務署等」という）に提出する給与所得の源泉徴収票、その控除関係の申告書及び給与支払報告書等に、従業員等及びその扶養親族等の個人番号ならびに自らの法人番号を記載することが必要となる（図表2-12）。

　これらの帳票に個人番号・法人番号を記載する必要があるのは、2016年分の給与所得の帳票からである。したがって、個人番号が必要となるのは通常は2016年末の年末調整で作成する源泉徴収票（2017年1月に税務署等に提出する帳票）からとなる。ただし、年の途中の退職者との関係では2016年1月1日以降すぐに個人番号が必要となると考えられる。

図表2-12　個人番号の記載が求められる帳票一覧（給与所得関係）

帳票	個人番号の記載対象者
給与所得の源泉徴収票（給与支払報告書）（図表2-15）	給与所得者、控除対象配偶者、控除対象扶養親族 （所得税法（以下「所法」という）226条1項、改正後の所得税法施行規則（以下「所規」という）93条1項）
給与所得者の扶養控除等(異動)申告書（図表2-16）	給与所得者、控除対象配偶者、控除対象扶養親族等 （改正後の所法194条1項、改正後の所規73条1項）
従たる給与についての扶養控除等（異動）申告書（図表2-17）	給与所得者、控除対象配偶者、控除対象扶養親族 （改正後の所法195条1項、改正後の所規74条1項）
給与所得者の保険料控除申告書兼給与所得者の配偶者特別控除申告書（図表2-18）	給与所得者、控除対象配偶者 （改正後の所法195条の2第1項、改正後の所規74条の2、75条）

また、2016年1月1日以降に支払う退職所得の源泉徴収票、特別徴収票及び申告書にも個人番号・法人番号を記載する必要がある。

これらは、2016年1月1日以降、すぐに個人番号・法人番号が必要となる場合がある（図表2-13）。

また、年金の源泉徴収票及び申告書にも個人番号・法人番号を記載することになるが、これらの帳票は年金の受給者管理の受託者が給付金送金業務とともに取り扱うのが通常であり、一般の企業・団体が直接取り扱うことはないと考えられる（図表2-14）。

ただし、委託先との委託内容次第ではあるが、退職者の個人番号の収集を委託者である一般の企業・団体が行うことになることは考えられる。

図表2-13　個人番号の記載が求められる帳票一覧（退職所得関係）

帳　票	個人番号の記載対象者
退職所得の源泉徴収票（退職所得の特別徴収票）	退職所得者 （所得税法226条2項、改正後の同法施行規則94条1項）
退職所得の受給に関する申告書（図表2-19）	退職所得者 （所得税203条1項、改正後の同法施行規則77条1項）

図表2-14　個人番号の記載が求められる帳票一覧（年金関係）

帳　票	個人番号の記載対象者
公的年金等の源泉徴収票	受給者、控除対象配偶者、控除対象扶養親族 （所得税法226条3項、改正後の同法施行規則94条の2第1項）
公的年金等の受給者の扶養親族等申告書（図表2-20）	受給者、控除対象配偶者、控除対象扶養親族 （改正後の所得税法203条の5第1項、改正後の同法施行規則77条の3第1項）

第2章 企業・団体における実務対応

図表2-15 給与所得の源泉徴収票
【旧様式】

平成　　年分　給与所得の源泉徴収票

支払を受ける者	住所又は居所			氏名	(受給者番号)
					(フリガナ)
					(役職名)

種　　別	支　払　金　額	給与所得控除後の金額	所得控除の額の合計額	源泉徴収税額
	内　　　　千　　　円	千　　　円	千　　　円	内　　　千　　　円

控除対象配偶者の有無等		配偶者特別控除の額	控除対象扶養親族の数 (配偶者を除く。)			障害者の数 (本人を除く。)		社会保険料等の金額	生命保険料の控除額	地震保険料の控除額	住宅借入金等特別控除の額
有　無	従有　従無		特定	老人	その他	特別	その他				
		千　　円	人　従人	内　人　従人	人　従人	内　人	人	内　　円	千　　円	千　　円	千　　円

(摘要)	住宅借入金等特別控除可能額　　　　　円	国民年金保険料等の金額	円	介護医療保険料の金額	円
	居住開始年月日	配偶者の合計所得	円	新個人年金保険料の金額	円
		新生命保険料の金額	円	旧個人年金保険料の金額	円
		旧生命保険料の金額	円	旧長期損害保険料の金額	円

扶養親族	16歳未満	未成年者	外国人	死亡退職	災害者	乙欄	本人が障害者		寡婦		寡夫	勤労学生	中途就・退職		受給者生年月日
							特別	その他	一般	特別			就職　退職　年　月　日		明　大　昭　平　年　月　日

支払者	住所(居所)又は所在地	
	氏名又は名称	(電話)

整理欄　①　　　②　　　　　　　　　　　　　　315-1

第2節 従業員、扶養親族等をめぐる実務対応

【新様式】

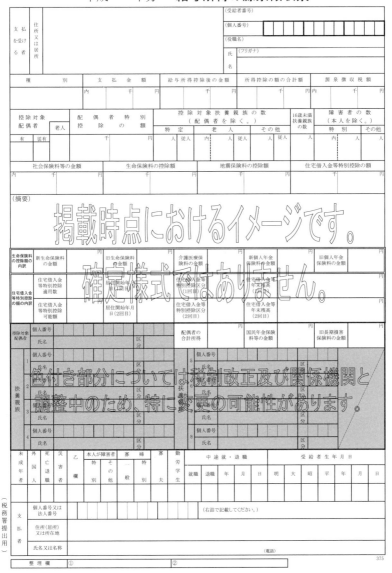

第2章 企業・団体における実務対応

図表2-16 給与所得者の扶養控除等(異動)申告書
【旧様式】

平成27年分 給与所得者の扶養控除等(異動)申告書

【新様式】

平成28年分　給与所得者の扶養控除等（異動）申告書

所轄税務署長等	給与の支払者の名称（氏名）		（フリガナ）あなたの氏名	㊞	生年月日	明・大 昭・平　年　月　日	配偶者の有無	従たる給与についての扶養控除等申告書の提出
税務署長	給与の支払者の法人（個人）番号		あなたの個人番号		世帯主の氏名		有・無	（提出している場合には、○印を付けてください。）
市区町村長	給与の支払者の所在地（住所）		あなたの住所又は居所	（郵便番号　－　）	あなたとの続柄			

扶

給与の支払者受付印

あなたに控除対象配偶者や扶養親族がなく、かつ、あなた自身が障害者、寡婦、寡夫又は勤労学生のいずれにも該当しない場合には、以下の各欄に記入する必要はありません。

	区分等	氏名及び個人番号	あなたとの続柄	生年月日	老人控除対象配偶者又は老人扶養親族（昭22.1.1以前生）	特定扶養親族（平6.1.2生～平10.1.1生）	住所又は居所	平成28年中の所得の見積額	異動月日及び事由（平成28年中に異動があった場合に記載してください。）
主たる給与から控除を受ける	A 控除対象配偶者			明・大 昭・平　・　・				円	
	B 控除対象扶養親族（16歳以上）（平13.1.1以前生）	1		明・大 昭・平　・　・	同居老親等・その他				
		2		明・大 昭・平　・　・	同居老親等・その他				
		3		明・大 昭・平　・　・	同居老親等・その他				
		4		明・大 昭・平　・　・	同居老親等・その他				
		5		明・大 昭・平　・　・	同居老親等・その他				

掲載時点におけるイメージです。確定様式ではありません。

C 障害者、寡婦、寡夫又は勤労学生（右の該当する番号及び欄に○を付け、（　）内には該当する扶養親族の人数を記入してください。）

1 障害者　区分＼該当者	本人	控除対象配偶者	扶養親族
一般の障害者			（　人）
特別障害者			（　人）
同居特別障害者			（　人）

2 寡婦　3 特別の寡婦　4 寡夫　5 勤労学生

左記の内容（この欄の記載に当たっては、裏面の「3 記載についてのご注意」の(6)をお読みください。）

異動月日及び事由（平成28年中に異動があった場合に記載してください。）

D 他の所得者が控除を受ける扶養親族等

氏名	あなたとの続柄	生年月日	住所又は居所	異動月日及び事由	控除を受ける他の所得者 氏名	あなたとの続柄	住所又は居所
		明・大 昭・平　・　・					
		明・大 昭・平　・　・					

○住民税に関する事項

（住民税に関する事項）16歳未満の扶養親族（平13.1.2以後生）	氏名	個人番号	あなたとの続柄	生年月日	住所又は居所	平成28年中の所得の見積額	異動月日及び事由（平成28年中に異動があった場合に記載してください。）
	1			平　・　・		円	
	2			平　・　・			
	3			平　・　・			

◎「16歳未満の扶養親族」欄は、地方税法第45条の3の2第1項及び第2項並びに第317条の3の2第1項及び第2項に基づき、給与の支払者を経由して市区町村長に提出しなければならないとされている給与所得者の扶養親族申告書の記載欄を兼ねています。

◎この申告書は、あなたの給与について配偶者控除や扶養控除、障害者控除などの控除を受けるために提出するものです。
◎この申告書は、控除対象配偶者や扶養親族に該当する人がいない人も提出する必要があります。
◎この申告書は、2か所以上から給与の支払を受けている場合には、そのうちの1か所にしか提出することができません。
◎この申告書及び裏面の「申告についてのご注意」等は、平成○年○月○日現在の所得税法等関係法令の規定に基づいて作成してあります。
◎この申告書の記載に当たっては、裏面の「申告についてのご注意」等をお読みください。

第2章 企業・団体における実務対応

図表2-17 従たる給与についての扶養控除等(異動)申告書
【旧様式】

148

第2節 従業員、扶養親族等をめぐる実務対応

[新様式]

平成28年分 従たる給与についての扶養控除等(異動)申告書

※ 独自様式におけるイメージです。確定様式ではありません。

第2章 企業・団体における実務対応

図表2-18 給与所得者の保険料控除申告書兼給与所得者の配偶者特別控除申告書
【旧様式】

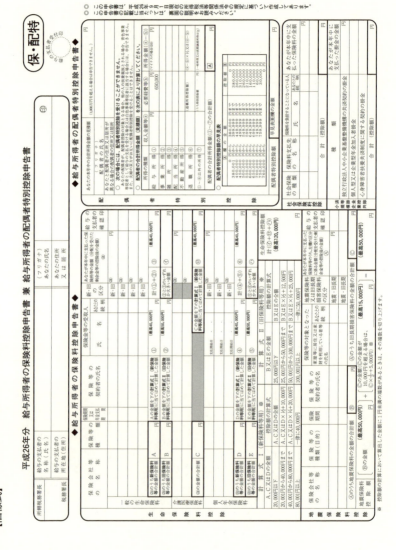

150

第2節　従業員、扶養親族等をめぐる実務対応

図表2-19　退職所得の受給に関する申告書

【旧様式】

年　月　日 税務署長 市町村長 殿	年分	退職所得の受給に関する申告書 退　職　所　得　申　告　書	支払者受付印

退職手当の支払者の			あなたの		
	所在地（住所）	〒		氏　名	㊞
	名　称（氏名）			現住所	〒
				その年1月1日現在の住所	

A				
このA欄には、全ての人が、記載してください。（あなたが、前に退職手当等の支払を受けたことがない場合には、下のB以下の各欄には記載する必要がありません。）				
① 退職手当等の支払を受けることとなった年月日	年　月　日	③ この申告書の提出先から受ける退職手当等についての勤続期間	自　年　月　日 至　年　月　日	年
		うち特定役員等勤続期間　有・無	自　年　月　日 至　年　月　日	年
② 退職の区分等	一般・障害（　）　生活扶助の有・無	うち重複勤続期間　有・無	自　年　月　日 至　年　月　日	年

B				
あなたが本年中に他にも退職手当等の支払を受けたことがある場合には、このB欄に記載してください。				
④ 本年中に支払を受けた他の退職手当等についての勤続期間	自　年　月　日 至　年　月　日	⑤ ③と④の通算勤続期間	自　年　月　日 至　年　月　日	年
		うち特定役員等勤続期間　有・無	自　年　月　日 至　年　月　日	年
うち特定役員等勤続期間　有・無	自　年　月　日 至　年　月　日　年	うち重複勤続期間　有・無	自　年　月　日 至　年　月　日	年

C				
あなたが前年以前4年内（その年に確定拠出年金法に基づく老齢給付金として支給される一時金の支払を受ける場合には、14年内）に退職手当等の支払を受けたことがある場合には、このC欄に記載してください。				
⑥ 前年以前4年内（その年に確定拠出年金法に基づく老齢給付金として支給される一時金の支払を受ける場合には、14年内）の退職手当等についての勤続期間	自　年　月　日 至　年　月　日	⑦ ③又は⑤の勤続期間のうち、⑥の勤続期間と重複している期間	自　年　月　日 至　年　月　日	年
		㋑ うち特定役員等勤続期間との重複勤続期間　有・無	自　年　月　日 至　年　月　日	年

D				
A又はBの退職手当等についての勤続期間のうちに、前に支払を受けた退職手当等についての勤続期間の全部又は一部が通算されている場合には、その通算された勤続期間等について、このD欄に記載してください。				
⑧ Aの退職手当等についての勤続期間（③）に通算された前の退職手当等についての勤続期間	自　年　月　日 至　年　月　日　年	⑩ ③又は⑤の勤続期間のうち、⑧又は⑨の勤続期間だけからなる部分の期間	自　年　月　日 至　年　月　日	年
うち特定役員等勤続期間　有・無	自　年　月　日 至　年　月　日　年	㋺ うち特定役員等勤続期間　有・無	自　年　月　日 至　年　月　日	年
⑨ Bの退職手当等についての勤続期間（④）に通算された前の退職手当等についての勤続期間	自　年　月　日 至　年　月　日　年	⑪ ⑦と⑩の通算期間	自　年　月　日 至　年　月　日	年
うち特定役員等勤続期間　有・無	自　年　月　日 至　年　月　日　年	㋩ うち㋑と㋺の通算期間	自　年　月　日 至　年　月　日	年

E　B又はCの退職手当等がある場合には、このE欄にも記載してください。

区分		退職手当等の支払を受けることとなった年月日	収入金額（円）	源泉徴収税額（円）	特別徴収税額 市町村民税（円）	特別徴収税額 道府県民税（円）	支払を受けた年月日	退職の区分	支払者の所在地（住所）・名称（氏名）
B	一般	・　・					・　・	一般・障害	
B	特定役員	・　・					・　・	一般・障害	
C		・　・					・　・	一般・障害	

（注意）1　この申告書は、退職手当等の支払を受ける際に支払者に提出してください。提出しない場合は、所得税及び復興特別所得税の源泉徴収税額は、支払を受ける金額の20.42％に相当する金額となります。また、市町村民税及び道府県民税については、延滞金を徴収されることがあります。

2　Bの退職手当等がある人は、その退職手当等についての退職所得の源泉徴収票(特別徴収票)又はその写しをこの申告書に添付してください。

3　支払を受けた退職手当等の金額の計算の基礎となった勤続期間に特定役員等勤続期間が含まれる場合は、その旨並びに特定役員等勤続期間、年数及び収入金額等を所定の欄に記載してください。

24.10改正

（規格A4）

第2節　従業員、扶養親族等をめぐる実務対応

【新様式】

掲載時点におけるイメージです。
確定様式ではありません。

●●改正

153

第2章　企業・団体における実務対応

図表2-20　公的年金等の受給者の扶養親族等申告書
【旧様式】

平成27年分　公的年金等の受給者の扶養親族等申告書

【新様式】

平成28年分　公的年金等の受給者の扶養親族等申告書

所轄税務署長等	公的年金等の支払者の名称		(フリガナ) あなたの氏名	㊞	生年月日	明・大・昭・平　年　月　日
税務署長	公的年金等の支払者の法人番号		あなたの個人番号		世帯主の氏名	
市区町村長	公的年金等の支払者の所在地		あなたの住所又は居所	(郵便番号　－　)	あなたとの続柄	

配偶者の有無　有・無

公　公的年金等の支払者受付印

あなたに控除対象配偶者や扶養親族がなく、かつ、あなた自身が障害者、寡婦又は寡夫のいずれにも該当しない場合には、以下の各欄に記入する必要はありません。

区分等	氏名及び個人番号	あなたとの続柄	生年月日	老人控除対象配偶者又は老人扶養親族（昭22.1.1以前生）	特定扶養親族（平6.1.2生～平10.1.1生）	住所又は居所	平成28年中の所得の見積額
A 控除対象配偶者			明・大・昭・平　・　・				円
B 控除対象扶養親族（16歳以上）（平13.1.1以前生）			明・大・昭・平　・　・				
			明・大・昭・平　・　・				
			明・大・昭・平　・　・				

掲載時点におけるイメージです。確定様式ではありません。

C 障害者、寡婦又は寡夫

該当する番号及び欄に○を付け、( )内には該当する扶養親族の人数を記入してください。

1 障害者

該当者＼区分	一般の障害者	特別障害者	同居特別障害者
本人			
控除対象配偶者			
扶養親族	(　人)	(　人)	(　人)

2 寡婦
3 特別の寡婦
4 寡夫

左記の内容（この欄の記載に当たっては、裏面の「3 記載についてのご注意」の(4)をお読みください。）

D 他の所得者が控除を受ける扶養親族等						
氏名	あなたとの続柄	生年月日	住所又は居所	控除を受ける他の所得者　氏名	あなたとの続柄	住所又は居所
		明・大・昭・平　・　・				
		明・大・昭・平　・　・				

○住民税に関する事項

区分	氏名	個人番号	あなたとの続柄	生年月日	住所又は居所	平成28年中の所得の見積額
〔住民税に関する事項〕16歳未満の扶養親族（平13.1.2以後生）				平　・　・		円
				平　・　・		

◎「16歳未満の扶養親族」欄は、地方税法第45条の3の3第1項及び第317条の3の3第1項に基づき、公的年金等の支払者を経由して市区町村長に提出しなければならないとされている公的年金等受給者の扶養親族申告書の記載欄を兼ねています。

◎この申告書は、あなたの公的年金等（確定給付企業年金や一定金額以下の公的年金等を除きます。）について、基礎的控除や人的控除を受けるために提出するものです。
◎この申告書は、控除対象配偶者や扶養親族に該当する人がいない人も提出する必要があります。
◎この申告書及び裏面の「申告についてのご注意」は、平成〇年〇月〇日現在の所得税法等関係法令の規定に基づいて作成してあります。

さらに、企業・団体においては、勤労者財産形成促進制度に基づく財形住宅貯蓄や財形年金貯蓄に関しても、従業員等から個人番号を記載した書類の提出を受けた上で、当該書類に自らの個人番号・法人番号を付記して、金融機関等に提出することが求められる（図表2-21）。

なお、財産形成住宅貯蓄・財産形成年金貯蓄の非課税に関する申込書等の個人番号が記載された申込書等は、法令に基づき、勤務先等を経由して金融機関に提出される場合、勤務先等及び金融機関がそれぞれ個人番号関係事務実施者となり、勤務先等は本人から提供を受けた特定個人情報を、金融機関に対して提供することとなる。

この場合、本人確認の措置は、勤務先等が本人から個人番号の提供を受ける際に実施することとなるとされているから注意が必要である（Q&A「Q5-6」）。

図表2-21　財形住宅貯蓄に関する帳票一覧（主要なもの）

帳票	提出者による記載	付記の主体	提出者及び提出先
租税特別措置法施行令（以下「措令」という）2条の18第1項の規定による申告書	提出者の個人番号（租税特別措置法施行規則（以下「措規」という）3条の5第3項1号）変更前及び変更後の提出者の個人番号（同条2号）	措令2条の18第1項の勤務先等の長及び金融機関の営業所の長	【個人】勤務先等及び金融機関の営業所等を経由して税務署長に提出
同条2項の規定による申告書	提出者の個人番号（措規3条の5第4項1号）	同条2項の勤務先等の長及び移管前の営業所等の長	【個人】勤務先等及び移管前の営業所等を経由して税務署長に提出
措令2条の19第1項に規定する財産形成非課税住宅貯蓄の勤務先異動申告書	提出者の個人番号（措規3条の5第5項1号）	措令2条の19第1項の他の勤務先の長、事務代行先の長及び金融機関の営業所等の長	【個人】他の勤務先または事務代行先及び金融機関の営業所等を経由して税務署長に提出

措令2条の20第1項の規定による申告書	提出者の個人番号（措規3条の5第6項1号）	措令2条の20第1項の他の勤務先の長、事務代行先の長及び他の金融機関の営業所等の長	【個人】他の勤務先または事務代行先及び他の金融機関の営業所等を経由して税務署長に提出
同条2項の規定による申告書	提出者の個人番号（措規3条の5第7項1号）	同条2項の勤務先等の長、出国時勤務先等の長及び一般の金融機関の営業所等の長	【個人】勤務先等または出国時勤務先等及び一般の金融機関の営業所等を経由して税務署長に提出
措令2条の21第1項に規定する海外転勤者の財産形成非課税住宅貯蓄継続適用申告書	提出者の個人番号（措規3条の5第8項1号）	措令2条の21第1項の出国前勤務先の長、事務代行先の長及び金融機関の営業所等の長	【個人】出国前勤務先または事務代行先及び金融機関の営業所等を経由して税務署長に提出
同条4項に規定する海外転勤者の国内勤務申告書	提出者の個人番号（措規3条の5第11項1号）	同条4項の出国時勤務先等の長及び金融機関の営業所等の長	【個人】出国時勤務先等及び金融機関の営業所等を経由して税務署長に提出
措令2条の21の2第1項に規定する育児休業等をする者の財産形成非課税住宅貯蓄継続適用申告書	提出者の個人番号（措規3条の5第12項1号）	措令2条の21の2第1項の休業前勤務先等の長及び金融機関の営業所等の長	【個人】休業前勤務先等及び金融機関の営業所等を経由して税務署長に提出
同条3項に規定する育児休業等期間変更申告書	提出者の個人番号（措規3条の5第13項1号）	同条3項の休業前勤務先等の長及び金融機関の営業所等の長	【個人】休業前勤務先等及び金融機関の営業所等を経由して税務署長に提出

措令2条の22第1項に規定する財産形成非課税住宅貯蓄廃止申告書	移管先の営業所等に係る金融機関等、移管をした金融機関の営業所等に係る金融機関等、提出者の個人番号及び勤務先等に係る賃金支払者もしくは事務代行団体の法人番号等（措規3条の5第14項1号～3号）	—	【移管先の営業所等の長】勤務先等を経由して税務署長に提出
措令2条の23第1項に規定する財産形成非課税住宅貯蓄廃止申告書	提出者の個人番号（措規3条の5第15項1号）	措令2条の23第1項の勤務先等の長及び金融機関の営業所等の長	【個人】勤務先等及び金融機関の営業所等を経由して税務署長に提出
措令2条の25第7項に規定する届出書	賃金の支払者または事務代行団体の法人番号等（措規3条の5第16項1号）	—	【勤務先の長】税務署長に提出
租税特別措置法（以下「措法」という）4条の2第1項の規定による財産形成非課税住宅貯蓄申込書	提出者の個人番号（措令2条の6第1項1号）	勤務先等の長（措令2条の6第4項）	【個人】勤務先等を経由して金融機関の営業所等に提出
同条第5項の規定による申告書（財産形成非課税住宅貯蓄限度額変更申告書）	提出者の個人番号（措令2条の14第1項1号）	勤務先等の長及び金融機関の営業所等の長（措令2条の14第3項）	【個人】勤務先等及び金融機関の営業所等を経由して税務署長に提出
財産形成非課税住宅貯蓄申告書	提出者の個人番号	勤務先等の長及び金融機関の営業所等の長（措令2条の17の2）	【個人】勤務先等及び金融機関の営業所等を経由して税務署長に提出

（注）財形住宅年金貯蓄に関しても、同様の改正が行われているので留意が必要である。

2 業務フローの詳細

　上記①で記載した帳票のうち、給与所得の源泉徴収票（給与支払報告書）、退職所得の源泉徴収票（特別徴収票）及び公的年金等の源泉徴収票は、企業・団体において作成して税務署等に提出することになる（図表2-22）。それ以外の書面（各種申告書等）は、従業員等が作成した書面を企業・団体が受領し、税務署等または金融機関（※）に提出することになる。

　※　金融機関に提出するのは、財形貯蓄関係の書類である。

図表2-22　源泉徴収票及び支払調書の業務フロー

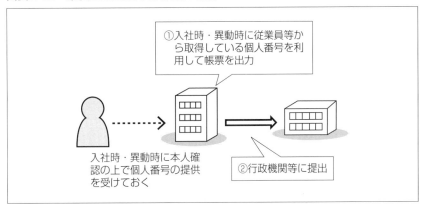

　ただし、後者についても、企業・団体の側で印字したものを従業員等に渡し、従業員等が内容を確認・修正した上で押印等して企業・団体に戻す、という業務フローになっていることが多いと考えられる（図表2-23）（いずれも前記1［6］①の「パターン1」（128頁）及び「パターン3」（131頁））。

　そのため、入社時・異動時（結婚した際等）に従業員等から個人番号の提供を受ける際に、申告書等への出力をも見据えて、それを利用目的として特定して通知等した上で、扶養親族等の個人番号も取得することが考えられる（図表2-24）。

　その上で、源泉徴収票・支払報告書のように、企業・団体が帳票に個人番号

図表2-23　各種申告書等の業務フロー

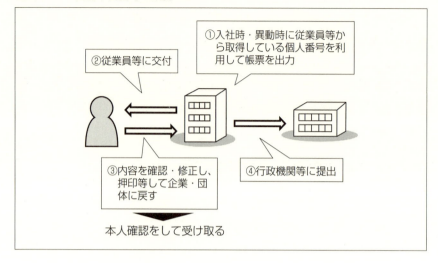

図表2-24　税務関係で利用目的として通知等しておくことが考えられる項目

【対従業員等】
・源泉徴収票作成事務（※）
・扶養控除等（異動）申告書、保険料控除申告書兼給与所得者の配偶者特別控除申告書作成事務
・退職所得に関する申告書作成事務
・財産形成住宅貯蓄・財産形成年金貯蓄に関する申告書、届出書及び申込書作成事務
【対従業員の扶養親族等】
・源泉徴収票作成事務（※）
・扶養控除等（異動）申告書、保険料控除申告書兼給与所得者の配偶者特別控除申告書作成事務

※　給与支払報告書及び退職所得の特別徴収票は「源泉徴収票作成事務」に含まれることは、前記■［3］（119頁）で述べたとおりである。

を記入して税務署等に提出する書面については、あらかじめ提供を受けておいた個人番号を利用して帳票に出力し、そのまま税務署等に提出することになる。このケースでは、帳票を作成する際に従業員等及び扶養親族等から個人番号の提供を受けることはないから、本人確認等は必要ない（図表2-25）。

図表 2-25　源泉徴収票・支払報告書の作成の事務

本人確認：不要（入社時・異動時にあらかじめ提供を受けておいた個人番号を利用して、企業・団体で帳票に出力して税務署等に提出するため）

　入社時・異動時にあらかじめ個人番号の提供を受ける際には、原則どおり本人確認を行った上で個人番号の提供を受けることになる（前記**1**［6］）。扶養親族等の個人番号は、従業員等が代理人となり、代理人から提供を受ける形になることが一般的であるから、あらかじめ企業・団体から従業員等に対して委任状の雛形（**図表 2-8**（132頁））を交付し、それに扶養親族等が署名・押印したものを受領する（ただし、法定代理の場合は委任状ではなく戸籍謄本等でよい）のが実務的であると思われる。

　なお、本人交付用の源泉徴収票にも個人番号を記載することになるが、その際の社内での流通方法等は、従前から本人の収入額というセンシティブな情報を取り扱うために適切な措置が講じられていると考えられるから、従前の取扱いを踏襲して流通させれば個人番号及び特定個人情報の取扱いとしても問題がないのが通常であると考えられる（後記第8節**4**（262頁））。

　これに対し、各種申告書のように、従業員等から従業員等または扶養親族等の個人番号が記載された帳票を企業・団体が受領し、それを税務署等・金融機関に提出する書面では、従業員等から個人番号が記載された書面を受領する時点で個人番号の提供を受けることになるから、原則として本人確認が必要となる。

　しかしながら、扶養控除等（異動）申告書のように、従業員等が提出義務を負っている書面については、扶養親族等の本人確認は従業員等が行うものとされているから企業・団体としては本人確認を行う必要はない（前記**1**［6］①の「パターン3」（131頁）、**図表 2-26**）。

　また、従業員等の本人確認のうち身元（実在）確認については、入社時に本人確認している場合や、2回目以降の提供の場合には通常は不要である（**図表 1-24**（40頁））。また、「個人番号利用事務等実施者が個人識別事項を印字した

図表 2−26　扶養控除等（異動）申告書をはじめとする各種申告書等の作成の事務（企業・団体で印字したものを従業員等に交付し、それを従業員等が確認・修正して企業・団体に戻すという実務を前提としたもの）

【従業員等の個人番号】（パターン１） 本人確認：番号確認⇒個人番号カード、通知カードまたは住民票の写し等で行うのが原則であるが、これが困難であると認められる場合には、①企業・団体が印字して本人に交付した源泉徴収票等に記載された個人番号を確認するか、②本人確認した上で作成した特定個人情報ファイルに記録された個人番号を確認すれば足りる。 　　　　　身元（実在）確認⇒入社時に本人確認していれば不要。また、２回目以降の提出でも不要。企業・団体がプレ印字した申告書そのものをもって身元（実在）確認することも可能。
【扶養親族等の個人番号】（パターン３） 本人確認：不要（従業員等が個人番号関係事務実施者として本人確認をした上で企業・団体に提供するため）

上で本人に交付又は送付した書類で、当該個人番号利用事務等実施者に対して当該書類を使用して提出する場合における当該書類」、すなわち企業・団体自身が印字して交付した扶養控除等（異動）申告書そのものをもって、身元（実在）確認することもできる。

　番号確認は個人番号カード、通知カードまたは住民票の写し等で行うことになるが、これが困難であると認められる場合には、①「個人番号利用事務等実施者が発行または発給をした書類で個人番号及び個人識別事項の記載があるもの」、源泉徴収票等の個人番号の記載をもって番号確認することができるほか、②過去に本人確認の上で作成した特定個人情報ファイルに記録された個人番号を確認することで番号確認をすることもできる（図表1−23（37頁））。

　また、利用目的についても、「取得の状況から見て利用目的が明らかであると認められる場合」（個人情報保護法18条4項4号）にあたると考えるから、従業員等及び扶養親族等に対する利用目的の明示は不要であろう（前記第２節

[4] ①（120頁））。

　なお、源泉徴収票・支払報告書及び各種申告書等の出力を税理士やグループ内のサービス・カンパニー等が行う場合には、それらの書類の作成事務を委託する形になる（後記［4］（205頁））。

　また、それらの書類の提出も税理士や会計事務所等に委託する場合には、税理士やサービス・カンパニーが、企業・団体の代理人となって税務署等に提出する形になる。

［2］社会保険関係の手続

① 個人番号の記載が要求される帳票

　民間企業・団体は、2017年1月以降に健康保険組合及び日本年金機構に提出する健康保険・厚生年金保険関係の書類、ならびに2016年1月以降にハローワークに提出する雇用保険・労災保険関係の書類の多くに、従業員等の個人番号と自らの法人番号を記載することを求められる（図表2-27、図表2-34、図表2-35）。

図表2-27　健康保険・厚生年金保険関連事務（適用関係）で個人番号の記載が求められる帳票一覧

変更される様式等	変更概要	提出者	提出先	省略できる添付資料	個人番号を取得する際の本人確認措置
健康保険・厚生年金保険被保険者資格取得届／厚生年金保険70歳以上被用者該当届（案）（図表2-28）	個人番号欄の追加	適用事業所の事業主	健康保険組合・日本年金機構	―	事業主において実施⇒パターン1
健康保険・厚生年金保険被保険者資格喪失届／厚生年金保険70歳以上被用者不該当届（案）（図表2-29）	個人番号欄の追加	適用事業所の事業主	健康保険組合・日本年金機構	―	事業主において実施⇒パターン1
厚生年金保険被保険者資格喪失届／70歳以上被用者該当届（案）	個人番号欄の追加	適用事業所の事業主	日本年金機構	―	事業主において実施⇒パターン1

健康保険・厚生年金保険被保険者報酬月額算定基礎届／厚生年金保険70歳以上被用者算定基礎届（案）(**図表2-30**)	個人番号欄の追加（70歳以上被用者の場合に限る）	適用事業所の事業主	健康保険組合・日本年金機構	—	事業主において実施 ⇒パターン1
健康保険・厚生年金保険被保険者報酬月額変更届／厚生年金保険70歳以上被用者月額変更届（案）(**図表2-31**)	個人番号欄の追加（70歳以上被用者の場合に限る）	適用事業所の事業主	健康保険組合・日本年金機構	—	事業主において実施 ⇒パターン1
健康保険・厚生年金保険被保険者賞与支払届／厚生年金保険70歳以上被用者賞与支払届（案）(**図表2-32**)	個人番号欄の追加（70歳以上被用者の場合に限る）	適用事業所の事業主	健康保険組合・日本年金機構	—	事業主において実施 ⇒パターン1
健康保険被扶養者（異動）届／国民年金第3号被保険者関係届（案）(**図表2-33**)	個人番号欄の追加	適用事業所の事業主	健康保険組合・日本年金機構	住民票所得証明書	事業主において実施（従業員等） ⇒パターン1 （国民年金第3号被保険者のみ） ⇒パターン2 被保険者が実施 （被扶養者分のみ） ⇒パターン3
国民年金第3号被保険者関係届（案）	個人番号欄の追加	適用事業所の事業主	日本年金機構	住民票所得証明書	事業主において実施 ⇒パターン1、パターン2
健康保険・厚生年金保険育児休業等取得者申出書（新規・延長）／終了届（案）	個人番号欄の追加	適用事業所の事業主	健康保険組合・日本年金機構	—	事業主において実施 ⇒パターン1

健康保険・厚生年金保険育児休業等終了時報酬月額変更届／厚生年金保険70歳以上被用者育児休業等終了時報酬月額相当額変更届（案）	個人番号欄の追加	適用事業所の事業主	健康保険組合・日本年金機構	―	事業主において実施⇒パターン1
健康保険・厚生年金保険産前産後休業取得者申出書／変更（終了）届（案）	個人番号欄の追加	適用事業所の事業主	健康保険組合・日本年金機構	―	事業主において実施⇒パターン1
健康保険・厚生年金保険産前産後休業終了時報酬月額変更届／厚生年金保険70歳以上被用者産前産後休業終了時報酬月額相当額変更届（案）	個人番号欄の追加	適用事業所の事業主	健康保険組合・日本年金機構	―	事業主において実施⇒パターン1
厚生年金保険養育期間標準報酬月額特例申出書・終了届（案）	個人番号欄の追加	適用事業所の事業主	日本年金機構	住民票	事業主において実施⇒パターン1
厚生年金保険被保険者種別変更届（案）	個人番号欄の追加	適用事業所の事業主	日本年金機構	―	事業主において実施⇒パターン1
厚生年金保険特例加入被保険者資格取得申出書（案）	個人番号欄の追加	適用事業所の事業主	日本年金機構	―	事業主において実施⇒パターン1
厚生年金保険特例加入被保険者資格喪失申出書（案）	個人番号欄の追加	適用事業所の事業主	日本年金機構	―	事業主において実施⇒パターン1
健康保険・厚生年金保険新規適用届（案）	法人番号欄の追加	適用事業所の事業主	健康保険組合・日本年金機構	―	―

（注1）組合によっては、被保険者証の検認または更新等において、個人番号を記入した書類の提出を求められることがある。
（注2）このほか、以下の申請書にも「個人番号」欄が追加される等の変更がある予定。
　　・2以上事業所の選択の届出（健康保険法施行規則2条）
　　・2以上事業所勤務の届出（同37条）
　　・日雇特例被保険者の適用除外の承認申請の受理（同113条）
　　・日雇特例被保険者手帳の交付申請（同114条）
　　・任意継続被保険者の資格取得申請の届出（同42条）、喪失申出（同43条）
　　・任意継続被保険者の被扶養者届（同38条）
　　・任意継続被保険者の介護保険第二号被保険者該当・非該当の届出（同40条、第41条）
出典：厚生労働省「社会保障・税番号制度の導入に向けて（社会保障分野）〜事業主の皆様へ〜」（2014年12月）を一部修正

第2章 企業・団体における実務対応

図表2-28 健康保険・厚生年金保険被保険者資格取得届／厚生年金保険70歳以上被用者該当届
【旧様式】

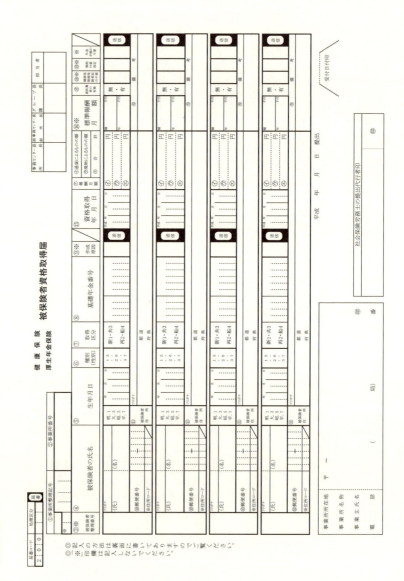

166

第２節　従業員、扶養親族等をめぐる実務対応

【新様式】

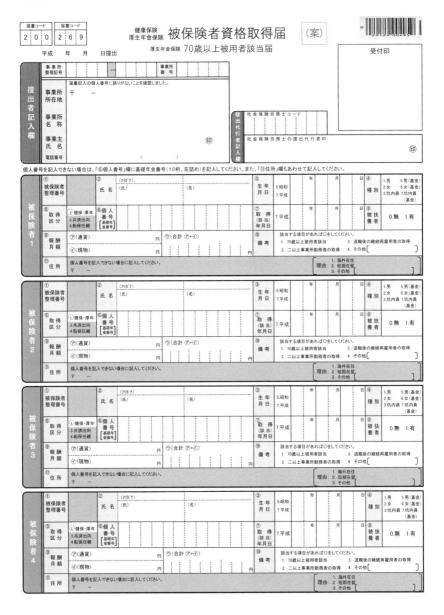

第2章 企業・団体における実務対応

図表2-29 健康保険・厚生年金保険被保険者資格喪失届／厚生年金保険70歳以上被用者不該当届
【旧様式】

第2節　従業員、扶養親族等をめぐる実務対応

【新様式】

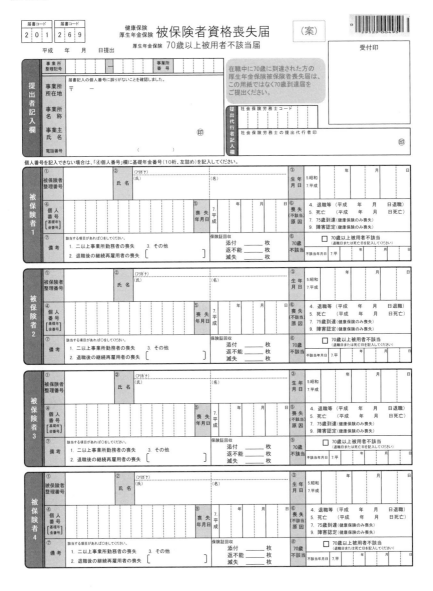

第2章 企業・団体における実務対応

図表2-30　健康保険・厚生年金保険被保険者報酬月額算定基礎届／厚生年金保険70歳以上被用者算定基礎届
【旧様式】

第 2 節 従業員、扶養親族等をめぐる実務対応

【新様式】

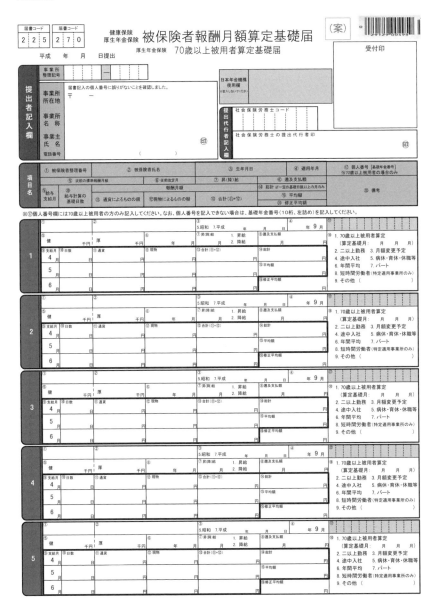

図表2-31　健康保険・厚生年金保険被保険者報酬月額変更届／厚生年金保険70歳以上被用者月額変更届
【旧様式】

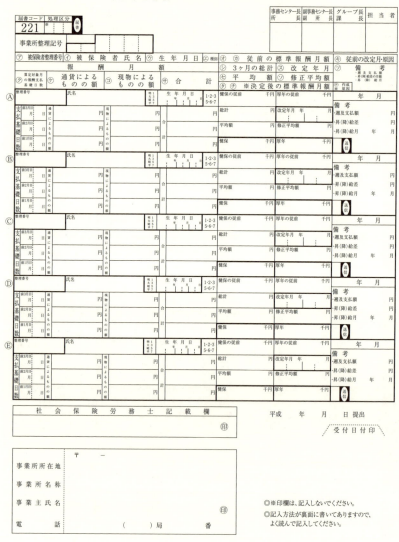

第2節　従業員、扶養親族等をめぐる実務対応

【新様式】

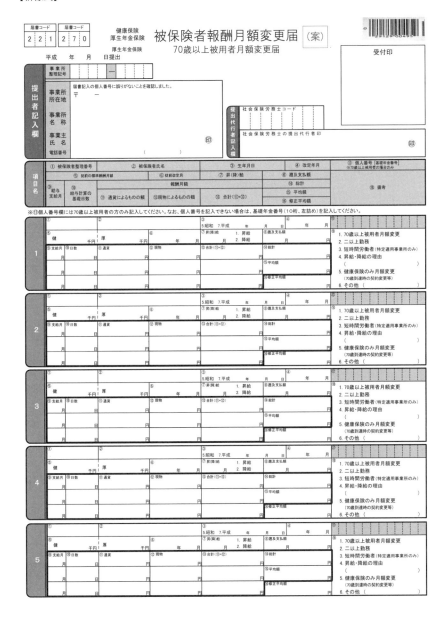

第2章 企業・団体における実務対応

図表2-32 健康保険・厚生年金保険被保険者賞与支払届／厚生年金保険70歳以上被用者賞与支払届
【旧様式】

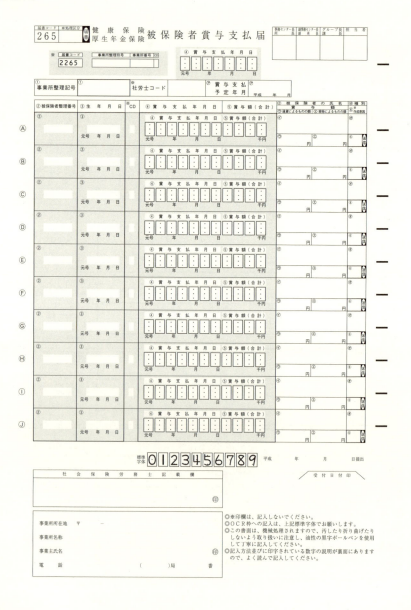

第2節　従業員、扶養親族等をめぐる実務対応

【新様式】

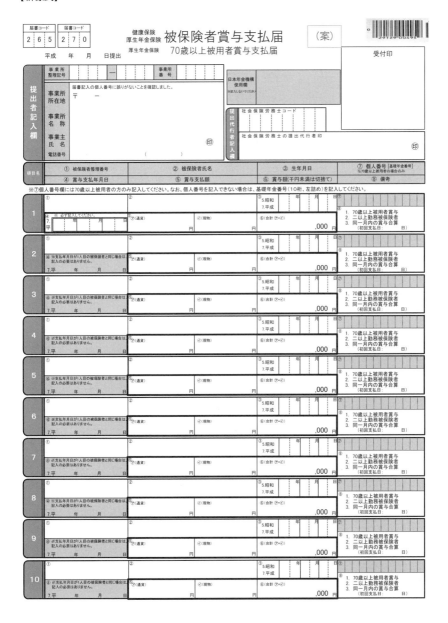

第2章 企業・団体における実務対応

図表2-33 健康保険被扶養者（異動）届／国民年金第3号被保険者関係届
【旧様式（健康保険被扶養者（異動）届）】

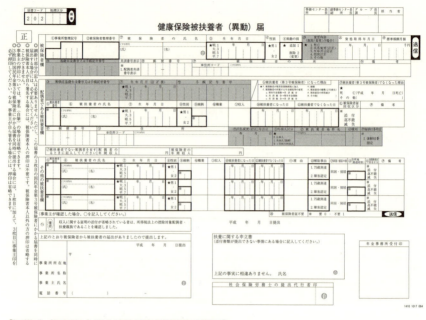

【旧様式（国民年金第3号被保険者資格取得等届）】

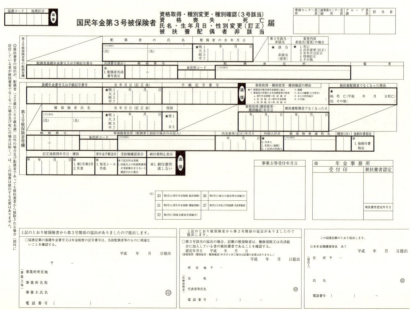

第２節　従業員、扶養親族等をめぐる実務対応

【新様式】

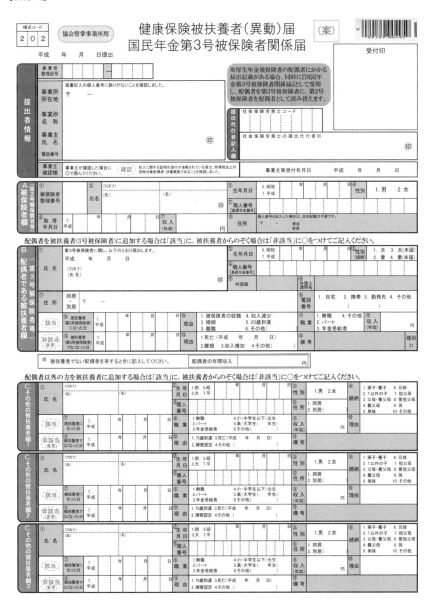

図表2-34 健康保険（給付関係）で個人番号の記載が求められる帳票一覧

変更される様式等	変更概要	提出者	提出先	省略できる添付資料	個人番号を取得する際の本人確認措置
食事療養標準負担額の減額に関する申請	個人番号欄の追加	被保険者（※1）	全国健康保険協会・健康保険組合	―	全国健康保険協会・健康保険組合 ⇒パターン4
生活療養標準負担額の減額に関する申請	個人番号欄の追加	被保険者（※1）	全国健康保険協会・健康保険組合	―	全国健康保険協会・健康保険組合 ⇒パターン4
療養費の支給の申請	個人番号欄の追加	被保険者（※1）	全国健康保険協会・健康保険組合	―	全国健康保険協会・健康保険組合 ⇒パターン4
移送費の支給の申請	個人番号欄の追加	被保険者（※1）	全国健康保険協会・健康保険組合	―	全国健康保険協会・健康保険組合 ⇒パターン4
傷病手当金の支給の申請	個人番号欄の追加	被保険者（※1、2）	全国健康保険協会・健康保険組合	年金給付額を証明する書類等	全国健康保険協会・健康保険組合 ⇒パターン4
埋葬料（費）の支給の申請	個人番号欄の追加	被保険者（※1、2）	全国健康保険協会・健康保険組合	生計維持を確認できる書類（住民票）等	全国健康保険協会・健康保険組合 ⇒パターン4

出産育児一時金の支給の申請	個人番号欄の追加	被保険者(※1)	全国健康保険協会・健康保険組合	―	全国健康保険協会・健康保険組合 ⇒パターン4
出産手当金の支給の申請	個人番号欄の追加	被保険者(※1、2)	全国健康保険協会・健康保険組合	―	全国健康保険協会・健康保険組合 ⇒パターン4
健康保険法108条2項から4項までの規定に該当するに至った場合の届出	個人番号欄の追加	被保険者(※1)	全国健康保険協会・健康保険組合	―	全国健康保険協会・健康保険組合 ⇒パターン4
家族埋葬料の支給の申請	個人番号欄の追加	被保険者(※1)	全国健康保険協会・健康保険組合	―	全国健康保険協会・健康保険組合 ⇒パターン4
特定疾病の認定の申請等	個人番号欄の追加	被保険者(※1、3)	全国健康保険協会・健康保険組合	―	全国健康保険協会・健康保険組合 ⇒パターン4
限度額適用認定の申請	個人番号欄の追加	被保険者(※1、3)	全国健康保険協会・健康保険組合	―	全国健康保険協会・健康保険組合 ⇒パターン4
限度額適用・標準負担額減額の認定の申請等	個人番号欄の追加	被保険者(※1、3)	全国健康保険協会・健康保険組合	―	全国健康保険協会・健康保険組合 ⇒パターン4

高額療養費の支給の申請	個人番号欄の追加	被保険者（※1）	全国健康保険協会・健康保険組合	—	全国健康保険協会・健康保険組合 ⇒パターン4
高額介護合算療養費の支給の申請等	個人番号欄の追加	被保険者（※1）	全国健康保険協会・健康保険組合	—	全国健康保険協会・健康保険組合 ⇒パターン4
高額介護合算療養費の支給及び証明書の交付の申請等	個人番号欄の追加	被保険者（※1）	全国健康保険協会・健康保険組合	—	全国健康保険協会・健康保険組合 ⇒パターン4

※1　被保険者が直接保険者に提出するのではなく事業主を経由して提出している場合もあるが、その場合における個人番号の提供や本人確認措置の実施方法については、追ってQ&A等で示される予定。
※2　申請時において事業主からの証明書が必要となる。
※3　健保法施行規則において、事業主経由で行うことが可能（意思表明が必要）とされており、これにより事業主を経由して提出する場合については、※1と同様に追ってQ&A等で示される予定。
※4　被保険者が提出する申請書に、被扶養者の個人番号を記載しなければならない場合には、基本的に被扶養者の本人確認措置は被保険者本人が実施することを想定している。
出典：厚生労働省「社会保障・税番号制度の導入に向けて（社会保障分野）～事業主の皆様へ～」（2014年12月）を一部修正

図表2-35　雇用保険関係で個人番号の記載が求められる帳票一覧

変更される様式等	変更概要	提出者	提出先	省略できる添付資料	個人番号を取得する際の本人確認措置
雇用保険被保険者資格取得届（雇用保険法施行規則様式第2号）（図表2-36）	個人番号欄の追加	適用事業所の事業主	ハローワーク	—	事業主において実施 ⇒パターン1

雇用保険被保険者資格喪失届・氏名変更届（雇用保険法施行規則様式第4号）（図表2-37）	個人番号欄の追加	適用事業所の事業主	ハローワーク	—	事業主において実施⇒パターン1
高年齢雇用継続給付受給資格確認票・（初回）高年齢雇用継続給付申請書（雇用保険法施行規則様式第33号の3）（図表2-38）	個人番号欄の追加	適用事業所の事業主（※）	ハローワーク	—	事業主において実施⇒パターン1
育児休業給付受給資格確認票・（初回）育児休業給付金支給申請書（雇用保険法施行規則様式第33号の5）（図表2-39）	個人番号欄の追加	適用事業所の事業主（※）	ハローワーク	—	事業主において実施⇒パターン1
介護休業給付金支給申請書（雇用保険法施行規則様式第33号の6）（図表2-40）	個人番号欄の追加	適用事業所の事業主（※）	ハローワーク	住民票	事業主において実施⇒パターン1

※　事業主が提出することについて労使間で協定を締結した上で、できるだけ事業主が提出することとしている。
（注1）このほか、以下の申請書にも「個人番号」欄が追加される等の変更がある予定。
　　　・雇用保険被保険者離職票-1（雇用保険法施行規則様式第6号）（**図表2-41**）
　　　・教育訓練給付金支給申請書（同第33号の2）（**図表2-42**）
　　　・教育訓練給付金及び教育訓練支援給付金受給資格確認票（同第33号の2の2）（**図表2-43**）
　　　・日雇労働被保険者資格取得届（同第25号）（**図表2-44**）
　　　・未支給失業等給付請求書（同第10号の4）（**図表2-45**）
（注2）また、「障害者初回雇用奨励金支給申請書」「中小企業障害者多数雇用施設設置等助成金支給申請書」「障害者トライアル雇用奨励金実施計画書」等においても個人番号欄を追加する予定。
出典：厚生労働省「社会保障・税番号制度の導入に向けて（社会保障分野）〜事業主の皆様へ〜」（2014年12月）を一部修正

図表2-36 雇用保険被保険者資格取得届
【旧様式】

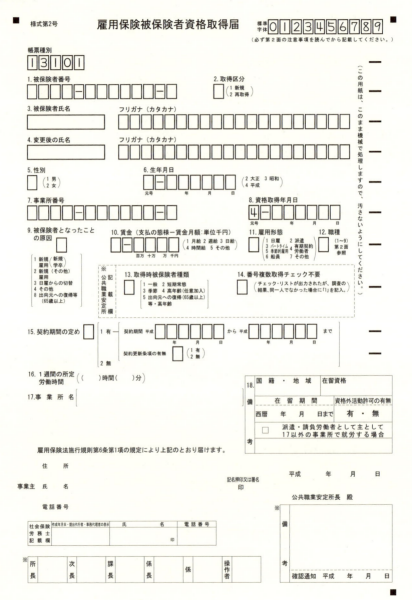

第2節　従業員、扶養親族等をめぐる実務対応

【新様式】

雇用保険被保険者資格取得届（様式第2号（第6条関係）（第1面））

図表２-37　雇用保険被保険者資格喪失届・氏名変更届
【旧様式】

様式第4号

雇用保険被保険者 資格喪失届 氏名変更届

標準字体 0 1 2 3 4 5 6 7 8 9

（必ず第２面の注意事項を読んでから記載してください。）

（なるべく折り曲げないようにし、やむをえない場合には折り曲げマーク（▶）の所で折り曲げてください。）

※ 帳票種別 1 2 1 0　　2：氏名変更届　3：資格喪失届

1. 被保険者番号　　2. 事業所番号　　3. 資格取得年月日

管轄区分　　被保険者氏名　　性別（1 男　2 女）　　生年月日（2 大正　3 昭和　4 平成）　　取得時被保険者種類（1又は9 一般　4又は5 高年齢　2又は3 短期）

事業所名略称　　転勤の年月日

4. 離職年月日　4－　元号　年　月　日

5. 喪失原因（1 離職以外の理由　2 3以外の離職　3 事業主の都合による離職）

6. 離職票交付希望（1 有　2 無）

※7. 喪失時被保険者種類（3 季節）

9. 補充採用予定の有無（空白 無　1 有）

8. 新氏名　　フリガナ（カタカナ）

10. 被保険者の住所又は居所	
11. 被保険者でなくなったことの原因又は氏名変更年月日	

12. １週間の所定労働時間（（　　）時間（　　）分）　※13. 資格取得年月日現在の１週間の所定労働時間（（　　）時間（　　）分）

（この用紙は、このまま機械で処理しますので、汚さないようにしてください。）

雇用保険法施行規則第７条第１項・第14条第１項の規定により、上記のとおり届けます。

平成　　年　　月　　日

事業主　住　所
　　　　氏　名
　　　　電話番号

記名押印又は署名
印

公共職業安定所長　殿

第2節 従業員、扶養親族等をめぐる実務対応

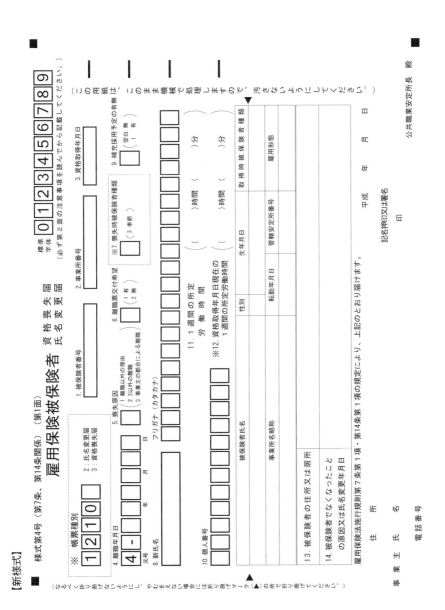

第2章 企業・団体における実務対応

図表2-38　高年齢雇用継続給付受給資格確認票・(初回)高年齢雇用継続給付申請書【旧様式】

【新様式】

様式第33号の3（第101条の5、第101条の7関係）（第1面）

高年齢雇用継続給付受給資格確認票・（初回）高年齢雇用継続給付支給申請書

（必ず第２面の注意書きをよく読んでから記入してください。）

帳票種別　12300

1. 個人番号

2. 被保険者番号

3. 資格取得年月日　元号　年　月　日（3 昭和　4 平成）

4. 事業所番号

5. 給付金の種類（1 基本給付金　2 再就職給付金）

＜賃金支払状況＞

6. 支給対象年月その１　4-　元号　年　月

7. 6欄の支給対象年月に支払われた賃金額　円

8. 賃金の減額のあった日数　日

9. みなし賃金額　円

10. 支給対象年月その２　4-　元号　年　月

11. 10欄の支給対象年月に支払われた賃金額　円

12. 賃金の減額のあった日数　日

13. みなし賃金額　円

14. 支給対象年月その３　4-　元号　年　月

15. 14欄の支給対象年月に支払われた賃金額　円

16. 賃金の減額のあった日数　日

17. みなし賃金額　円

※公共職業安定所記載欄

60歳到達時等賃金登録欄

18. 賃金月額（区分－日額又は総額）（1 日額　2 総額）　円

19. 登録区分

20. 基本手当の受給資格

21. 定年等修正賃金登録年月日　4-　元号　年　月　日

高年齢雇用継続給付受給資格確認票項目記載欄

22. 受給資格確認年月日　4-　元号　年　月　日

23. 支給申請月（1 奇数月　2 偶数月）

24. 次回（初回）支給申請年月日　4-　元号　年　月　日

25. 支払区分

26. 金融機関・店舗コード　口座番号

27. 未支給区分（空欄 未支給以外　1 未支給）

（この用紙は、このまま機械で処理しますので、汚さないようにしてください。）

その他賃金に関する特記事項

28.	29.	30.

上記の記載事実に誤りのないことを証明します。

事業所名（所在地・電話番号）

平成　年　月　日　事業主氏名　印

上記のとおり高年齢雇用継続給付の受給資格の確認を申請します。
雇用保険法施行規則第101条の５・第101条の７の規定により、上記のとおり高年齢雇用継続給付の支給を申請します。

平成　年　月　日　公共職業安定所長　殿　申請者氏名（フリガナ）　印

払渡希望金融機関指定届

払渡希望金融機関			金融機関コード	店舗コード	金融機関による確認印
	フリガナ				
	名称	本店 支店			
	銀行等（ゆうちょ銀行以外）	口座番号（普通）			
	ゆうちょ銀行	記号番号（総合）　－			

◆ 金融機関へのお願い
雇用保険の失業等給付を受給者の金融機関口座へ迅速かつ正確に振り込むため、次のことについて御協力をお願いします。
1. 上記の記載事項のうち「申請者氏名」欄、「名称」欄及び「銀行等（ゆうちょ銀行以外）」の「口座番号」欄（「ゆうちょ銀行」の「記号番号」欄）を確認した上、「金融機関による確認印」欄に貴金融機関確認印を押印してください。
2. 金融機関コード及び店舗コードを記入してください（ゆうちょ銀行の場合を除く。）。

備考	
賃金締切日	日　賃金支払日　当月・翌月　日　賃金形態　月給・日給・時間給・
所定労働日数	6欄　日　10欄　日　14欄　日
通勤手当	有（毎月・３か月・６か月・　）・無

※処理欄	
資格確認の可否	可・否
年齢確認書類	住・免・（　）
資格確認年月日	平成　年　月　日
通知年月日	平成　年　月　日

社会保険労務士記載欄	作成年月日・提出代行者・事務代理者の表示	氏名	電話番号
		印	

※所長	次長	課長	係長	係	操作者

図表2-39 育児休業給付受給資格確認票・(初回)育児休業給付金支給申請書【旧様式】

第2節　従業員、扶養親族等をめぐる実務対応

【新様式】

様式第33号の5（第101条の13関係）（第1面）

育児休業給付受給資格確認票・（初回）育児休業給付金支給申請書
（必ず第2面の注意書きをよく読んでから記入してください。）

図表２-40　介護休業給付金支給申請書

【旧様式】

■ 様式第33号の6（第101条の19関係）（第1面）

介護休業給付金支給申請書

（必ず第２面の注意書きをよく読んでから記入してください。）

帳票種別　12601

1. 被保険者番号　□□□□-□□□□□□-□

2. 資格取得年月日　□-□□□□□□（3 昭和　4 平成）元号 年 月 日

3. 事業所番号　□□□□-□□□□□□-□

4. 姓（漢字）

5. 名（漢字）

6. 介護休業開始年月日　4-□□□□□□　元号 年 月 日

7. 介護対象家族の姓（カタカナ）

8. 介護対象家族の名（カタカナ）

9. 介護対象家族の性別（1 男　2 女）

10. 介護対象家族の続柄（1 配偶者　2 父母　3 子　4 配偶者の父母　5 同居かつ被扶養の祖父母　6 同居かつ被扶養の兄弟姉妹　7 同居かつ被扶養の孫）

11. 介護対象家族の姓（漢字）

12. 介護対象家族の名（漢字）

13. 介護対象家族の生年月日　□-□□□□□□（1 明治　2 大正　3 昭和　4 平成）元号 年 月 日

14. 支給対象期間その１（初日）4-□□□□□□ 元号 年 月 日（末日）□□□□ 月 日

15. 全日休業日数

16. 支払われた賃金額　円

17. 支給対象期間その２（初日）4-□□□□□□ 元号 年 月 日（末日）□□□□ 月 日

18. 全日休業日数

19. 支払われた賃金額　円

20. 支給対象期間その３（初日）4-□□□□□□ 元号 年 月 日（末日）□□□□ 月 日

21. 全日休業日数

22. 支払われた賃金額　円

23. 介護休業終了年月日　4-□□□□□□ 元号 年 月 日（介護休業期間が3ヵ月未満のとき記入）

24. 終了事由（1 職場復帰　2 休業事由の消滅）

※公共職業安定所記載欄

25. 賃金月額（区分－日額又は総額）□-□□□□□□□□　円（1 日額　2 総額）

26. 同一対象家族に係る介護休業開始年月日　4-□□□□□□ 元号 年 月 日

27. 期間雇用者の継続雇用の見込み

28. 支払区分

29. 金融機関・店舗コード　口座番号

30. 未支給区分（空欄 未支給以外　1 未支給）

31. 処理区分（空欄 一括処理　1 否認（期間）　2 否認（対象家族）　3 資格確認のみ　4 支給のみ　5 否認（93日超））

32. 特殊事項（1 チェック不要　2 再開（他の休業の終了）　3 再開（被保険者資格再取得））

（この用紙は、このまま機械で処理しますので、汚さないようにしてください。）

上記被保険者が介護休業を取得し、上記の記載事実に誤りがないことを証明します。

平成　年　月　日　事業所名（所在地・電話番号）　事業主氏名　印

雇用保険法施行規則第１０１条の１９の規定により、上記のとおり介護休業給付金の支給を申請します。

平成　年　月　日　公共職業安定所長　殿　申請者氏名（フリガナ）　印

払渡希望金融機関指定届

払渡希望金融機関	フリガナ		金融機関コード	店舗コード	金融機関による確認印
	名称	本店・支店			
	銀行等（ゆうちょ銀行以外）	口座番号	（普通）		
	ゆうちょ銀行	記号番号	（総合）　－		

◆ 金融機関へのお願い

雇用保険の失業等給付を受給者の金融機関口座へ迅速かつ正確に振り込むため、次のことについて御協力をお願いします。

1. 上記の記載事項のうち「申請者氏名」欄、「名称」欄及び「銀行等（ゆうちょ銀行以外）」の「口座番号」欄（「ゆうちょ銀行」の「記号番号」欄）を確認した上、「金融機関による確認印」欄に貴金融機関確認印を押印してください。
2. 金融機関コード及び店舗コードを記入してください（ゆうちょ銀行の場合を除く。）。

備考	賃金締切日　日	通勤手当	有（毎月・３か月・６か月・　）無
	賃金支払日　当月・翌月　日		

※処理欄	
支給決定年月日	平成　年　月　日
支給決定額	円
不支給理由	
通知年月日	平成　年　月　日

社会保険労務士記載欄	作成年月日・提出代行者・事務代理者の表示	氏名	電話番号
		印	

※所長	次長	課長	係長	係	操作者

第2節　従業員、扶養親族等をめぐる実務対応

【新様式】

様式第33号の6（第101条の19関係）（第1面）

介護休業給付金支給申請書

（必ず第2面の注意書きをよく読んでから記入してください。）

図表2-41　雇用保険被保険者　離職票-1

【旧様式】

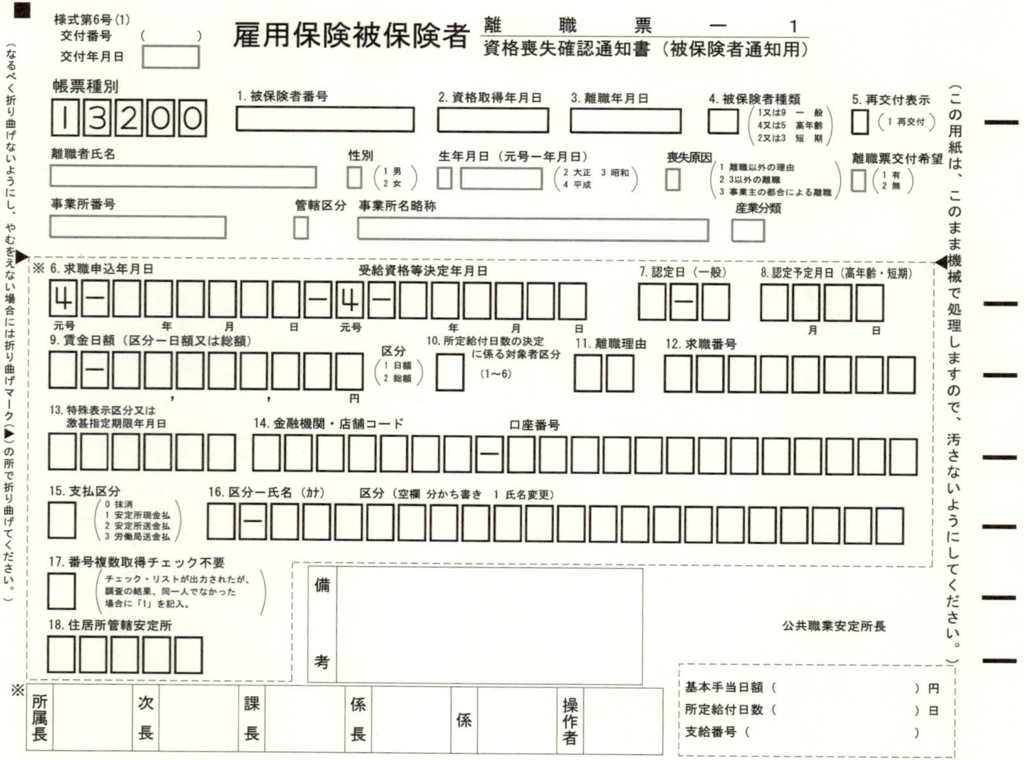

様式第6号(1)
交付番号　(　　　)
交付年月日

雇用保険被保険者　離職票－1
資格喪失確認通知書（被保険者通知用）

帳票種別　13200

1. 被保険者番号
2. 資格取得年月日
3. 離職年月日
4. 被保険者種類（1又は9 一般／4又は5 高年齢／2又は3 短期）
5. 再交付表示（1 再交付）

離職者氏名
性別（1 男　2 女）
生年月日（元号－年月日）（2 大正　3 昭和　4 平成）
喪失原因（1 離職以外の理由　2 3以外の離職　3 事業主の都合による離職）
離職票交付希望（1 有　2 無）

事業所番号
管轄区分
事業所名略称
産業分類

※ 6. 求職申込年月日　4－　元号　年　月　日
受給資格等決定年月日　4－　元号　年　月　日
7. 認定日（一般）
8. 認定予定月日（高年齢・短期）　月　日

9. 賃金日額（区分－日額又は総額）　円
区分（1 日額　2 総額）
10. 所定給付日数の決定に係る対象者区分（1〜6）
11. 離職理由
12. 求職番号

13. 特殊表示区分又は激甚指定期限年月日
14. 金融機関・店舗コード
口座番号

15. 支払区分（0 抹消　1 安定所現金払　2 安定所送金払　3 労働局送金払）
16. 区分－氏名（ｶﾅ）　区分（空欄 分かち書き　1 氏名変更）

17. 番号複数取得チェック不要（チェック・リストが出力されたが、調査の結果、同一人でなかった場合に「1」を記入。）
18. 住居所管轄安定所

備考

公共職業安定所長

※ 所属長　次長　課長　係長　係　操作者

基本手当日額（　　　）円
所定給付日数（　　　）日
支給番号（　　　）

（なるべく折り曲げないようにし、やむをえない場合には折り曲げマーク（▲）の所で折り曲げてください。）

（この用紙は、このまま機械で処理しますので、汚さないようにしてください。）

第2節 従業員、扶養親族等をめぐる実務対応

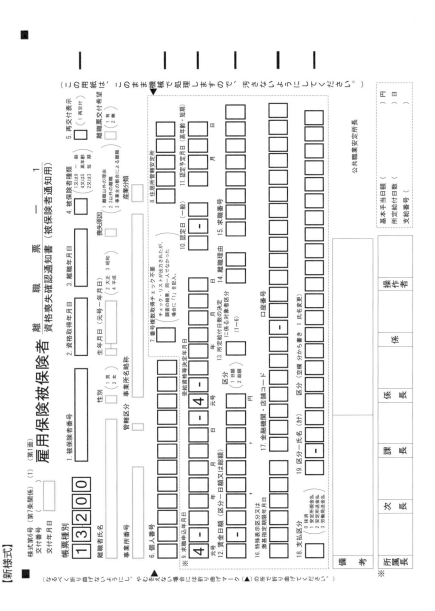

第2章 企業・団体における実務対応

図表2-42 教育訓練給付金支給申請書
【旧様式】

第２節　従業員、扶養親族等をめぐる実務対応

【新様式】

様式第33号の2（第101条の2の11関係）（第1面）

教育訓練給付金支給申請書

● 第2面の注意をよくお読みください。
● 支給申請期間は、受講修了日の翌日から1ヵ月以内です。

（この用紙は、このまま機械で処理しますので、汚さないようにしてください。）

帳票種別　1 3 5 0 1　　1.個人番号

2.被保険者番号　　3.姓（漢字）　　4.名（漢字）

5.フリガナ（カタカナ）

6.生年月日　（2 大正　3 昭和　4 平成）　7.指定番号

元号　年　月　日

教育訓練施設の名称　　　　　　　教育訓練講座名

8.受講開始年月日（基準日）　9.受講修了年月日　10.教育訓練経費
4-　　　　　　4-　　　　　　　　　　　円
元号　年　月　日　　元号　年　月　日

11.郵便番号　　教育訓練講座の受講をあっせんした販売代理店等及び販売員の名称
　　　　　　　（販売代理店等）　　　　　（販売員）

12.住所（漢字）※市・区・郡及び町村名

住所（漢字）※丁目・番地

住所（漢字）※アパート、マンション名等

※公共職業安定所記載欄

13.決定年月日　　　　　14.未支給区分　　15.支払区分
4-　　　　　　　　（空欄 未支給以外）
元号　年　月　日　　　　1 未支給

16.金融機関・店舗コード　　口座番号

雇用保険法施行規則第101条の2の11第1項の規定により、上記のとおり教育訓練給付金の支給を申請します。
平成　年　月　日　　　公共職業安定所長　殿
　　　　　　　　　　　　　　申請者　　電話番号
　　　　　　　　　　　　　　氏　名　　　　　　　　印

払渡希望金融機関指定届

払渡希望金融機関	フリガナ		金融機関コード	店舗コード	金融機関による確認印
	名　称		本店　支店		
	銀行等（ゆうちょ銀行以外）	口座番号	（普通）		
	ゆうちょ銀行	記号番号	（総合）	－	

◆ 金融機関へのお願い
雇用保険の失業等給付を受給者の金融機関口座へ迅速かつ正確に振り込むため、次のことについて御協力をお願いします。
　1. 上記の記載事項のうち「申請者氏名」欄、「名称」欄及び「銀行等（ゆうちょ銀行以外）」の「口座番号」欄（「ゆうちょ銀行」の「記号番号」欄）を確認した上、「金融機関による確認印」欄に貴金融機関確認印を押印してください。
　2. 金融機関コード及び店舗コードを記入してください（ゆうちょ銀行の場合を除く。）。

備考

※処理欄
決定年月日　平成　年　月　日
支給決定額　　　　　　　　円
不支給理由
通知年月日　平成　年　月　日
修正証明書　領収書　本人・住所　運受・健住・出印　被保険者証　本・代・郵

所長　次長　課長　係長　係　操作者

第2章 企業・団体における実務対応

図表2-43 教育訓練給付金及び教育訓練支援給付金受給資格確認票
【旧様式】

第2節　従業員、扶養親族等をめぐる実務対応

【新様式】

様式第33号の2の2（第1面）

教育訓練給付金（第101条の2の7第2号関係）及び教育訓練支援給付金受給資格確認票

（必ず第2面の注意書きをよく読んでから記入してください。）

（この用紙は、このまま機械で処理しますので、汚さないようにしてください。）

図表2-44 日雇労働被保険者資格取得届
【旧様式】

様式第25号(第71条関係)

雇用保険日雇労働被保険者資格取得届

※	所長	次長	課長	係長	係

※被保険者番号			
1. 氏　名		2. 性別 男・女 / 3. 生年月日 大昭平	年　月　日
4. 住所又は居所			
5. 職　種		6. 雇用保険法第43条第1項第1号から第3号までのいずれかに該当するに至った年月日	平成　年　月　日

雇用保険法施行規則第71条の規定により上記のとおり届けます。

平成　年　月　日

被保険者氏名　　　　　　　　　　　印

公共職業安定所長　殿

注意　1　※印欄には、記載しないこと。
　　　2　被保険者氏名については、記名押印又は署名のいずれかにより記載すること。

【新様式】

様式第25号（第71条関係）

雇用保険日雇労働被保険者資格取得届

※	所長	次長	課長	係長	係

※被保険者番号	

1. 氏　　名		2.性別 男・女	3.生年月日	大 昭 平　　年　月　日

4. 住所又は居所	

5. 個 人 番 号	

6. 職　　種		7. 雇用保険法第43条第1項第1号から第3号までのいずれかに該当するに至った年月日	平成　年　月　日

雇用保険法施行規則第71条の規定により上記のとおり届けます。

平成　年　月　日

被保険者氏名　　　　　　　　　㊞

公共職業安定所長　殿

注　意　1　※印欄には、記載しないこと。
　　　　2　被保険者氏名については、記名押印又は署名のいずれかにより記載すること。

図表2-45　未支給失業等給付請求書
【旧様式】

様式第10号の4（第17条の2関係）

未 支 給 失 業 等 給 付 請 求 書

1. 死亡した者	氏　　　名		支　給　番　号	
			被保険者番号	
	死亡の当時の住所又は居所			
	死亡年月日	平成　　年　　月　　日		
2. 請　求　者	氏　　　名			
	住所又は居所			
	死亡した者との関係			
3. 請求する失業等給付の種類	基本手当・技能習得手当・寄宿手当・傷病手当・高年齢求職者給付金・特例一時金・日雇労働求職者給付金・就業手当・再就職手当・就業促進定着手当・常用就職支度手当・移転費・広域求職活動費・教育訓練給付金・教育訓練支援給付金・高年齢雇用継続基本給付金・高年齢再就職給付金・育児休業給付金・介護休業給付金			

上記により未支給の失業等給付の支給を請求します。
　　平成　　年　　月　　日

　　公共職業安定所長
　　地方運輸局長　　　殿　　　　　請求者氏名　　　　　　　　　　印

※公共職業安定所又は地方運輸局記載欄

所属長	次長	課長	係長	係

【新様式】

様式第10号の4（第17条の2関係）

未 支 給 失 業 等 給 付 請 求 書

1. 死亡した者	氏　　　　名		支　給　番　号	
			被保険者番号	
	死亡の当時の住所又は居所			
	死亡年月日	平成　　　年　　　月　　　日		
2. 請　求　者	氏　　　　名			
	個　人　番　号			
	住　所　又　は　居　所			
	死亡した者との関係			
3. 請求する失業等給付の種類	基本手当・技能習得手当・寄宿手当・傷病手当・高年齢求職者給付金・特例一時金・日雇労働求職者給付金・就業手当・再就職手当・就業促進定着手当・常用就職支度手当・移転費・広域求職活動費・教育訓練給付金・教育訓練支援給付金・高年齢雇用継続基本給付金・高年齢再就職給付金・育児休業給付金・介護休業給付金			

上記により未支給の失業等給付の支給を請求します。
　　平成　　　年　　　月　　　日
　　公共職業安定所長
　　地方運輸局長　　殿　　　　　　請求者氏名　　　　　　　　　　　　印

※公共職業安定所又は
　地方運輸局記載欄

所属長	次長	課長	係長	係

201

② 業務フローの詳細

これらの書類のうち、「個人番号を取得する際の本人確認措置」が前記■[6]①の「パターン１」に該当するものは、企業・団体として提出することが求められる書類である（図表２-46）。

図表２-46 社会保険関係の書類の業務フロー（パターン１）

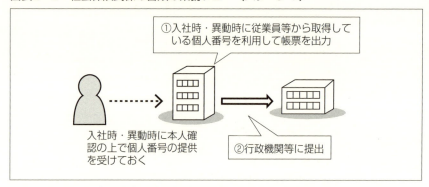

したがって、入社時・異動時（結婚した際等）に従業員等から個人番号の提供を受ける際に、社会保険関係の書類の作成事務を利用目的として特定して通知等した上で取得することが実務的である（図表２-47）。

図表２-47 社会保険関係で利用目的として通知等しておくことが考えられる項目

【対従業員等】
- 健康保険・厚生年金保険届出事務
- 健康保険・厚生年金保険申請・請求事務
- 雇用保険・労災保険届出事務
- 雇用保険・労災保険申請・請求事務
- 雇用保険・労災保険証明書作成事務

【対第３号被保険者等】
- 健康保険・厚生年金保険届出事務

（注）「届出事務」と「申請・請求事務」等を区別する必要があるか否かは議論の余地があるが、従業員等に事前に通知等しておく項目について、あえてリスクをおかして最小限とする必要はないため、区別して列挙している。

その上で、企業・団体において、あらかじめ提供を受けておいた個人番号を利用して帳票に出力し、そのまま行政機関等に提出することになる。従業員等から個人番号の提供を受ける形にはならないので、本人確認等は必要ない（図表2-48）。

（注）本人確認の際の留意事項は、前記［1］（142頁）を参照。

図表2-48　社会保険関係（パターン1）の作成の事務

本人確認：不要（入社時・異動時にあらかじめ提供を受けておいた個人番号を利用して、企業・団体で帳票に出力して行政機関等に提出するため）

　これに対し、「個人番号を取得する際の本人確認措置」が「パターン2」または「パターン3」に該当する健康保険被扶養者（異動）届／国民年金第3号被保険者関係届（案）（図表2-33（176頁））のように、従業員等から個人番号が記載された帳票を企業・団体が受領し、それを行政機関等に提出する書面では、従業員等から個人番号が記載された書面を受領する時点で個人番号の提供を受けることになる。

　この場合、従業員等の本人確認は企業・団体が行う必要がある（前記1［6］1の「パターン1」（128頁））。また、国民年金の第3号被保険者の本人確認も企業・団体が行う必要がある（前記1［6］1の「パターン2」（129頁））。これに対し、健康保険の被扶養者の本人確認は従業員等が行うものとされているから企業・団体としては本人確認を行う必要はない（前記1［6］1の「パターン3」（131頁）、図表2-49）。

　利用目的については、「取得の状況から見て利用目的が明らかであると認められる場合」（個人情報保護法18条4項4号）にあたると考えられるため、従業員等及び扶養親族に対する利用目的の明示は不要であろう（前記第2節1［4］1（120頁））。

　また、「個人番号を取得する際の本人確認措置」が「パターン4」に該当するものは、前記1［6］1（128頁）で述べたとおり、企業・団体は個人番号関係事務実施者として個人番号を取り扱うことはできないから、原則として取

図表2−49　健康保険被扶養者（異動）届／国民年金第3号被保険者関係届等の作成の事務

【従業員等の個人番号】（パターン1）
本人確認：番号確認⇒個人番号カード、通知カードまたは住民票の写し等で行うのが原則であるが、これが困難であると認められる場合には、①企業・団体が印字して本人に交付した源泉徴収票等に記載された個人番号を確認するか、②本人確認した上で作成した特定個人情報ファイルに記録された個人番号を確認すれば足りる。 　　　　　身元（実在）確認⇒入社時に本人確認していれば不要。また、2回目以降の提出でも不要。企業・団体がプレ印字した申告書そのものをもって身元（実在）確認することも可能。
【国民年金の第3号被保険者の個人番号】（パターン2）
本人確認：代理権の確認⇒必要 　　　　　代理人の身元（実在）確認⇒必要 　　　　　本人の番号確認⇒必要
【健康保険の被扶養者の個人番号】（パターン3）
本人確認：不要（従業員等が個人番号関係事務実施者として本人確認をした上で企業・団体に提供するため）

り扱うことができない。従前どおり企業・団体が提出する事務を維持するのであれば、

- 案1：企業・団体が従業員等の代理人として提出する取扱いとする方法、
- 案2：従業員等に当該書面を封筒に入れて封をさせ、それを開封せずにそのまま行政機関等に提出する方法、
- 案3：行政機関等（とりわけ健康保険組合）から、当該書類の受領（及び本人確認）の業務の委託を受ける方法

等をとることになる。

　　（注）パターン4の書類の取扱いについては、厚生労働省がQ&Aの形で方法を示すことが予定されている。

郵便はがき

料金受取人払郵便

神田局
承認

2182

差出有効期間
平成29年5月
31日まで

（切手不要）

1 0 1 - 8 7 9 1

5 1 8

東京都千代田区内神田1－6－6
（MIFビル5階）

株式会社 清文社 行

|||||||||||||||||||||||||||||||||||||||||

ご住所 〒（　　　　　　　　）

ビル名　　　　　　　　　　（　　階　　　号室）

貴社名

　　　　　　　　　　部　　　　　　　　課

ふりがな
お名前

電話番号　　　　　　　　｜ご職業

E－mail

※本カードにご記入の個人情報は小社の商品情報のご案内、またはアンケート等を送付する目的にのみ使用いたします。

愛読者カード

ご購読ありがとうございます。今後の出版企画の参考にさせていただきますので、ぜひ皆様のご意見をお聞かせください。

■本書のタイトル（書名をお書きください）

1. 本書をお求めの動機

1. 書店でみて（　　　　　　　　）　2. 案内書をみて
3. 新聞広告（　　　　　　　　）　4. 雑誌広告（　　　　　　　　）
5. 書籍・新刊紹介（　　　　　　　　）　6. 人にすすめられて
7. その他（　　　　　　　　）

2. 本書に対するご感想（内容・装幀など）

3. どんな出版をご希望ですか（著者・企画・テーマなど）

■小社新刊案内（無料）を希望する　1. 郵送希望　2. メール希望

なお、帳票の作成及び行政機関等への提出を社会保険労務士やグループ内の別会社が行う場合には、それらの書類の作成事務を委託した上で、代理人として提出する形になる（後記［４］）。

［３］退職者の個人番号の収集

年金との関係で、一般の企業・団体が、日本年金機構に提出する書類に退職者の個人番号を記入する必要があったり、支払調書を作成する委託先から退職者の個人番号の収集を要求されたりするケースが考えられる。

この場合には、在職中に提供を受けた個人番号を適法に保有していればそれを利用すればよいが、そうではない場合には、企業・団体において退職者から個人番号の提供を受ける必要がある。提供を受ける際の利用目的の通知等、本人確認などは従業員等に関して述べたところと同様であるが、問題は退職者については連絡先がわからず個人番号の提供を受けることができないケースが相当数予想される点にある。

個人番号の提供を受けることができない場合、書類の提出先の機関の指示に従うものとされており（後記第８節2（261頁））、書面の提出先である行政機関等の指示に従うことになる。

なお、年金関係の書面については、2014年12月に公表された新様式の書面案によれば、「個人番号を記入できない場合は、「⑥個人番号」欄に基礎年金番号（10桁、左詰め）を記入してください。また、「⑪住所」欄もあわせて記入してください」などの記載がある。これによれば、年金関係の書類については、退職者等から個人番号の提供が受けられない場合、基礎年金番号を記載して提出すればよいことになると考えられる。

［４］グループ企業内での特定個人情報の取扱いポイント

特定個人情報を第三者に提供できる場面はマイナンバー法19条に限定列挙され（ポジティブリスト方式）、それ以外の場面では提供してはならないとされており、一般的な企業・団体についていえば、「個人番号関係事務を処理するた

めに必要な限度」でのみ提供できるとされている（法19条2号。第1章第4節■[3]（57頁））。また、特定個人情報ファイルも、「個人番号利用事務等を処理するために必要な範囲を超えて」作成してはならないとされている（法28条。第1章第4節■[2]（56頁））。

そして、一般的な企業・団体にとって、個人番号関係事務とは、法令または条例の規定により他人の個人番号を記載した書面の提出を行う事務を意味する（法9条3項、2条11項）。

したがって、一般的な企業・団体が特定個人情報を提供できるのは、「社会保障、税及び災害対策に関する特定の事務のために従業員等の特定個人情報を行政機関等及び健康保険組合等に提出する場合等に限られる」（番号法ガイドライン第4-3-(2)）ことになり、また、特定個人情報ファイルもそのような事務を処理するために必要な範囲でのみ作成することが許される。

そのため、グループ企業内において、出向・転籍の際に個人番号を含む人事情報を出向・転籍先の会社に「提供」したり、個人番号を含む人事情報を共有したりするための事務及びITシステムをどのように構築するかが問題となる。

1 企業・団体内での特定個人情報の取扱い

マイナンバー法において制限される特定個人情報の「提供」とは、「法的な人格を超える特定個人情報の移動」を意味する（番号法ガイドライン第4-3-(2)）。

したがって、企業・団体内部の部署間で従業員等の特定個人情報を受け渡す場合には「提供」に該当せず、提供制限にかかわらず受渡しが可能である。

ただし、このような企業・団体内部の部署間での受渡しも、「提供」には該当しないが「利用」にはあたるため、利用制限（法9条）に服することに留意が必要である。

例えば、前述した、営業部に所属する従業員等の個人番号を、営業庶務課を通じ、給与所得の源泉徴収票を作成する目的で経理部に提出する場合は、法人内での受け渡しにすぎないから「提供」にはあたらず、受け渡すことは差し支えないが（番号法ガイドライン第4-3-(2)）、個人番号関係事務（この場合は源

図表２-50　企業・団体内部の部署間での特定個人情報の受渡し

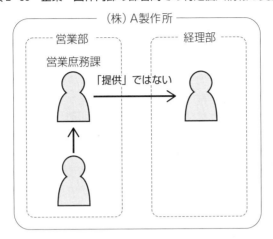

泉徴収票を作成して提出する事務）を処理する目的以外での受渡しは利用制限に抵触するため、できないことになる（図表２-50）。

　また、例えば、源泉徴収票作成を含む給与支払事務は本社経理部が一括して行うが、社会保険関係の手続は支社単位で行う、といった形で、１人の従業員の個人番号・特定個人情報を、１つの企業・団体の中の複数の部署が必要とするケースにおいても、部署の間で個人番号・特定個人情報を受け渡すことは差し支えない。

　例えば、①本社の総務部や人事部等が本人確認を行って個人番号を一括して取得した上で、必要に応じて担当部署（本社の経理部や支社）に受け渡してもよいし、②本社経理部が源泉徴収票作成事務のために個人番号を取得し、支社庶務課が社会保険関係の書類の作成のために個人番号を取得する、という形で、１人の従業員に対し複数の部署がそれぞれ個人番号を取得してよい（図表２-51）。

　ただし、個人番号・特定個人情報が分散して管理されればされるほど、安全管理措置を適切に果たすことが難しくなることには注意が必要である。

図表2-51　企業・団体内部の複数の部署がそれぞれ特定個人情報を必要とする場合

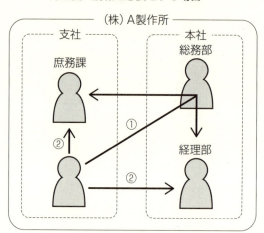

2 グループ企業間での特定個人情報の取扱い

これに対し、グループ企業間であっても別会社に従業員等の特定個人情報を移動する場合には「法的な人格を超える特定個人情報の移動」にあたることから、マイナンバー法上制限される「提供」に該当する。

そのため、特定個人情報は以下のとおり取り扱う必要がある。

a. 出向・転籍の際の人事情報の取扱い

従業員等が出向・転籍し、出向・転籍先の会社が給与支払者となり源泉徴収票の提出義務を負うことになった場合、出向・転籍先の会社は当該従業員等の個人番号を必要とする。

このようなグループ企業内の出向・転籍の場合に、人事情報を出向・転籍先の会社に送ることは一般的に行われているが（※）、特定個人情報については、たとえ当該従業員等が同意したとしても、従前在籍していた会社から出向・転籍先の会社に提供することはできない。

図表 2 -52　出向・転籍の際の特定個人情報の受渡し

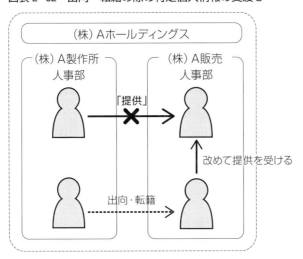

※　ただし、厚生労働省の雇用管理分野における個人情報保護に関するガイドラインの「事例集」において、「採用後に出向や転籍を行うに当たり、出向先・転籍先に対して個人情報を提供する場合は、一般的には第三者提供に該当することになるものと考えられます。その際に、本人が同意等に係る判断を適切に行えるよう、出向先・転籍先の候補となりうる提供先の範囲を、ホームページ等において明記することが望まれます」、「出向・転籍における第三者提供の際の本人の事前同意については、第三者提供に係る本人の意向が的確に反映されるよう、可能な限りその都度、当該意思確認を行うことが望まれます」とされていることに留意が必要である。

　例えば、図表 2 -52の「A 製作所」の従業員が「A 販売」に出向・転籍により異動し、「A 販売」が給与支払者（給与所得の源泉徴収票の提出義務者）になった場合に、「A 製作所」の人事部から「A 販売」の人事部に当該従業員の特定個人情報を受け渡すことは、マイナンバー法上の「提供」に該当するので許されない。

　したがって、この場合には、出向・転籍先の「A 販売」が改めて当該従業員から個人番号の提供を受ける必要がある（番号法ガイドライン第 4 - 3 -(2)）。

b. グループ企業内での人事情報の共有

（1）共有データベースの作り方

　グループ企業内で、親会社やホールディング会社（以下「親会社等」という）が人事情報を一括して管理するなど、人事情報をグループ企業の共有データベースに保存することがある。

　この場合、①人事情報に含まれる特定個人情報を別の法人である親会社等に提供することが提供制限に違反しないか（法19条）、②グループ企業の全従業員等の人事情報が保存されたデータベースを保有することが、特定個人情報ファイルの作成制限に違反しないか（「個人番号利用事務等を処理するために必要な範囲を超えて」作成していることになるのではないか）（法28条）が問題となる。

　まず、①については、特定個人情報の管理を委託する形をとることにより、親会社等に提供することができることになる（法9条3項第2文、19条5号）。

　また、②を解決するため、各企業が、自社に就業する従業員等の個人番号のみを参照することできるようにし、他のグループ企業に就業する従業員等の個人番号を参照できないようなシステムを構築する必要がある（番号法ガイドライン第4-3-(2)）。

　つまり、親会社等と各社との間で特定個人情報の管理に関する委託契約を締結し、親会社等において適切にアクセス制御を行うことで、共有データベースで人事情報を管理することができるようになる（図表2-53）。

（2）共有データベースを利用した出向・転籍の際の人事情報のやりとりの方法

　このようにして共有データベースを使用している場合に、グループ企業内で従業員等が出向・転籍する際に、当該従業員等の特定個人情報へのアクセス権を、従前在籍していた会社から、出向・転籍先の会社に移すことはできるのであろうか。

　まず、上記a.で述べたとおり、法人が異なる以上、従前在籍していた会社から出向・転籍先の会社に特定個人情報を提供することはできない。したがって、アクセス制限の設定を会社の側で変更するなどして、データベース内で自

図表2-53 グループ企業内での共有データベースの作り方

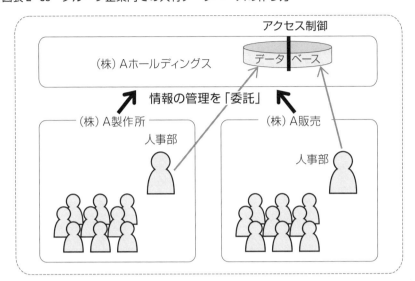

動的に従前在籍していた会社のファイルから出向・転籍先に特定個人情報を移すことは「提供」制限に反することになる。

しかしながら、当該従業員本人の意思に基づく操作によって特定個人情報を移す（アクセス権の解除及び付与等を行う）方法をとれば、当該従業員等が新たに個人番号を出向・転籍先に提供したものとみなすことができるから、「提供」制限に反しないと解されている（番号法ガイドライン第4-3-(2)）。

(3) データベースの共有のみならず事務そのものを委託する方法

グループ企業においては、上述したような人事情報のデータベースの共有のみならず、親会社等がグループ企業全体の人事関係の事務そのものを一括して行ったり、給与計算を行うサービス・カンパニーが存在するなどして、税務や社会保険関係の手続をグループ内の特定の会社が集中的に行っていることがある。

この場合には、各会社から、親会社等やサービス・カンパニーに対し、各会社が行うべき個人番号関係事務（源泉徴収票や社会保険関係の書類等に従業員等

図表2-54 グループ企業内で個人番号関係事務そのものを委託する方法

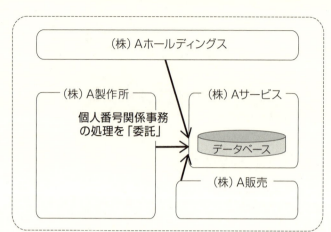

の個人番号を記載して提出する事務）を「委託」することにより、従業員等の特定個人情報を提供し（法19条5号）、親会社等やサービス・カンパニーが委託を受けた者として個人番号関係事務を処理することができる（法9条3項第2文）。また、書類の提出は代理人として行うことになる（図表2-54）。

第3節

取引先をめぐる実務対応

1 取引先の個人番号・法人番号が必要となる場面

　取引先の個人番号・法人番号の記載が求められる帳票・事務のうち、主要なものは以下のとおりである。

[1] 報酬、料金、契約金及び賞金の支払調書

　企業・団体は、税理士・会計士・社会保険労務士・弁護士といった外部の専門家に報酬を支払った場合、有識者等に講演を依頼して講演料を支払った場合、作家、画家、クリエイターに執筆、デザイン、広告の作成等を依頼して原稿料や画料を支払った場合、広告宣伝のための懸賞で賞金や賞品を提供した場合等（ただし、年中の同一人に対する支払金額の合計額が5万円を超える場合のみ（※））に、以下のとおり「報酬、料金、契約金及び賞金の支払調書」を税務署に提出することが義務づけられている（所得税法225条1項3号、204条1項各号、同法施行規則84条1項・2項）。

支払調書の例	提出期限
報酬、料金、契約金及び賞金の支払調書（図表2-55）	支払の確定した日の属する年の翌年1月31日

　同支払調書にも、2016年1月以降、個人番号・法人番号を記載することが必要となる。

　なお、第1章第3節1 [2] ① (17頁) で述べたとおり、個人事業主につい

ては法人番号は付番されないから、支払調書には個人番号を記載することになる。

※ 支払金額が所管法令の定める一定の金額に満たず、税務署長に提出することを要しないとされている支払調書についても、任意に提出することまで禁止されておらず、支払調書であることに変わりはないと考えられる。
　したがって、支払調書作成事務のために個人番号の提供を受けている場合には、一定の金額に満たないが任意に税務署長に提出する場合であっても、利用目的の範囲内として個人番号を利用することができるとされている（Q&A「Q1-8」）。

図表2-55　報酬、料金、契約金及び賞金の支払調書
【旧様式】

平成　年分　報酬、料金、契約金及び賞金の支払調書			
支払を受ける者	住所（居所）又は所在地			
	氏名又は名称			
区分	細目	支払金額	源泉徴収税額
		内　　　　千　　円	内　　　　千　　円
（摘要）			
支払者	住所（居所）又は所在地			
	氏名又は名称	（電話）	
整理欄	①	②	

309-1

第3節　取引先をめぐる実務対応

【新様式】

平成　年分　報酬、料金、契約金及び賞金の支払調書

(様式図：平成28年分以後に使用予定の様式です。)

309

[2] 不動産の使用料等の支払調書

企業・団体が不動産を賃借し不動産の使用料等を支払っている場合（ただし、年中の使用料等の支払金額が15万円を超える場合のみ（※））、以下のとおり「不動産の使用料等の支払調書」を提出することが義務づけられている。

支払調書の例	提出期限
不動産の使用料等の支払調書	支払の確定した日の属する年の翌年1月31日

2016年1月以降、同支払調書にも個人番号・法人番号を記載する必要がある（所得税法225条1項9号、同法施行規則90条1項・3項）。

215

※　支払金額が所管法令の定める一定の金額に満たず、税務署長に提出することを要しないとされている支払調書の取扱いについては、前記［1］(213頁)で述べたとおりである。
　例えば、年中の賃料合計額が15万円を超えていたことから支払調書作成事務のために契約時に個人番号の提供を受けたが、その後、年の途中に契約を解約したことからその年は賃料合計額が15万円を超えず、支払調書の提出が義務づけられなくなった場合に、当初取得した個人番号を支払調書に記載することは利用目的の範囲内の利用として認められ、当初取得した個人番号を利用して支払調書に個人番号を記載することは差し支えない（Q&A「Q1-8」）。

［3］不動産等の譲受けの対価の支払調書、不動産等の売買又は貸付けのあっせん手数料の支払調書

　企業・団体が、不動産等の譲受けの対価の支払をする場合（ただし、年中の支払金額の合計が100万円を超える場合のみ）には「不動産等の譲受けの対価の支払調書」を、売買または貸付けのあっせん手数料の支払をする場合（ただし、年中の支払金額の合計が15万円を超える場合のみ）には「不動産等の売買又は貸付けのあっせん手数料の支払調書」を、それぞれ提出することを義務づけられている。2016年1月以降、これらの支払調書にも個人番号・法人番号を記載する必要がある（所得税法225条1項9号、同法施行規則90条1項・3項）。

支払調書の例	提出期限
不動産等の譲受けの対価の支払調書	支払の確定した日の属する年の翌年1月31日
不動産等の売買又は貸付けのあっせん手数料の支払調書	支払の確定した日の属する年の翌年1月31日

2 個人番号の提供を求める時期

取引先である個人（不動産の貸主、外部の専門家等）に対して個人番号の提供を求める時期については、従業員等との関係で必要となる対応において述べたところと同様である（前記第2節■［2］（117頁））。

すなわち、個人番号関係事務が発生した時点で個人番号の提供を求めることが原則であるが、本人との法律関係等に基づき、個人番号関係事務の発生が予想される場合には、契約を締結した時点等の当該事務の発生が予想できた時点で個人番号の提供を求めることが可能であるとされている。

具体的には、図表2-56のとおりである。

図表2-56 取引先の個人番号の提供を求める時期

例示	提供を求める時期
地代等の支払に伴う支払調書の作成事務の場合	賃料の金額により契約の締結時点で支払調書の作成が不要であることが明らかである場合を除き、契約の締結時点で個人番号の提供を求めることが可能であると解される（番号法ガイドライン第4-3-(1)）。 （注）不動産の賃貸借契約については、通常、契約内容で1か月あたりの賃料が定められる等、契約を締結する時点において、すでにその年中に支払う額が明確となっている場合が多いと思われる。 　　したがって、契約を締結する時点で、契約内容によってその年中の賃料の合計が所得税法の定める一定の金額を超えないことが明らかな場合には、支払調書の提出は不要と考えられるので、契約時点で個人番号の提供を求めることはできない。 一方、年の途中に契約を締結したことから、その年は支払調書の提出が不要であっても、翌年は支払調書の提出が必要とされる場合には、翌年の支払調書作成・提出事務のために当該個人番号の提供を求めることができると解される（Q&A「Q4-2」）。

3 利用目的の特定

個人番号を利用する際に利用目的の特定が必要であることも、従業員等との関係で必要となる対応において述べたとおりである（前記第2節 1 [3]（119頁））。

4 利用目的の通知または公表、利用目的の変更及び本人への通知等

個人番号を取り扱うに際して、本人に対し利用目的を通知し、または公表することが必要である（書面により個人番号を取得する際にはあらかじめの明示が必要）こと、及び利用目的を変更し本人へ通知等を行うことにより当初に通知等していなかった利用目的で利用することが可能になることも、従業員等との関係で必要となる対応において述べたとおりである（前記第2節 1 [4]（120頁））。

図表2-57　利用目的の範囲内として利用が認められる場合（利用目的の変更等が不要な場合）

例示	利用が認められる場合
講師との間で講演契約を再度締結した場合	前の講演契約を締結した際に**講演料の支払に伴う報酬、料金、契約金及び賞金の支払調書作成事務**のために提供を受けた個人番号については、後の契約に基づく**講演料の支払に伴う報酬、料金、契約金及び賞金の支払調書作成事務**のために利用することができると解される（番号法ガイドライン第4-1-(1)）。 （注）報酬、料金、契約金及び賞金の支払調書については、年中の同一人に対する支払金額の合計が5万円以下の場合、支払調書の作成は不要となる。したがって、契約を締結する時点で、契約内容によってその年中の支払金額の合計が上記金額を超えないことが明らかな場合には、支払調書の提出は不要と考えられるので、契約時点で個人番号の提供を求めることはできない。
不動産の賃貸借契約を追加して締結した場合	前の賃貸借契約を締結した際に**支払調書作成事務**のために提供を受けた個人番号については、後の賃貸借契約に基づく**賃料に関する支払調書作成事務**のために利用することができると解される（番号法ガイドライン第4-1-(1)）。

及び［5］（124頁）、番号法ガイドライン第4－1－(1)）。

例えば、図表2-57のような場合には、利用目的の範囲内として利用が認められる（すなわち利用目的の変更等が不要である）。

5 本人確認

取引先から個人番号の提供を受ける際の本人確認の措置については、従業員等との関係で必要となる対応の中で述べた本人確認の措置（前記第2節■［6］（128頁））と同様である。

6 実務的な対応

以上から、支払調書を提出しないことが明らかである場合を除き、取引を始める際、例えば、「取引先登録カード」のようなものに記入を依頼する際、不動産賃貸借契約を締結する際、出講依頼書と承諾書をやりとりする際等に、当該書面に利用目的として「支払調書作成事務」を記載した上で、個人番号の提供を受けることが実務的であろう。

その際、本人確認が必ず必要になるので留意が必要である。

第4節

株主等をめぐる実務対応

1 株主等の個人番号・法人番号が必要となる場面

　企業・団体は、剰余金の配当、利益の配当、剰余金の分配、基金利息の分配、配当等を支払う際には、配当等の支払に関する支払調書を税務署長に提出しなければならない（所得税法225条1項2号、24条1項）。

　これら支払調書に関しても、支払を受ける者（すなわち株主や出資者等。以下「株主等」という）の個人番号・法人番号を記載することが必要である（図表2－58）。

　したがって、企業・団体は、支払調書を提出する配当等を行う場合には、支払調書の税務署長への提出という事務において個人番号・法人番号の取得が必要となる。支払調書の提出義務のない配当等を行う場合には、個人番号・法人番号は不要である。

　また、従業員持株会が会員（従業員等）に対して配当金を支払う場合（ただし、原則年間3万円を超える場合）に税務署に提出する支払調書（信託に関する計算書）にも、従業員等の個人番号を記載する必要がある（所得税法227条、同法施行規則96条）ので、従業員持株会は従業員等の個人番号の取得が必要となる（個人番号の収集及び本人確認事務を会社に委託することは可能であり、持株会が会社経由で従業員等の個人番号の提供を受けることはできる）。

第4節 株主等をめぐる実務対応

図表2-58 配当、剰余金の分配及び基金利息の支払調書

【旧様式】

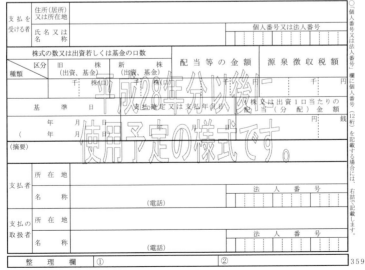

【新様式】

2 個人番号の提供を求める時期

　個人番号の提供を求める時期については、従業員等との関係で必要となる対応において述べたところと同様である（前記第2節**1**〔2〕(117頁)）。

　すなわち、個人番号関係事務が発生した時点で個人番号の提供を求めることが原則であるが、本人との法律関係等に基づき、個人番号関係事務の発生が予想される場合、当該事務の発生が予想できた時点において個人番号の提供を求めることが可能であるとされている（具体的には**図表2-59**に記載したとおりである）。

図表2-59　株主等の個人番号の提供を求める時期

提供を求める対象	提供を求める時期
株主の場合	株主に対しては一般に配当の支払が予想されるため、当該株主が**株主としての地位を得た時点**で個人番号の提供を求めることが可能であると解される。
従業員持株会の会員である従業員等の場合	従業員等が所属会社に入社した時点では、従業員がまだ株主になっておらず、個人番号関係事務の処理のために必要がある場合とはいえないため、その従業員等に個人番号の提供を求めることはできない。従業員等が**持株会に入会した時点**で個人番号の提供を求めることができるようになる（Q&A「Q4-4」）。
協同組織金融機関における出資者の場合	所得税法224条1項及び同法施行令336条1項の規定により支払の確定の都度、個人番号の告知を求めることが原則であるが、**協同組織金融機関に加入する時点**で個人番号の提供を求めることも可能であると解される（番号法金融業務ガイドライン3-(1)）。

3 既存の株主等に対する3年間の経過措置

　既存の株主等については、マイナンバー法施行から3年間の経過措置が設けられている。

　すなわち、現行の所得税法施行令によれば、利子等または配当等につき支払を受ける者は、支払が確定する日までに、確定の都度、支払をする者に対し、

氏名または名称及び住所を告知しなければならないとされている(所得税法施行令336条1項)。また、銀行、信託銀行、証券会社、支払事務取扱者等に告知をしていれば当該告知をしたものとみなすとされている（同条2項「みなし告知」）。

これにより、支払をする者が、支払調書に支払を受ける者の氏名または名称及び住所を記載して税務署に提出できるようになっているのである。

これが政令（※）により改正され、利子等または配当等の支払を受ける者は、個人番号または法人番号についても告知しなければならないとされた上で、「所得税法施行令336条2項各号の告知をした者（筆者注：みなし告知をした者）で施行日以後に当該各号に定める利子等又は配当等の支払を受けるものは、施行日から3年を経過した日（中略）以後最初に（中略）支払を受ける日（中略）までに（中略）個人番号又は法人番号を告知しなければならない」とされた（巻末資料2、3）。

> ※ 2014年5月14日公布「行政手続における特定の個人を識別するための番号の利用等に関する法律及び行政手続における特定の個人を識別するための番号の利用等に関する法律の施行に伴う関係法律の整備等に関する法律の施行に伴う財務省関係政令の整備に関する政令」

つまり、マイナンバー法施行日の時点ですでにみなし告知をしている既存の株主等については、同日以後3年の間に個人番号・法人番号を告知すれば足りるという猶予が設けられることになったのである。

これを受けて、2014年7月9日公布の所得税法施行規則の一部を改正する省令において、支払をする者が税務署に提出する支払調書についても、上記の経過措置のある株主等については、3年間は支払調書に個人番号・法人番号を記載しなくてもよいことになった。

ただし、以上のとおり、3年の経過措置はマイナンバー法施行日においてすでにみなし告知をしている既存の株主等についてのみ適用があるにすぎないから、マイナンバー法施行日後に新規に株主等となった者に関しては、施行後の最初の配当等の前に個人番号及び法人番号の取得が必要であることに注意が必要である。

4 株主等から個人番号の提供を受ける方法

個人番号の提供を受ける方法としては、[１] 上場会社が社債・株式等の振替機関から通知を受ける場合と、[２] 上場会社以外の会社が株主等から直接の提供を受ける場合がある。

[１] 上場会社が証券保管振替機構から個人番号の提供を受ける場合

株券の電子化により、上場会社において株式の権利の管理は振替口座簿の記載・記録により行われ、振替機関（株式会社証券保管振替機構。以下「証券保管振替機構」という）や口座管理機関（証券会社等）が当該振替口座簿を管理することとなっている（株式等振替制度。「社債、株式等の振替に関する法律」参照）。

このような上場会社が株主の個人番号を取得する場合、株主から直接取得する必要はなく、振替機関や口座管理機関が加入者（投資家）から収集した個人番号を、振替機関に請求して取得すればよい。

株式等振替制度下において、会社が個人番号及び法人番号を収集するための具体的な手続の流れは以下①～⑤のとおりである（図表２-60）。

① 株主が口座管理機関に対して個人番号または法人番号を通知する（ただし、株主が証券保管振替機構の加入者であって、法人番号を有する者である場合、株主は証券保管振替機構に対して法人番号を届け出なければならないとされている）。

② 口座管理機関は、氏名、名称または住所等の加入者情報の通知と同じタイミングで、証券保管振替機構に対して個人番号または法人番号を通知する。

③ 証券保管振替機構は通知を受けた個人番号または法人番号を、共通番号提供用ファイルと呼ばれるファイルに保持する（証券保管振替機構は口座管理機関から通知された個人番号または法人番号を名寄せ等には利用せず、株主等通知用データとは別の共通番号提供用ファイルに登録する）。

図表 2-60 株式等振替制度における個人番号・法人番号の収集方法

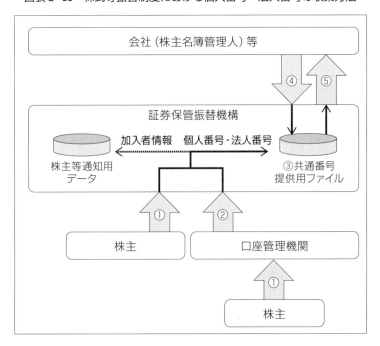

④ 会社や株主名簿管理人は、支払確定後、支払調書の作成対象となる株主の個人番号または法人番号を、都度、証券保管振替機構に対して請求する。

(注) 配当金が支払われない場合や株主が配当金の受領方法として株式数比例配分方式を利用しており、口座管理機関のみが支払調書を作成する場合(口座管理機関の口座を経由して配当金を受け取る方法。発行会社ではなく、口座管理機関が源泉徴収義務を負い、支払調書も作成することになる)等には、発行会社は証券保管振替機構に対して株主の個人番号の提供を請求することができない。

会社が証券保管振替機構に対して個人番号の提供を請求する際には、当該請求がマイナンバー法上問題のない請求であることを都度申告することとしている。

⑤ 証券保管振替機構は、会社や株主名簿管理人に対して共通番号提供用ファイルに登録されている請求対象の株主の個人番号または法人番号を通知する。

(注) なお、マイナンバー法19条10号により、株式等振替制度における口座管理機関、証券保管振替機構及び株主名簿管理人間の個人番号の授受は、これらの者をつなぐオンラインシステムを利用して行うことが規定されていることから、書面や媒体による個人番号の提供は認められていない。

なお、証券保管振替機構から個人番号の提供を受ける場合、本人確認は不要である（法16条）。

また、株主名簿管理人（信託銀行等）が配当の際の支払調書の提出の事務まで行う場合（支払調書の提出という個人番号関係事務を委託している場合）には、株主名簿管理人が証券保管振替機構から個人番号の提供を受け（法19条10号、令24条4号）、支払調書に個人番号・法人番号を記載することが可能になっている。

したがって、この場合には、発行者たる会社としては、株主の個人番号・法人番号を取り扱う必要はないことになる。

ただし、特定個人情報の安全を確保するため、上記手続により特定個人情報の提供が許されるのは、「当該特定個人情報の安全を確保するために必要な措置」が講じられている場合に限られる（法19条10号）。

ここでいう「措置」として、「振替機関等」（証券保管振替機構及び口座管理機関）は図表2-61の措置を講じることが必要とされている（法19条10号、令25条・29条、則21条）。

振替機関等が上記の措置を講じることを求められているため、振替機関等から特定個人情報の提供を受ける会社の側としても、次の体制整備が必要となる。
① 特定個人情報が漏えいした場合において、その旨及びその理由を遅滞なく特定個人情報保護委員会に報告するために必要な体制の整備
② 提供をする者の名称、提供の日時、提供する項目を記録し、7年間保存する体制の整備

図表2-61　振替機関等の措置

	措置の内容
①	以下を記録し、7年間保存 ・提供を受ける者の名称 ・提供の日時 ・提供する項目
②	特定個人情報が漏えいした場合において、その旨及びその理由を遅滞なく特定個人情報保護委員会に報告するために必要な体制の整備
③	提供を受ける者が同様の体制を整備していることの確認
④	提供を受ける者に対して、以下を記録し、7年間保存するよう求めること ・提供をする者の名称 ・提供の日時 ・提供する項目
⑤	情報通信の技術の利用における安全性及び信頼性を確保するために必要な基準（※）として内閣総理大臣が定める基準に従って特定個人情報を提供すること

※　なお、本稿執筆時点においては、「内閣総理大臣が定める基準」は明らかにされていない。

［2］上場会社でない場合（証券保管振替機構を利用していない場合）

　証券保管振替機構を利用していて同機構から個人番号または法人番号の提供を受けることができる会社以外の会社は、個々の株主等から直接個人番号の提供を求めることが必要となる。

　実務的には、2016年1月以降の株主総会招集通知を送付する際に、個人番号の提供を求める旨の書類を送付し、同封した書類に個人番号を記載して返送してもらうことになると考えられる。

　この場合、株主等から個人番号の提供を受ける際に本人確認が必要となるので留意が必要である。

　具体的には、個人番号カード、または通知カードもしくは住民票等、及び運転免許証もしくは旅券等の写しの送付（ウェブサイト等で電子的に取得を受ける際にはPDFファイルや画像ファイルのアップロード）を受けることになる（詳細

は第1章第4節2［2］(34頁)、及び本章第2節1［6］(128頁))と考えられる。

第5節
情報提供ネットワークシステムをめぐる実務対応

　第1章第4節**3**〔1〕(51頁) で述べたとおり、健康保険組合、確定給付企業年金及び確定拠出年金の事業主 (年金の事業主等) は、個人番号利用事務実施者として、保険給付の支給等の事務、年金である給付または一時金の支給に関する事務等で個人番号を利用できる (法9条1項、別表第一の2、71・72)。

　また、当該利用範囲内において、第1章第4節**3**〔3〕⑧(62頁) で述べたとおり、別表第二が定める情報について情報提供ネットワークで情報の照会・提供をすることができるとされている (法19条7号、別表第二)。

　そのため、健康保険組合及び年金の事業主等には、一般的な企業・団体とは異なる規制が存する。

　以下、それぞれに必要な対応について個別に説明する。

1 健康保険組合の場合

　健康保険組合は、「健康保険法による保険給付の支給又は保険料等の徴収に関する事務であって主務省令で定めるもの」について、個人番号利用事務実施者として個人番号を利用することができる (法2条10項・12項、9条1項、別表第一の2)。

　ここでいう「主務省令で定めるもの」とは、具体的には**図表2-62**のとおりである (法別表第一の2、別表第一の命令2条)。

　また、健康保険組合は、上記の事務を行うに際しては、情報提供ネットワークを使って給付の支給に関する情報等を照会することができるだけでなく、厚

図表2-62　健康保険組合が行う事務の内容

	事務の内容
①	健康保険法による被保険者（同法附則第3条の特例退職被保険者を含む。）若しくはその被扶養者に係る申請等（申請、届出又は申出をいう（中略））の受理、その申請等に係る事実についての審査又はその申請等に対する応答に関する事務（前条第2号（※）に掲げるものを除く。） ※　前条第2号：健康保険法による全国健康保険協会が管掌する健康保険（中略）の被保険者若しくはその被扶養者に係る届出等（届出又は申出をいう。（中略））の受理、その届出等に係る事実についての審査又はその届出等に対する応答に関する事務
②	健康保険法による被保険者証、高齢受給者証、特別療養証明書、特定疾病療養受療証、限度額適用認定証、限度額適用・標準負担額減額認定証、受給資格者票又は特別療養費受給票に関する事務（前条第3号（※）及び前号に掲げるものを除く。） ※　前条第3号：健康保険法による全国健康保険協会管掌健康保険の被保険者証、被保険者資格証明書又は日雇特例被保険者手帳に関する事務（前号に掲げるものを除く。）
③	健康保険法第51条第1項の被保険者資格の得喪の確認の請求の受理、その請求に係る事実についての審査又はその請求に対する応答に関する事務（前条第4号（※）に掲げるものを除く。） ※　前条第4号：健康保険法第51条第1項の全国健康保険協会管掌健康保険の被保険者資格の得喪の確認の請求の受理、その請求に係る事実についての審査又はその請求に対する応答に関する事務
④	健康保険法第52条、第53条又は第127条の保険給付の支給に関する事務
⑤	健康保険法第75条の2第1項（中略）の一部負担金に係る措置に関する事務
⑥	健康保険法第164条の任意継続被保険者（同法附則第3条第6項の規定により任意継続被保険者とみなされる特例退職被保険者を含む。以下この号において同じ。）の保険料の納付又は同法第165条の任意継続被保険者の保険料の前納に関する事務

第5節　情報提供ネットワークシステムをめぐる実務対応

生労働大臣等から情報の照会を受けた際にその提供が義務づけられている（法19条7号、別表第二の1及び3、22条1項。別表第二の1においては情報提供者、同3においては情報照会者として位置づけられている（図表1-43（75頁）））。つまり、照会することは任意であるが、提供することは義務なのである。

したがって、健康保険組合は、情報提供ネットワークに接続するためのITシステムの設置が必要となる。具体的には、情報提供ネットワークとの情報交換を担当する「中間サーバ」との情報のやりとりができるように、既存のシステム側でインターフェースを開発することが必要となる。

また、以上のとおり、健康保険組合は情報提供ネットワークに接続して情報の提供及び照会を行う「情報提供者」及び「情報照会者」となることから（法19条7号）、「行政機関の長等」（法2条14項）に該当し、特定個人情報ファイルを保有する前に「特定個人情報保護評価」を受けなければならない（法27条。第1章第4節 4 [4]（74頁）。特定個人情報保護評価の詳細は第3章第2節（346頁））。

ただし、1つの事業所の事業主が単独で設立した健康保険組合または密接な関係を有する2以上の事業所の事業主が共同もしくは連合して設立した健康保険組合（いわゆる「単一健保組合」）が保有する医療保険業務に係る特定個人情報ファイルについては、特定個人情報保護評価は義務づけられない（法27条1項、特定個人情報保護評価に関する規則4条4号・5号、健康保険法11条1項）。

単一健保組合は、使用者である企業自体とは別法人ではあるものの、使用者（事業主）が設立する法人であり、かつ健康保険組合と使用者は1対1で対応しているため、実態として健康保険組合と使用者である企業自体と同視することができるとされているからである（特定個人情報保護評価に関する規則（案）に対するパブリックコメントへの「考え方」番号67）。

なお、健康保険組合が情報提供ネットワークシステムへ接続をすることになるのは2017（平成29）年7月からであるとされている。

2 年金の事業主等の場合

　確定給付企業年金法29条1項に規定する事業主等は「確定給付企業年金法による年金である給付又は一時金の支給に関する事務であって主務省令で定めるもの」、確定拠出年金法3条3項1号に規定する事業主は「確定拠出年金法による企業型記録関連運営管理機関への通知、企業型年金加入者等に関する原簿の記録及び保存又は企業型年金の給付若しくは脱退一時金の支給に関する事務であって主務省令で定めるもの」について、それぞれ個人番号利用事務実施者として個人番号を利用することができる（法2条10項・12項、9条1項、別表第一の71・72）。

　また、これら年金の事業主等は、上記事務を行うに際しては、情報提供ネットワークを使って、厚生労働大臣または日本年金機構に対して従業員等の年金給付関係情報を照会することができる（法19条7号、別表第二の98・99）。

　そのため、情報提供ネットワークに接続して情報の照会を行う場合には、年金の事業主等も「情報照会者」として「行政機関の長等」にも該当することになり（法2条14項）、特定個人情報ファイルを保有する前に「特定個人情報保護評価」を受けなければならない（法27条）。

　もっとも、前述の健康保険組合は情報提供者として情報の提供が義務づけられている（法22条1項）のに対し、年金の事業主等は情報の照会をすることができるとされているのみであって情報提供ネットワークへの接続は義務づけられていない（別表第二の98及び99においていずれも情報照会者としてのみ位置づけられており、情報提供者にはなっていないため、法22条1項が定める情報提供義務を負わない）。

　したがって、年金の事業主等は、任意に情報提供ネットワークに接続しない限り、特定個人情報保護評価を義務づけられることはない。

　また、そもそも、年金の事業主等に関しては、個人番号を利用することによる効果や利用するための準備等の状況をふまえ、マイナンバー制度施行当初からの個人番号の利用を見送ることとされ、別表第一の71及び72の事務のうち「主

務省令で定めるもの」が存在しないため、現状においては、これらの事務について個人番号を利用することはできない。その結果、当然のことながら特定個人情報保護評価を受ける必要もないことになる。

第6節 金融機関における実務対応

　金融機関が行う取引には、税務関係の書類を提出する必要があるものが多く存在する。そのため、顧客の個人番号・法人番号を取得する必要がある点が一般的な企業・団体と異なる。

　以下、金融機関が顧客から個人番号・法人番号の提供受ける際の留意点を述べる。

　なお、金融機関において収集した個人番号の保管ルールについては、後記第3章で述べる。

1 個人番号の提供を求める時期

　顧客に対して個人番号の提供を求める時期については、従業員等との関係で必要となる対応において述べたとおりである（前記第2節 1 [2]（117頁））。

　すなわち、金融機関は、個人番号関係事務が発生した時点で個人番号の提供を求めることが原則であるが、顧客との法律関係等に基づき、個人番号関係事務の発生が予想される場合には、契約を締結した時点等の当該事務の発生が予想できた時点で個人番号の提供を求めることが可能であると解される（番号法金融業務ガイドライン3-(1)、Q&A「Q17-1」。具体的には図表2-63のとおりである）。

　これに対し、契約内容等から個人番号関係事務が明らかに発生しないと認められる場合には、個人番号の提供を求めてはならないので留意が必要である（番号法金融業務ガイドライン3-(1)）。

第6節　金融機関における実務対応

図表2-63　顧客の個人番号の提供を求める時期

提供を求める対象	提供を求める時期
特定口座に係る所得計算等に伴う特定口座年間取引報告書の作成事務の場合	租税特別措置法37条の11の3第4項の規定により顧客は**特定口座開設届出書を提出する時点で個人番号を告知する義務があるため**、その時点で提供を求めることとなる（番号法金融業務ガイドライン3-(1)）。
株式や投資信託の取引を行うために一般口座（証券口座や投資信託口座）を開設する場合	口座開設時点で将来株式や投資信託の取引に基づいて個人番号関係事務が発生することが想定されるので、いわゆる「一般口座」についても、**口座開設時点に個人番号の提供を求めることができる**と解される（Q&A「Q17-2」）。
先物取引の差金等決済に伴う支払調書の作成事務の場合	所得税法224条の5第1項及び同法施行令350条の3第1項の規定により差金等決済をする日までに、その都度、個人番号の告知を求めることが原則であるが、**先物取引等の委託に係る契約の締結時点で個人番号の提供を求めることも可能**であると解される（番号法金融業務ガイドライン3-(1)）。
生命保険契約に基づく保険金等の支払に伴う支払調書の作成事務の場合	**保険契約の締結時点で保険契約者等及び保険金等受取人の個人番号の提供を求めることも可能**であると解される（番号法金融業務ガイドライン3-(1)）。 （注）もっとも、契約締結時に、すべての保険契約者・受取人等の個人番号が取得できるとは限らないし、保険金等の支払時等に個人番号を改めて取得しなければならない場合もあると思われるので留意が必要である。 　例えば、受取人を「（被保険者の）相続人」と指定した場合など、契約締結時に受取人に個人番号の提供を求めることが困難と考えられるケースや、受取人が被保険者より先に死亡した場合など、契約締結時点で受取人の個人番号を取得したものの、その後、相続人の個人番号の取得が必要となるケースがある。

第2章 企業・団体における実務対応

2 利用目的の特定

　顧客の個人番号を利用する際に利用目的の特定が必要であることも、前記第2節■［3］（119頁）において述べたとおりである（番号法金融業務ガイドライン1−(1)）。

　具体的には、「金融商品取引に関する支払調書作成事務」、「保険取引に関する支払調書作成事務」のように特定することが考えられるとしている（番号法金融業務ガイドライン1−(1)）。

　また、金融庁の「金融分野における個人情報保護に関するガイドライン」（平成21年11月20日金融庁告示第63号（平成25年3月19日金融庁告示第11号による改正）、以下「金融庁ガイドライン」という）3条は、「利用目的は、提供する金融商品又はサービスを示した上で特定することが望ましく、次に掲げる例が考えられる」として、以下の例をあげている。

- 当社の預金の受入れ
- 当社の与信判断・与信後の管理
- 当社の保険の引受け、保険金・給付金の支払
- 当社または関連会社、提携会社の金融商品・サービスの販売・勧誘
- 当社または関連会社、提携会社の保険の募集
- 当社内部における市場調査及び金融商品・サービスの開発・研究
- 特定の金融商品・サービスの購入に際しての資格の確認

　金融機関においては、「提供する金融商品またはサービス＋特定個人情報を処理する事務」、すなわち「提供する金融商品またはサービス＋『に関する支払調書作成事務』」（※）という形で利用目的を特定するのが実務的であると考えられる。

　※　本稿執筆時点では、金融機関は、支払調書作成という個人番号関係事務でのみ個人番号を利用することが予定されているが、将来は、マイナンバー法別表第一の71及び72に定める年金に関する個人番号利用事務において個人番号を利用したり、2018年以降に個人番号及び法人番号によって検索できる状態で預貯金情報を管理する（第4章第1節（359頁））など、支払調書作成以外の事務において個人番号を利用することになる見込

みである。

　なお、激甚災害時等に金銭の支払を行う場合（法9条4項）は、法律の規定に基づき当初特定した利用目的を超えた個人番号の利用が認められているものであるため、当該事務を利用目的として特定して、本人への通知等を行う必要はないとされている（Q&A「Q16-3」）。

　むしろ、激甚災害時等に金銭の支払を行うために個人番号を利用することは、マイナンバー法の認めた例外であり、個人番号関係事務または個人番号利用事務のどちらにも該当しないため、当該事務を利用目的として特定し、個人番号の提供を受けることはできないとされているから留意が必要である（Q&A「Q16-3」）。

3 利用目的の通知または公表、利用目的の変更及び本人への通知等

　個人番号を取得する際には、利用目的の通知または公表が必要である（書面により個人番号を取得する際にはあらかじめの明示が必要である）こと、及び利用目的を変更し本人へ通知することにより当初に通知または公表していなかった利用目的で利用することが可能になることも、前記第2節1［4］（120頁）及び［5］（124頁）において述べたとおりである（番号法金融業務ガイドライン1-(1)）。

　すなわち、適法に保管している個人番号は、当初特定した利用目的の範囲内であれば、改めて個人番号の提供を受けることなく、新しい契約に基づいて発生する個人番号関係事務に利用することができる（Q&A「Q16-1」）。

　また、当初特定した利用目的の範囲外であれば、当初の利用目的と相当の関連性を有すると合理的に認められる範囲内で利用目的を変更して、本人への通知等を行うことにより、変更後の利用目的の範囲内で個人番号を利用することができる。

　利用目的の範囲内として利用が認められる場合（すなわち利用目的の変更等が不要な場合）の例は、図表2-64のとおりである。

図表 2-64 利用目的の範囲内として利用が認められる場合(利用目的の変更等が不要な場合)

例示	利用が認められる場合
2回目以後の契約に関する支払調書作成事務に用いる場合	前の保険契約を締結した際に保険金支払に関する支払調書作成事務のために提供を受けた個人番号については、後の保険契約に基づく保険金支払に関する支払調書作成事務のために利用することができると解される(番号法金融業務ガイドライン1-(1))。
合併等の場合	金融機関甲が、金融機関乙の事業を承継し、支払調書作成事務等のために乙が保有していた乙の顧客の個人番号を承継した場合、当該顧客の個人番号を当該顧客に関する支払調書作成事務等の範囲で利用することができる(番号法金融業務ガイドライン1-(1)、法29条3項により読み替えて適用される個人情報保護法16条2項(個人情報取扱事業者))。 ただし、本人の同意があったとしても、承継前に特定されていた利用目的を超えて特定個人情報を利用してはならない(番号法金融業務ガイドライン1-(1))。

　なお、通知等の方法としては、従来から行っている個人情報の取得の際と同様に、利用目的を記載した書類の提示等の方法が考えられる(番号法金融業務ガイドライン1-(1))。

　(注) 通知または公表の方法について、金融庁ガイドライン8条では、「『通知』の方法については、金融分野における個人情報取扱事業者は、原則として、書面によることとする」、「『公表』の方法については、金融分野における個人情報取扱事業者は、自らの金融商品の販売方法等の事業の態様に応じ、インターネットのホームページ等での公表、事務所の窓口等への書面の掲示・備付け等適切な方法によらなければならない」とされているため、留意が必要である。

4 本人確認

　金融機関が顧客から個人番号の提供を受ける際の本人確認の措置については、前記第2節■[6](128頁)述べた本人確認の措置と同様である。
　なお、個人番号カードは、犯罪による収益の移転防止に関する法律(以下「犯

罪収益移転防止法」という）に基づく本人確認書類として用いることができるが、犯罪収益移転防止法上の取引時確認記録に、本人確認書類を特定するに足りる事項として個人番号を記録することは、マイナンバー法19条各号、同法施行令34条、別表のいずれにも該当せず、法令上認められないので留意が必要である（Q&A「Q18-2」）。

また、犯罪収益移転防止法上の確認済の確認だけでは、本人確認にはならないと考えられる。

なお、法人の顧客から法人番号の提供を受ける場合については、金融機関はマイナンバー法上の本人確認義務（法16条）は負わないが、所得税法等に基づく法人の本人確認義務（例：所得税法施行令337条2項2号）を免れるものではない点にも留意が必要である。

5 顧客の個人番号・法人番号の記載が求められる主な帳票・事務一覧

以下、[1]銀行等の預金等取扱金融機関、[2]証券会社、[3]生命保険会社・損害保険会社において、顧客の個人番号・法人番号の記載が求められる帳票・事務のうち、主要なものとそれぞれの提出期限を述べる。

[1] 銀行等の預金等取扱金融機関

① 投資信託等の販売業務

投信等の販売業務に関して顧客の個人番号を記載する必要のある支払調書の例としては、以下のものがあげられる。

ただし、2016年1月の時点で所得税法上のみなし告知を行っている既存顧客や同時点における既存の特定口座については、いずれについても、個人番号の告知・確認・支払調書への記載について3年間の経過措置が設けられている。

支払調書の例	提出期限
投資信託又は特定受益証券発行信託収益の分配の支払調書	支払の確定した日から1か月以内。 ただし、みなし告知を行っている既存顧客について3年の経過措置あり（所得税法施行規則の一部改正省令附則60条2項、財務省関係政令の整備に関する政令16条5項） （巻末資料2～4）
特定口座年間取引報告書（図表2-65） ⇒「特定口座開設届出書」にも個人番号の記載が必要 （租税特別措置法37条の11の3第3項1号、改正後の同法施行規則18条の11第5項1号）	特定口座が開設されていた年の翌年1月31日。 ただし、既存の特定口座について3年の経過措置あり（租税特別措置法施行規則等の一部改正省令附則26条2項）（巻末資料1、5）

② 100万円以上の国外送金等業務

2016年1月以降、国外送金または国外からの送金等（以下「国外送金等」という）の受領の場合、100万円以下の国外送金等を除き、送金者または受領者

の個人番号を記載した国外送金等調書を税務署に提出する必要がある。

ただし、2016年1月時点における既存の本人口座については、個人番号の告知・本人確認・支払調書への記載について3年間の経過措置が設けられている。

支払調書	提出期限
国外送金等調書	為替取引を行った日の属する月の翌月末日。ただし、既存の本人口座について3年の経過措置あり（国外送金等調書法施行規則の一部改正省令附則3条2項）（巻末資料1、6）

なお、内国税の適正な課税の確保を図るための国外送金等に係る調書の提出等に関する法律（以下「国外送金等調書法」という）では、送金等の金額が同法の定める一定の金額以下（100万円以下）の場合に支払調書の提出は不要となっているが、個人番号が記載された告知書の提出については、送金金額による提出省略基準はない。

しかしながら、国外送金等調書法の規定に従って個人番号が記載された告知書の提供を受けることも個人番号関係事務に該当するから、支払調書の提出が不要となる場合であっても、マイナンバー法19条3号の規定により、国外送金等調書法の規定に従って個人番号が記載された告知書の提供を受けることができるとされている（Q&A「Q17-7」）。

③ 財形貯蓄に関する業務

金融機関は、財形貯蓄に関する業務においても、顧客である企業・団体の従業員等の個人番号を取り扱うことになる。

具体的には、個人番号が記載された財産形成住宅貯蓄・財産形成年金貯蓄の非課税に関する申込書等が、法令に基づき、勤務先等を経由して金融機関に提出される場合、勤務先等及び金融機関がそれぞれ個人番号関係事務実施者となり、金融機関は勤務先等に対し個人番号の提供を求めることとなる。

この場合、本人確認の措置は、勤務先等が本人から個人番号の提供を受ける

際に実施することとなるとされている（Q&A「Q17-8」）。

財形貯蓄に関する書面の詳細は、前記第2節 2 [1] 1 （142頁）に記載したとおりである。

4 先物取引業務（FX 等）

先物取引業務に関して顧客の個人番号を記載する必要のある支払調書の例としては、以下のものがあげられる。

ただし、2016年1月の時点で所得税法上のみなし告知を行っている既存顧客については、個人番号の告知・確認・支払調書への記載について3年間の経過措置が設けられている。

支払調書の例	提出期限
先物取引に関する支払調書（図表2-66）	差金等決済の確定した日の属する年の翌年1月31日。 ただし、みなし告知を行っている既存顧客について3年の経過措置あり（所得税法施行規則の一部改正省令附則72条2項、財務省関係政令の整備に関する政令16条21項） （巻末資料2～4）

5 信託受益権の譲渡に関する業務

信託受益権の譲渡に関して顧客の個人番号を記載する必要のある支払調書の例としては、以下のものがあげられる。

支払調書の例	提出期限
信託受益権の譲渡の対価の支払調書	支払の確定した日の属する年の翌年1月31日。 ただし、みなし告知を行っている既存顧客について3年の経過措置あり（所得税法施行規則の一部改正省令附則71条2項、財務省関係政令の整備に関する政令16条17項） （巻末資料2～4）

ただし、2016年1月の時点で所得税法上のみなし告知を行っている既存顧客については、個人番号の告知・確認・支払調書への記載について3年間の経過措置が設けられている。

6 法人の定期性預貯金に関する業務

法人の定期性預貯金業務に関して顧客の法人番号を記載する必要のある支払調書の例としては、以下のものがあげられる。

支払調書の例	提出期限
利子等の支払調書	支払の確定した日の属する年の翌年1月31日。 ただし、みなし告知を行っている既存顧客について3年の経過措置あり（所得税法施行規則の一部改正省令附則60条2項、財務省関係政令の整備に関する政令16条5項） （巻末資料2～4）

ただし、2016年1月の時点で所得税法上のみなし告知を行っている既存顧客については、法人番号の告知・確認・支払調書への記載について3年間の経過措置が設けられている。

7 住宅ローンに関する業務

顧客が住宅借入金等特別控除の申請を行うために、銀行等においては当該顧客に対して住宅取得資金に係る借入金の年末残高等証明書を発行している。

租税特別措置法施行令26条の3、同法施行規則18条の22において、債権者（銀行等）が控除を受けようとする者（顧客）に交付しなければならないとされている同証明書の記載事項が定められているが、マイナンバー法の制定に伴ってこれらの条文の改正は行われていない。

したがって、銀行等において同証明書に顧客の個人番号を出力する必要はな

いと考えられる。

8 保険の窓販業務

銀行は、保険会社から個人番号関係事務の一部または全部を委託される側になり得る。この場合の事務については、保険会社の業務に関する対応（後記［3］（252頁））を参照されたい。

9 銀行代理店業務

銀行は、個人番号関係事務の一部または全部を委託する側、あるいは委託される側になり得るので、委託先において委託の内容によっては個人番号の収集業務が生じることも考えられ、その際に委託元においては委託先に対する監督義務が生じるので留意が必要である。

10 株主名簿管理人（信託銀行等）としての業務

株主名簿管理人（信託銀行等）は、株式の配当に関する支払調書作成のため、振替機関に対して株主の個人番号を含む特定個人情報の提供を求めることができる（第1章第4節 3 ［3］ 11 （64頁）、法19条10号、令24条4号）。振替機関は、株主名簿管理人に対して株主の個人番号を含む特定個人情報を提供する義務がある（社債、株式等の振替に関する命令62条、金融庁告示第34号1号）。

なお、株主名簿管理人が振替機関から株主の個人番号を含む特定個人情報の提供を受けることができるようにするためには、株主名簿管理人において、次の措置が求められる（前記第4節 4 （224頁））。

- 漏えいの場合に特定個人情報保護委員会に報告するために必要な体制を整備すること（法19条10号、令25条2号）
- 特定個人情報を提供する者の名称、提供の日時及び提供を受ける項目を記録し、7年間保存すること（法19条10号、令25条3号、則21条1号、令29条）

11 激甚災害時等の金銭等の支払事務

　銀行等の預金等取扱金融機関は、「激甚災害に対処するための特別の財政援助等に関する法律」2条1項の激甚災害が発生したとき、または「災害対策基本法」63条1項その他内閣府令で定める法令の規定により一定の区域への立入りを制限、禁止され、もしくは当該区域からの退去を命ぜられたとき（以下「激甚災害時等」という）に、支払調書の作成等の個人番号関係事務を処理する目的で保有している個人番号について、顧客に対する金銭の支払を行うという別の目的のために、顧客の預金情報等の検索に利用することができる（法9条4項、令10条）。

　なお、激甚災害時等の金銭等の支払を行うにあたって必要となる本人確認の内容等、当該支払事務の詳細については、別途内閣府令で定められる。

図表２-65　特定口座年間取引報告書

【旧様式】

平成　　年分　　特定口座年間取引報告書

税務署長　殿　　　　　　　　　　　　　　　　　　平成　　年　　月　　日

特定口座開設者	住　所 （居 所）		フリガナ 氏　　名		勘定の種類	1 保管　2 信用 3 配当
					口座開設年月日	・　・
	前回提出時の住所又は居所		生年月日	明・大 昭・平　　・　・	源泉徴収の選択	1 有　2 無

（譲渡の対価の支払状況）

種　類	銘　柄	株数又は口数	譲渡の対価の額	譲渡年月日	譲渡区分
		株（口）	千　円	・　・	
				・　・	
				・　・	
				・　・	
				・　・	
				・　・	
				・　・	
				・　・	

（譲渡に係る年間取引損益及び源泉徴収税額等）

源泉徴収税額（所得税）	千　円	株式等譲渡所得割額（住民税）	千　円

譲渡区分	①　譲渡の対価の額（収入金額）	②　取得費及び譲渡に要した費用の額等	③　差引金額（譲渡所得等の金額）（①－②）
上場分	千　円	千　円	千　円
特定信用分			
合計			

（配当等の交付状況）

種　類	銘　柄	株数又は口数	配当等の額（特別分配金の額）	源泉徴収税額（所得税）	配当割額（住民税）	外国所得税の額	交付年月日〔支払確定又は支払年月日〕
		株（口）	千　円	千　円	千　円	千　円	・　・ （　・　・　）
							・　・ （　・　・　）
							・　・ （　・　・　）
							・　・ （　・　・　）
							・　・ （　・　・　）

（配当等の額及び源泉徴収税額等）

種　類	配当等の額	源泉徴収税額（所得税）	配当割額（住民税）	特別分配金の額	外国所得税の額
④株式、出資又は基金	千　円	千　円	千　円		
⑤投資信託又は特定受益証券発行信託					
⑥オープン型証券投資信託				千　円	
⑦国外株式、国外投資信託等					千　円
⑧合計（配当所得の金額）（④＋⑤＋⑥＋⑦）					
⑨譲渡損失の金額				（摘要）	
⑩差引金額（⑧－⑨）					
⑪納付税額					
⑫還付税額（⑧－⑪）					

金融商品取引業者等	所在地	
	名　称	（電話）

363

整理欄	①	②

第6節　金融機関における実務対応

【新様式】

平成　　年分　特定口座年間取引報告書

(様式の画像 — 平成28年分以後に使用予定の様式です)

第2章 企業・団体における実務対応

図表2-66　先物取引に関する支払調書

【旧様式】

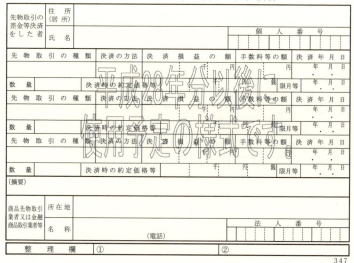

【新様式】

[2] 証券会社

1 株式取引に関する業務

　株式取引に関して顧客の個人番号を記載する必要のある支払調書の例としては、以下のものがあげられる。

支払調書の例	提出期限
株式等の譲渡の対価の支払調書	支払の確定した日の属する年の翌年1月31日。 ただし、みなし告知を行っている既存顧客について3年の経過措置あり（所得税法施行規則の一部改正省令附則69条2項、財務省関係政令の整備に関する政令16条13項）（巻末資料2～4）

　ただし、2016年1月の時点で所得税法上のみなし告知を行っている既存顧客については、個人番号の告知・確認・支払調書への記載について3年間の経過措置が設けられている。

2 特定公社債等に関する業務

　現行の租税特別措置法では、個人が支払を受ける公社債の利子、公社債投資信託の分配金で源泉分離課税が適用されるものについては、支払調書の提出が義務づけられていない。

　しかし、租税特別措置法の改正により、2016年1月1日以後に支払うべき特定公社債の利子等については、支払調書の提出が義務づけられ、また支払調書に個人番号を記載する必要がある。

支払調書の例	提出期限
利子等の支払調書 等（特定公社債等）	支払の確定した日の属する年の翌年1月31日

3 投資信託業務

投信等の販売業務に関して顧客の個人番号を記載する必要のある支払調書の例としては、以下のものがあげられる。

支払調書の例	提出期限
オープン型証券投資信託収益の分配の支払調書	支払の確定した日から1か月以内。 ただし、みなし告知を行っている既存顧客について3年の経過措置あり（所得税法施行規則の一部改正省令附則60条2項、財務省関係政令の整備に関する政令16条5項）（巻末資料2～4）

ただし、2016年1月の時点で所得税法上のみなし告知を行っている既存顧客については、個人番号の告知・確認・支払調書への記載について3年間の経過措置が設けられている。

4 先物取引業務

先物取引業務に関して顧客の個人番号を記載する必要のある支払調書の例としては、以下のものがあげられる。

支払調書の例	提出期限
先物取引に関する支払調書（図表2-66）	差金等決済の確定した日の属する年の翌年1月31日。 ただし、みなし告知を行っている既存顧客について3年の経過措置あり（所得税法施行規則の一部改正省令附則72条2項、財務省関係政令の整備に関する政令16条21項）（巻末資料2～4）

ただし、2016年1月の時点で所得税法上のみなし告知を行っている既存顧客については、個人番号の告知・確認・支払調書への記載について3年間の経過措置が設けられている（前記［1］4（242頁））。

5 特定口座に関する業務

特定口座に関して顧客の個人番号を記載する必要のある支払調書としては、以下のものがあげられる。

支払調書	提出期限
特定口座年間取引報告書（図表 2 –65）	特定口座が開設されていた年の翌年 1 月31日。 ただし、既存の特定口座について 3 年の経過措置あり（租税特別措置法施行規則等の一部改正省令附則26条 2 項）（巻末資料 1、5 ）

ただし、2016年 1 月時点における既存の特定口座については、個人番号の告知・確認・支払調書への記載について 3 年間の経過措置が設けられている（前記［ 1 ］ ① （240頁））。

6 非課税口座関連業務

非課税口座に関して顧客の個人番号を記載する必要のある支払調書としては、以下のものがあげられる。

支払調書	提出期限
非課税口座年間取引報告書 ⇒顧客が非課税適用確認書の交付申請書等を提出する際に個人番号の告知が必要に（改正後の租税特別措置法施行令25条の13第14項）	口座が開設された年の翌年 1 月31日。 ただし、既存の非課税口座について 3 年の経過措置あり（租税特別措置法施行規則等の一部改正省令附則33条 2 項）（巻末資料 1、5 ）

ただし、2016年 1 月時点における既存の非課税口座については、個人番号の告知・確認・支払調書への記載について 3 年間の経過措置が設けられている。

7 NISA（少額投資非課税制度）に関する業務

現行法では、NISA の口座開設時には住民票の写し等の提出が必要であるが、

現在、住民票の写し等の提出に代えて、個人番号の提供をもって重複口座の確認を行うなどし、口座開設手続に要する時間の迅速化を行う方向で検討が進められている。

8 激甚災害時等の金銭等の支払事務

証券会社においては、激甚災害時等の場合に、支払調書の作成等の個人番号関係事務を処理する目的で保有している個人番号を基に、預り有価証券の売却等を行う業務が発生すると考えられる。

[3] 生命保険会社・損害保険会社

保険会社が作成する支払調書には、保険契約者・受取人等の個人番号・法人番号の記載が求められる。

1 生保会社の業務

生命保険商品に関して顧客の個人番号を記載する必要のある支払調書の例としては、以下のものがあげられる。

支払調書の例	提出期限
生命保険契約等の一時金の支払調書（**図表2-67**）	支払の確定した日の属する年の翌年1月31日
生命保険契約等の年金の支払調書（**図表2-68**）	同上
保険等代理報酬の支払調書	同上。ただし、保険代理店の個人番号・法人番号
生命保険金・共済金受取人別支払調書	支払った日の属する月の翌月15日

生命保険商品に関する支払調書については、銀行等の預金等取扱金融機関や証券会社の場合とは異なり、経過措置が設けられていないので注意が必要である。

なお、死亡保険金の支払に伴って提出する支払調書（例えば、「生命保険契約

等の一時金の支払調書」）に記載する保険契約者の個人番号について、保険契約者が死亡しているケースが想定される。この場合であっても、支払調書には保険契約者の個人番号を記載することとされているが、死者の個人番号についてはマイナンバー法上の提供制限（法19条）は及ばないので、保険会社としては保険契約者の個人番号を知っている者に適宜提供を求めることでかまわない（Q&A「Q17-5」）。

提供制限の規定はあくまでも特定個人情報について定めた規定であって、特定個人情報とは生存する個人に関する情報である「個人情報」を含む概念であるため、特定個人情報には死者個人に関する情報は含まれないと解されているためである。

また、生命保険会社においては、年末調整に向けて、顧客に対して生命保険料控除等に関する控除証明書を発行している。

所得税法施行令319条、同法施行規則76条において、控除を受けようとする者（顧客）が税務署に提出する生命保険料控除等に関する控除証明書により証明を要する事項が定められているが、マイナンバー法の制定に伴って、控除証明書により個人番号の証明を要する旨の改正は行われていない。

したがって、控除証明書を発行する生命保険会社において控除証明書に個人番号を出力する必要はないと考えられる。

2 損保会社の業務

損害保険商品に関して顧客の個人番号を記載する必要のある支払調書の例としては、以下のものがあげられる。

支払調書の例	提出期限
損害保険契約等の満期返戻金等の支払調書	支払の確定した日の属する年の翌年1月31日
損害保険契約等の年金の支払調書	同上
保険等代理報酬の支払調書	同上。ただし、保険代理店の個人番号・法人番号
損害（死亡）保険金・共済金受取人別支払調書	支払った日の属する月の翌月15日

損害保険商品に関する支払調書については、銀行等の預金等取扱金融機関や証券会社の場合とは異なり、経過措置が設けられていないので注意が必要である。

③ 激甚災害時等の金銭等の支払事務（生保会社・損保会社）

保険会社については、激甚災害時等の場合に、支払調書の作成等の個人番号関係事務を処理する目的で保有している個人番号を基に、生命保険金等の支払、契約者貸付等にかかる業務が発生すると考えられる。

④ 保険代理店の業務

まず、保険代理店では、複数の損害保険会社・生命保険会社の商品を同一代理店で販売しているケースがあると思われる。

この場合、複数の保険会社が同一の保険代理店を通じて同一の機会に個人番号の提供を受けることはあり得るが、保険代理店は、あくまでも各保険会社の代理店として契約ごとに別個に個人番号の提供を受けることとなる。

したがって、個人番号の利用・保管は保険会社ごとに別個に行うこととなり、共同で利用することはできないとされている（Q&A「Q17-3」）ので留意が必要である。

次に、保険会社が、前の保険契約を締結した際に支払調書作成事務のために提供を受けた個人番号は、後の保険契約に基づく支払調書作成事務のために利用することができると解されるので、保険契約の都度個人番号の提供を求める必要はないとされている。

このため、保険会社から個人番号関係事務の委託を受けた保険代理店（保険窓販を行う銀行等を含む）としては、個人番号関係事務の委託を受けた保険会社が顧客から既に個人番号の提供を受けているか確認できる手法・システムを構築することが考えられる（Q&A「Q17-9」）。これにより、保険代理店（保険窓販を行う銀行等を含む）が、毎回個人番号の提供を求める必要がなくなるからである。

なお、保険会社から個人番号関係事務の全部または一部の委託を受け、個人番号を取り扱う代理店は、番号法上の「委託を受けた者」となり、委託者である保険会社は、代理店において、保険会社自らが果たすべき安全管理措置と同等の措置が講じられるよう必要かつ適切な監督を行わなければならない（番号法金融業務ガイドライン2-(1)、法11条）ので留意が必要である。

5 生損保にまたがる保険商品の販売業務

保険商品の中には、生損保にまたがる保険商品が存在する。この場合、一方の保険会社が他方の保険会社から委託を受ければ、代理して個人番号の提供を受けることができるとされている（Q&A「Q17-4」）。

図表２-67　生命保険契約等の一時金の支払調書

【旧様式】

平成　　年分 生命保険契約等の一時金の支払調書

保険金等受取人	住所(居所)又は所在地		氏名又は名称	
保険契約者等(又は保険料等払込人)				
被保険者等				

保険金額等	増加又は割増保険金額等	未払利益配当金等	貸付金額、同未収利息
千　円	千　円	千　円	千　円
未払込保険料等	前納保険料等払戻金	差引支払保険金額等	既払込保険料等
千　円	千　円	千　円	千　円

保険事故等		保険事故等の発生年月日	年　月　日	(摘要)
保険等の種類		保険金等の支払年月日	年　月　日	
保険会社等	所在地			
	名称	(電話)		

整理欄	①	②

310

【新様式】

平成　　年分 生命保険契約等の一時金の支払調書

保険金等受取人	住所(居所)又は所在地		氏名又は名称	
			個人番号又は法人番号	
保険契約者等(又は保険料等払込人)			氏名又は名称	
			個人番号又は法人番号	
被保険者等			氏名又は名称	

保険金額等	増加又は割増保険金額等	未払利益配当金等	貸付金額、同未収利息
千　円	千　円	千　円	千　円
未払込保険料等	前納保険料等払戻金	差引支払保険金額等	既払込保険料等
千　円	千　円	千　円	千　円

保険事故等		保険事故等の発生年月日	年　月　日	(摘要)
保険等の種類		保険金等の支払年月日	年　月　日	
保険会社等	所在地			
	名称	(電話)	法人番号	

整理欄	①	②

310

○「個人番号又は法人番号」欄に個人番号（12桁）を記載する場合には、右詰で記載します。

平成28年分以後に使用予定の様式です。

図表２-68　生命保険契約等の年金の支払調書

【旧様式】

平成　　年分　生命保険契約等の年金の支払調書

支払を受ける者	住所又は居所			
	氏　名			
年金の種類	年金の支払金額	年金の支払金額に対応する保険料又は掛金額	差引金額	源泉徴収税額
	千　円	千　円	千　円	千　円
契約者	住所（居所）又は所在地		氏名又は名称	

相続等生命保険年金に該当	年金の支払開始日	残存期間年数	支払開始日年齢	支払期間年数	保証期間年数
	年　月　日 ・　・	年	歳	年	年
	支払総額又は支払総額見込額	支払総額等のうちに保険料又は掛金額の占める割合		年金に係る権利について相続税法第24条の規定により評価された額	
	千　円	%		千　円	

（摘要）		
支払者	所在地	
	名　称	（電話）

整　理　欄	①	②

366

【新様式】

平成　　年分　生命保険契約等の年金の支払調書

支払を受ける者	住所又は居所				
	氏　名			個人番号	
年金の種類	年金の支払金額	年金の支払金額に対応する保険料又は掛金額	差引金額	源泉徴収税額	
	千　円	千　円	千　円	千　円	
契約者	住所(居所)又は所在地		氏名又は名称		
			個人番号又は法人番号		

相続等生命保険年金に該当	年金の支払開始日	残存期間年数	支払開始日年齢	支払期間年数	保証期間年数
	年　月　日 ・　・	年	歳	年	年
	支払総額又は支払総額見込額	支払総額等のうちに保険料又は掛金額の占める割合		年金に係る権利について相続税法第24条の規定により評価された額	
	千　円	%		千　円	

（摘要）				
支払者	所在地			
	名　称	（電話）	法人番号	

整　理　欄	①	②

366

○「個人番号又は法人番号」欄に個人番号（12桁）を記載する場合には、右詰で記載します。

平成28年分以後に使用予定の様式です。

第7節
個人番号・特定個人情報を取得しないための対策

　一般の企業・団体が個人番号・特定個人情報を収集・保管できるのは、行政機関等に提出する書類に個人番号を記載する必要がある場面等に限られている（法19条、20条）。それ以外の場面では、個人番号の提供を求めることも違法である（法14条、15条）。

　そのため、法が認めた以外の場面で、従業員等が個人番号・特定個人情報を取得しないように対応策が必要となる。

　例えば、自社のサービスの会員になる際の本人確認のために、申込者の運転免許証や旅券等を確認してコピーを保存しているケースでは、2016年1月以降に申込者が個人番号カードを持参することが考えられる。この場合、個人番号が記載された裏面はコピーを取ってはならず、表面だけをコピーしなければならない（図表2-69）。

　また、金融機関が借入申込時の所得証明書類として給与所得の源泉徴収票等の個人番号が記載された書類の提出を受けた場合、個人番号部分をマスキングして受け取る必要がある（番号法金融業務ガイドライン3-(3)）。あるいは、従業員等から住所の確認のために住民票の提出を受ける場合にも、個人番号のない住民票の提出を受けるか、個人番号部分をマスキングしてコピーした上で受け取るなどの対応が必要になる。

　具体的には、後にインクが薄くなって個人番号が読み取れるようになったり、裏面から個人番号が読み取れたりしないペンで黒く塗りつぶして原本を取得する方法や、個人番号の部分を隠してコピーを作成してコピーを取得する方法が考えられる。

第7節　個人番号・特定個人情報を取得しないための対策

図表 2-69　個人番号カードの図案

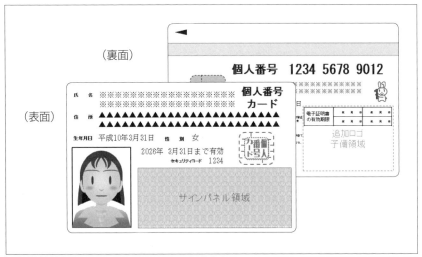

出典：内閣官房社会保障改革担当室等「マイナンバー　社会保障・税番号制度　概要資料（平成27年1月版）」8頁（http://www.cas.go.jp/jp/seisaku/bangoseido/pdf/h2701_gaiyou_siryou.pdf）

　このように、個人番号・特定個人情報を法が認めた場面以外で取得しないよう、業務マニュアル等の変更が必要となるから、留意が必要である。

第8節

その他の留意点

1 対象者が法人である場合

　取引先、株主または顧客が法人である場合、法人番号は国税のウェブサイトで検索できるから、原則として取引先、株主または顧客から取得する必要はない。

　ただし、人格のない社団等については代表者または管理人の事前の同意を得た場合に限って公表される（法58条4項但書）から、検索しても該当する法人番号が取得できないケースが考えられる（第1章第3節**1**[2]②(18頁)）。この場合には、取引先、株主または顧客から法人番号を取得する必要がある。

　したがって、実務的には、法人や人格のない社団等に支払をして支払調書を提出する際には、まず国税のウェブサイトで検索し、そこで法人番号が取得できればその法人番号を支払調書に記載して提出し、法人番号が取得できなければ、取引先、株主または顧客に連絡して、法人番号があれば（※）法人番号を提供するように要請することになる。

　※　支払調書を提出する企業・団体の側で、支払先である人格のない社団等が法人番号を有しているかどうかはわからないから、検索して該当する法人番号がない場合に、法人番号が指定されているがデータベースで公表されていないだけなのか、そもそも法人番号が指定されていないのかはわからないことになる。

　なお、法人番号を取得する際には、本人確認等の取得制限はないから、電話や電子メール等で番号を聞くだけでよい（ただし、前記第6節**4**（238頁）で述べたとおり、他の法令により本人確認義務がある場合には、当該法令に従った本人確

認は必要である)。

2 個人番号の提供が受けられない場合

　株主や金融機関における顧客については、個人番号を収集する対象者がかなりの数にのぼることが想定される。

　しかしながら、株主や顧客にしてみれば、個人番号を会社や金融機関に提供するインセンティブに欠けるため、会社や金融機関の周知を気にとめない、あるいは提供を拒む場合も生じると思われる。この場合でも、株主・顧客は個人番号を提供しなかったとしても法的なサンクション（罰則等）はないから、提供を強制することはできないのである。

　これに対し、会社や金融機関としては、個人番号を収集することができないことに対するマイナンバー法上のサンクションは存在しないものの、税務に関する帳票等に法定記載事項を記載することができないという問題が生じてしまう。

　このような場合の対応について、内閣官房は、「社会保障や税の決められた書類にマイナンバーを記載することは、法令で定められた義務であることを周知し、提供を求めてください。それでも提供を受けられないときは、書類の提出先の機関の指示に従ってください」としており（内閣官房ホームページ「社会保障・税番号制度」「よくある質問（FAQ）」（Q4-2-5））、特定個人情報保護委員会も同様の見解を示している（Q&A「Q17-6」）。

　したがって、企業・団体は、株主、取引先及び顧客に対して、個人番号を提供することの重要性を周知する必要があり、その上でなおも提供を拒まれた場合に、書類の提出先である行政機関等の指示に従う必要があることになる。

3 個人番号が変更された場合

　個人番号は、変更される場合がある（第1章第2節 1 ［3］（7頁））。

マイナンバー法上は、企業・団体の側で個人番号が変更されているかどうかを確認する積極的義務はないが、個人情報取扱事業者は、個人情報保護法19条に基づいて、データ内容の正確性の確保に努めることが求められており、個人情報取扱事業者でない個人番号取扱事業者についても正確性の確保に努めることが望ましいと考えられている。

　したがって、個人番号が変更されたときは本人から事業者に申告するよう周知しておくとともに、一定の期間ごとに個人番号の変更がないかを確認することが考えられる（Q&A「Q7－1」）（※）。「一定の期間ごとに」とは、例えば、従業員等との関係では、毎年、扶養控除等（異動）申告書の提出を受ける際に、個人番号の変更がないかどうかを確認するのが実務的であると思われる。

　※　所得税法施行令の改正により、株主や銀行等の預金等取扱金融機関・証券会社の顧客については、個人番号が変更した場合に告知を義務づけられている場合がある（例：所得税法施行令336条3項）ため、これらの者に対しては、個人番号が変更された場合に所得税法上告知が義務づけられている旨をあらかじめ周知しておくことも有効であると考えられる。

4 個人番号が記載された書面を本人に交付する場面

　企業・団体は、個人番号関係事務実施者として、所得税法226条1項の規定に従って、給与所得の源泉徴収票の提出という個人番号関係事務を処理するため、従業員等の個人番号が記載された給与所得の源泉徴収票を2通作成し、1通を税務署長に提出し、他の1通を本人に交付することとなる。

　この際、本人交付用の給与所得の源泉徴収票には本人及び扶養親族の個人番号を記載することになるため（所得税法施行規則93条）、本人及び扶養親族の個人番号を表示した状態で本人に交付することとなるが、これは個人番号関係事務実施者が個人番号関係事務を処理するために必要な限度で特定個人情報を提供するものといえるから、提供制限に違反しない（法19条2号）。

　同様に、所得税法等により本人に交付することが義務づけられている支払通知書（配当等とみなす金額に関する支払通知書）にも個人番号を記載すること

になっているが、これも所得税法等によって個人番号を記載して本人に交付することが義務づけられているものであり、所得税法等に従って個人番号が記載された支払通知書を本人に交付することは提供制限に違反しない(法19条2号)。

　そのため、例えば、従業員等が住宅ローンの借入のために源泉徴収票を金融機関に提出する際には、従業員等またはこれを受け取る金融機関が個人番号部分を復元できない程度にマスキングするなどの工夫が必要となる。

＜参考文献＞

- 佐藤和助、渡辺正弘編著、近江修監修『図解とQ&Aで実務が分かる法定調書のすべて』一般財団法人大蔵財務協会、2013年12月
- 株式会社シーエーシー金融ビジネスユニット『SEのための企業年金入門』社団法人金融財政事情研究会、2009年7月
- 宮田信一郎著、箱田順哉監修『企業年金マネジメント 制度運営から監査まで』東洋経済新報社、2011年11月
- 住友信託銀行年金信託部編『企業年金の法務と実務』財団法人金融財政事情研究会、2004年5月
- 特定個人情報保護委員会「特定個人情報の適正な取扱いに関するガイドライン（事業者編）」平成26年12月11日
- 特定個人情報保護委員会「（別冊）金融業務における特定個人情報の適正な取扱いに関するガイドライン」平成26年12月11日
- 特定個人情報保護委員会「『特定個人情報の適正な取扱いに関するガイドライン（事業者編）』及び『（別冊）金融業務における特定個人情報の適正な取扱いに関するガイドライン』に関するQ&A」平成26年12月11日
- 株式会社証券保管振替機構「株式等振替制度における番号法対応要綱」
- 足立啓「株式等振替制度における番号法対応の概要」『商事法務No.2053』平成26年12月15日
- 特定個人情報保護委員会事務局「『特定個人情報保護評価に関する規則（案）』及び『特定個人情報保護評価指針（案）』に関する意見募集の結果について」平成26年4月18日

第3章

情報管理に関する実務対応

第1節

特定個人情報の保管ルール

1 番号法ガイドラインへの対応

[1] 特定個人情報に対して保護措置を講じる必要性

 個人番号が悪用され、または漏えいした場合、個人番号を検索キーとして不正なデータマッチングが行われ、個人のプライバシー等の重大な権利利益の侵害を招きかねない（第1章第4節1（30頁））。

 企業・団体においても、個人番号を含む特定個人情報を保護するために個人情報保護法よりも高いレベルの措置が求められているのはこれが理由である（図表3-1）。

図表3-1　特定個人情報に厳格な保護措置が設けられている理由

> 　個人番号は、社会保障、税及び災害対策の分野において、個人情報を複数の機関の間で紐付けるものであり、住民票を有する全ての者に一人一番号で重複のないように、住民票コードを変換して得られる番号である。したがって、個人番号が悪用され、又は漏えいした場合、個人情報の不正な追跡・突合が行われ、個人の権利利益の侵害を招きかねない。
> 　そこで、番号法においては、特定個人情報について、個人情報保護法よりも厳格な各種の保護措置を設けている。
>
> （番号法ガイドライン第3-4⑴）

 個人情報保護法は、企業・団体が自ら利活用する情報について、「個人情報の有用性に配慮しつつ、個人の権利利益を保護することを目的とする」（個人

情報保護法1条）としている。つまり、ビジネスで利活用することを前提とした法律であった。

これに対し、マイナンバー法は、「行政事務（中略）における迅速な情報の授受」、「行政運営の効率化及び（中略）公正な給付と負担の確保」、国民の「手続の簡素化による負担の軽減」等（法1条）を目的とするものであって、マイナンバー制度そのものが公益的な目的の制度であるという違いがある。そのため、企業・団体において、自らのビジネスでは利活用しないにもかかわらず、さまざまな保護措置を講じなければならないとされているのである。

[2] 特定個人情報に関する保護措置の概要

マイナンバー法においては、特定個人情報を保護するための措置として、次の3つの保護措置を設けているほか、特定個人情報保護委員会による監視・監督、及び罰則の強化をもって、特定個人情報を保護している（図表3-2）。

① 特定個人情報の利用制限
② 特定個人情報の安全管理措置等
③ 特定個人情報の提供制限等

以上の3つの保護措置のうち、①及び③については第1章及び第2章において詳述したので、以下では、②特定個人情報の安全管理措置等について詳述する。

[3] 安全管理措置の概要

企業・団体が個人番号及び特定個人情報（以下「特定個人情報等」という）の漏えい、滅失または毀損（以下「情報漏えい等」という）の防止のため講じる安全管理措置として、個人番号についてはマイナンバー法12条に基づいた安全管理措置（※）、特定個人情報については個人情報保護法の個人情報取扱事業者（119頁）は個人情報保護法20条、個人情報取扱事業者でない個人番号取扱事業者（120頁）はマイナンバー法33条に基づいた安全管理措置をそれぞれ講じる義務がある（図表3-3）。

図表3-2　特定個人情報に関する保護措置の概要

保護の手法		内　容
3つの保護措置	①特定個人情報の利用制限	・個人番号の利用範囲の制限（法9条） ・例外的に特定個人情報を利用できる範囲の制限（法29条3項、32条） ・特定個人情報ファイルの作成の制限（法28条）
	②特定個人情報の安全管理措置等	・安全管理措置（法12条、33条） ・委託の取扱い、委託先の監督（法10条、11条）
	③特定個人情報の提供制限等	・特定個人情報の提供の制限（法19条） ・個人番号の提供の要求の制限（法15条） ・特定個人情報の収集・保管の制限（法20条） ・本人確認（法16条）
特定個人情報保護委員会による監視・監督		・特定個人情報の取扱いに関する指導及び助言（法50条） ・勧告及び命令（法51条） ・報告または資料の提出を求めること、及び立入検査（法52条）
罰則の強化		・直罰規定・両罰規定の新設（**図表1-52**（94頁））。

図表3-3　安全管理措置を講じる義務の根拠

	個人情報取扱事業者	個人情報取扱事業者でない個人番号取扱事業者
特定個人情報等	個人情報保護法20条	マイナンバー法33条
	個人番号：マイナンバー法12条	

※　なお、個人番号も、一般に個人情報保護法にいう個人情報にあたるとされているから（逐条解説「第32条」）、個人情報保護法20条もその安全管理措置の根拠となり得る。しかし、マイナンバー法は個人情報保護法の特別法であり（法1条）、個人番号の安全管理措置についてはマイナンバー法12条に特別の定めがあることから、個人番号についてはマイナンバー法12条に基づく安全管理措置のみが問題となるという関係にあると解される。

以上のとおり、特定個人情報等については、個人情報保護法に基づく安全管理措置とマイナンバー法に基づく安全管理措置の両者が適用されるため、企

業・団体は、マイナンバー法や番号法ガイドラインのみならず、個人情報保護法等の関係法令及び主務大臣のガイドライン等を遵守しなければならないことに留意が必要である。

そして、番号法ガイドラインは特定個人情報保護委員会が法令違反か否かを判断するための基準になる。

具体的には、番号法ガイドラインにおいて「しなければならない」または「してはならない」と記載されている事項について、記載内容に従っていない場合には特定個人情報保護委員会が法令違反と判断する可能性がある。

他方、「望ましい」と記載されている事項については、記載内容に従っていなくても直ちに法令違反と判断されることはないが、マイナンバー法の趣旨をふまえ、可能な限り対応することが求められている（番号法ガイドライン第1）。

なお、「個人情報の保護に関する法律についての経済産業分野を対象とするガイドライン」（2014年12月12日厚生労働省・経済産業省告示第4号）（以下「経産省ガイドライン」という）等では、「望ましい」と記載されている事項について記載内容に従わなかった場合であっても「法令違反と判断されることはない」とされている（経産省ガイドライン1、3）のに対し、番号法ガイドラインでは「直ちに法令違反と判断されることはない」とされており、「望ましい」と記載されている事項についての位置づけが異なっている点に留意が必要である。

なお、企業・団体の業種や規模、取り扱う事務の特性等によっては、番号法ガイドライン及び個人情報保護法の主務大臣のガイドラインに記載されたすべての安全管理措置を実施する必要はないこともあるし、すべての安全管理措置を実施したからといって十分な安全管理であるということにもならないこともある。

企業・団体は、企業の規模や業種、特定個人情報等を取り扱う事務の特性等によって適切な手法を採用することが求められているのである（番号法ガイドライン別添2）。

以下では、番号法ガイドライン及び番号法金融業務ガイドラインを中心に、

多くの企業・団体に影響する経産省ガイドライン、ならびに金融庁が定める「金融分野における個人情報保護に関するガイドライン」（2013年３月19日金融庁告示第11号）（以下「金融庁ガイドライン」という）及び「金融分野における個人情報保護に関するガイドラインの安全管理措置等についての実務指針」（2005年１月６日金融庁告示第１号）（以下「金融庁実務指針」という）（※）を含めて、安全管理措置について詳述する。

　※　番号法金融業務ガイドラインには、金融機関における安全管理措置については金融実務指針を遵守することを前提としていることが明記されている（番号法金融業務ガイドライン２-(2)）。

なお、金融機関の安全管理措置については、金融庁ガイドラインや金融庁実務指針に記載がない内容についても、金融情報システムセンター（FISC）の「金融機関等コンピュータシステムの安全対策基準」や全国銀行協会の「個人データの安全管理措置等に関する指針」等があり、これらにも従う必要がある。

2 安全管理措置の前提

[１] マイナンバー法における安全管理措置の考え方及び検討手順

番号法ガイドラインは、マイナンバー法の下での安全管理措置を検討するにあたり、次の事項を明確にすることが必要であり、かつ重要であるとしている（番号法ガイドライン別添「要点」及び①）。

A.　個人番号を取り扱う事務の範囲
B.　特定個人情報等の範囲
C.　特定個人情報等を取り扱う事務に従事する従業者（※）（以下「事務取扱担当者」という）

　※　従業者とは、事業者の組織内にあって直接間接に事業者の指揮監督を受けて事業者の業務に従事している者をいう。具体的には、従業員のほか、取締役、監査役、理事、監事、派遣社員等を含む。

以上のA〜Cを明確にする必要があるとしている点が、個人情報保護法とは異なる番号法ガイドラインの特色といってよい。

(注) 類似する規定として、プライバシーマーク（JIS Q 15001：2006、以下「Pマーク」という）のガイドライン（財団法人日本情報処理開発協会プライバシーマーク推進センター編「JIS Q 15001：2006をベースにした個人情報保護マネジメントシステム実施のためのガイドライン（第2版）」日本規格協会、2010年8月）（以下「Pマーク・ガイドライン」という）の3.3.1個人情報の特定（「事業者は、自らの事業の用に供するすべての個人情報を特定するための手段を確立し、かつ、維持しなければならない」）がある。

すなわち、個人番号はマイナンバー法9条に限定列挙されている事務以外には利用できないから、まず、個人番号を取り扱う事務が何かを明確にする（A）。次に、Aで明確化した事務において取り扱う特定個人情報等の範囲を明確にする（B）。その上で、Aで明確化した事務に従事する事務取扱担当者を明確にし、当該事務取扱担当者を中心とした安全管理措置を講じるものとしている。

つまり、個人情報については、例えば、顧客の個人情報を営業部に属する者全員が見たり、従業員の個人情報を社内で幅広く閲覧できたりしていたとしても、特定個人情報等についてはそのような取扱いは認められず、事務取扱担当者が誰であるのかを明確にすることが求められているのである。

以上を明確にした上で、番号法ガイドラインは、特定個人情報等の安全管理措置に関する基本方針（以下「基本方針」という）を策定し、取扱規程等を策定することを求めている。

［2］個人番号を取り扱う事務の範囲の明確化

「個人番号を取り扱う事務」とは、個人番号関係事務または個人番号利用事務、すなわち、個人番号利用事務等を意味しているから、企業・団体においては、自らがどのような個人番号利用事務等を行うことになるのかを洗い出し、明確化する必要がある（番号法ガイドライン別添①A）。

一般的な企業・団体においては、税務関係の支払調書、源泉徴収票、届出書、報告書等に従業員・株主・取引先・顧客の個人番号を記載して提出する事務

や、社会保険関係の書類に従業員の個人番号を記載して提出する事務がこれにあたることは第1章及び第2章で述べたとおりである。

したがって、一般的には、「源泉徴収票作成事務」や「健康保険・厚生年金保険届出事務」といった形で、事務の範囲を明確化することになると考えられる。

［3］特定個人情報等の範囲の明確化

次に、前記［2］で特定した事務において取り扱う特定個人情報等の範囲を明確化する。これは、特定した事務において使用される個人番号及び個人番号と関連づけて管理される個人情報（氏名、生年月日等）の範囲を明確にすることをいう（番号法ガイドライン別添1 B）。

例えば、「源泉徴収票作成事務」においては「従業員並びに扶養親族等の個人番号、氏名、生年月日及び住所」、「健康保険・厚生年金保険届出事務」においては「従業員並びに第3号被保険者たる配偶者及び被扶養者の個人番号、氏名、生年月日及び住所」などと明確化することになる。

なお、ここで対象となっているのは、「特定個人情報ファイル」（法2条9項）ではなく「特定個人情報等」である。これに対し、個人情報保護法では安全管理措置の対象となるのは「個人情報」ではなく「個人データ」に限定されている点で異なっている（個人情報保護法20条。後記3（276頁）参照）。

つまり、個人情報保護法の下では、データベース化されていない個人情報は安全管理措置の対象ではなかったが、マイナンバー法の下では、データベース化されていない特定個人情報についても安全管理措置の対象となるのである（図表3-4）。

図表 3-4　安全管理措置の対象となる情報の違い

○＝安全管理措置の対象となる

	個人情報保護法	Ｐマーク・ガイドライン	マイナンバー法
データベース化されていない情報	―	○	○
データベース化された情報	○	○	○
根拠条文等	・個人情報保護法20条「個人データ」（※）	・3.4.3.2 安全管理措置「個人情報」	・法12条「個人番号」 ・法33条「特定個人情報」 ・番号法ガイドライン別添「特定個人情報等」

※　経産省ガイドライン（2-2-3-2）及び金融庁ガイドライン（10条）も「個人データ」のみを対象としており、個人データにあたらない個人情報は安全管理措置の対象外である。

［4］事務取扱担当者の明確化

　その上で、前記［2］で特定した事務に従事する「事務取扱担当者」を明確化しなければならない（番号法ガイドライン別添①C）。

　この事務取扱担当者をどの範囲の者と捉えるべきかが、実務上難しい問題となる。例えば、経理課に所属する従業員が10名いるとして、そのうちの2名が源泉徴収票の印字を行っている場合に、「源泉徴収票作成事務」に従事する「事務取扱担当者」を2名のみとしなければならないのか、10名全員としてよいのか、という問題である。

　事務取扱担当者を2名のみとしなければならないとすると、例えば、現状のITシステムでは経理課全員が経理用の同一の画面を見て業務を行っているところ、経理課内部でも新たにアクセス制御を行うことができるようにITシステムを変更したり、源泉徴収票作成のためだけの新たな画面を作るなどしなければならないのか、という問題が生じ得る（アクセス制御等については後述する）。

　事務取扱担当者の明確化は、個人番号利用事務等に従事する担当者を明確に

して安全管理措置を適切に講じることを可能とするための手段であると考えられる。そのため、担当者を明確にすることが重要であり、担当者が誰であるかが明確になる限り、指定した部署名（○○課、○○係等）、事務名（○○事務担当者）等で特定することは可能であって、実際の事務取扱担当者の個人名で特定する必要まではないとされている（Q&A「Q10-1」）。

また、個人番号利用事務等に関連する一連の業務について、厳密に個人番号利用事務等と他の事務を区別し、個人番号利用事務等に従事する事務取扱担当者を限定することまでは必要ないとされている。

(注) Q&A においては、「国外送金等調書の作成・提出に係る事務処理については、外国為替業務に係るシステム処理の一環として行われていますが、その中で個人番号関係事務を限定し、個人番号を取り扱う従業者を限定する必要がありますか。」との質問に対し、「個人番号関係事務に関連する一連の業務の中で、個人番号関係事務と他の事務を区別し、個人番号関係事務実施者を限定する必要はありません。事業者が適切に『事務の範囲の明確化』、『事務取扱担当者の明確化』を行った上で、その明確化した事務・担当者の範囲を超えて個人番号の利用等ができないようアクセス制御等を行い、必要かつ適切な監督・教育を行えば十分であるという趣旨です。」と回答されている（Q&A「Q19-1」）。

したがって、先の例でいえば、「源泉徴収票作成事務」とは、一般に経理課の給与計算に関連して行われているといえるから、その場合には事務取扱担当者を2名の者に限定する必要はなく、10名の経理課所属従業員全員を事務取扱担当者とすればよいことになる。

これに対し、2名と8名が完全に別の部署であり、源泉徴収票作成事務は8名の事務とはまったく別に行われているというのであれば、8名を事務取扱担当者とすることは、特定個人情報の保管制限（法20条）に違反し、特定個人情報ファイルを「個人番号利用事務等を処理するために必要な範囲を超えて」（法28条）作成していることになってしまう可能性が高いことに留意が必要である。

ただし、このように事務取扱担当者を極めて限定的に考える必要がないからといって、事務取扱担当者の範囲を広げすぎると、後述の安全管理措置（とりわけ物理的安全管理措置及び技術的安全管理措置）を適切に講じることにかえってコストがかかることになるため留意が必要である。

3 講ずべき安全管理措置の内容

以上のとおり、A.個人番号を取り扱う事務の範囲の明確化、B.特定個人情報等の範囲の明確化、C.事務取扱担当者の明確化を行った上で、安全管理措置を講じることになる。

番号法ガイドラインによれば、安全管理措置の内容は以下のとおりである。

［１］ 基本方針の策定
［２］ 取扱規程等の策定
［３］ 組織的安全管理措置
［４］ 人的安全管理措置
［５］ 物理的安全管理措置
［６］ 技術的安全管理措置

以下、順に詳述する。

［１］ 基本方針の策定

まず、特定個人情報等の適正な取扱いの確保について組織として取り組むために、「基本方針」を策定することが重要であるとされている。

(注) 基本方針の策定は義務ではないという趣旨であると解される。もっとも、金融分野における企業・団体は基本方針の策定が義務づけられていることに留意が必要である（金融庁実務指針１−１）。

なお、基本方針は、後記［２］の取扱規程等のいわば「総則」にあたるものであり、当該企業・団体としての取組み全体の基本的な方針を記載するものである。

番号法ガイドラインによれば、基本方針に定める項目の例として、図表３−５に掲げるものがあげられている。

一般の企業・団体は策定された基本方針を公表する必要はないが（Q&A「Q12−２」）、金融分野においては個人データの安全管理に係る基本方針を公表することが義務づけられていることから、特定個人情報等の安全管理についても同

図表3-5　基本方針の内容と公開の要否

	経産省ガイドライン	金融庁ガイドライン（金融庁実務指針）	Pマーク・ガイドライン	番号法ガイドライン
列挙された内容の性質	例示	義務的	義務的	例示
基本方針の内容	―	・個人情報取扱事業者の名称	・代表者の氏名	・事業者の名称
	・事業の内容及び規模を考慮した適切な個人情報の取扱いに関すること	―	・事業の内容及び規模を考慮した適切な個人情報の取得、利用及び提供に関すること（※1）	―
	・個人情報の保護に関する法律を遵守すること	・関係法令等遵守の宣言	・個人情報の取扱いに関する法令、国が定める指針その他の規範を遵守すること	・関係法令・ガイドライン等の遵守
	・個人情報の安全管理措置に関すること	・個人データの安全管理に関する宣言	・個人情報の漏えい、滅失またはき損の防止及び是正に関すること	・安全管理措置に関する事項
	・マネジメントシステムの継続的改善に関すること	・基本方針の継続的改善の宣言	・個人情報保護マネジメントシステムの継続的改善に関すること	（組織的安全管理措置として規定されている）
	―	・安全管理措置に関する質問及び苦情処理の窓口	・苦情及び相談への対応に関すること	・質問及び苦情処理の窓口
公表の要否	公表は不要（※2）	公表する	公表する	公表は不要

※1　特定された利用目的の達成に必要な範囲を超えた個人情報の取扱いを行わないこと及びそのための措置を講じることを含む。

※2　ただし、プライバシーポリシーやプライバシーステートメント等として基本方針を策定し、それをWeb画面への掲載等により公表することが重要とされている（経産省ガイドライン5）。

様に公表する必要がある（金融庁実務指針1-1）。

　なお、すでに個人情報について基本方針を定めている場合には、特定個人情報等のために別途基本方針を定めることは必須ではなく、当該基本方針に番号法ガイドラインに従った特定個人情報等の取扱いに関する基本方針を盛り込む形式（改正、追記等）で対応することも可能である（Q&A「Q12-1」）。

　また、2014年4月下旬から6月下旬にかけて企業に対して行われたアンケート調査（以下「2014年調査」という）によると、個人情報保護法の下で個人情報保護方針を策定、公表している企業の割合は、図表3-6のとおりである。

図表3-6　個人情報保護方針を策定、公表している企業

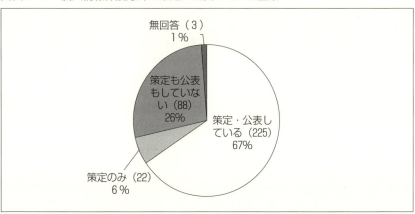

出典：特定個人情報保護委員会ウェブサイト「第25回　特定個人情報保護委員会：資料4　アンケート集計結果」(http://www.ppc.go.jp/files/pdf/260805siryo4.pdf)を加工して作成

［2］取扱規程等の策定

① 安全管理措置の内容（本則）

　以上のとおり基本方針を定めた上で、次に、特定個人情報等の具体的な取扱いを定める取扱規程等を策定しなければならない。これは、「総論」である基本方針に対する「各論」にあたるものである。

取扱規程等では、前記2［2］〜［4］で明確化した個人番号を取り扱う事務において事務の流れを整理し、取得、利用、保存、提供、削除・廃棄の管理段階ごとに、責任者・事務取扱担当者及びその任務等について定めた上、それぞれにおいて組織的安全管理措置、人的安全管理措置、物理的安全管理措置及び技術的安全管理措置を具体的に盛り込むことが例示されている（図表3-7）。

図表3-7　取扱規程等に盛り込む内容

経産省ガイドライン（抜粋）	金融庁ガイドライン（金融庁実務指針）	番号法ガイドライン
例　示	義務的	例　示
【取得・入力】 ①作業責任者の明確化 ②手続の明確化と手続に従った実施 ③作業担当者の識別、認証、権限付与 ④作業担当者及びその権限の確認	【取得・入力段階】 ①取得・入力に関する取扱者の役割・責任 ②取得・入力に関する取扱者の限定 ③取得・入力の対象となる個人データの限定 ④取得・入力時の照合及び確認手続き ⑤取得・入力の規程外作業に関する申請及び承認手続き ⑥機器・記録媒体等の管理手続き ⑦個人データへのアクセス制御 ⑧取得・入力状況の記録及び分析	【取得する段階】 ●取扱方法 ●責任者・事務取扱担当者及びその任務等 ●組織的安全管理措置、人的安全管理措置、物理的安全管理措置及び技術的安全管理措置を具体的に盛り込む
【利用・加工】 同上	【利用・加工段階】 ＜組織的安全管理措置＞ ①利用・加工に関する取扱者の役割・責任 ②利用・加工に関する取扱者の限定 ③利用・加工の対象となる個人データの限定 ④利用・加工時の照合及び確認手続き ⑤利用・加工の規程外作業に関する申請及び承認手続き ⑥機器・記録媒体等の管理手続き ⑦個人データへのアクセス制御 ⑧個人データの管理区域外への持ち出しに関する上乗せ措置（※） ⑨利用・加工状況の記録及び分析	【利用を行う段階】 同上

	<技術的安全管理措置> ①個人データの利用者の識別及び認証 ②個人データの管理区分の設定及びアクセス制御 ③個人データへのアクセス権限の管理 ④個人データの漏えい・き損等防止策 ⑤個人データへのアクセス記録及び分析 ⑥個人データを取り扱う情報システムの稼動状況の記録及び分析	
【保管・バックアップ】 同上	【保管・保存段階】 <組織的安全管理措置> ①保管・保存に関する取扱者の役割・責任 ②保管・保存に関する取扱者の限定 ③保管・保存の対象となる個人データの限定 ④保管・保存の規程外作業に関する申請及び承認手続き ⑤機器・記録媒体等の管理手続き ⑥個人データへのアクセス制御 ⑦保管・保存状況の記録及び分析 ⑧保管・保存に関する障害発生時の対応・復旧手続き <技術的安全管理措置> ①個人データの利用者の識別及び認証 ②個人データの管理区分の設定及びアクセス制御 ③個人データへのアクセス権限の管理 ④個人データの漏えい・き損等防止策 ⑤個人データへのアクセス記録及び分析 ⑥個人データを取り扱う情報システムの稼動状況の記録及び分析	【保存する段階】 同上
【移送・送信】 同上	【移送・送信段階】 <組織的安全管理措置> ①移送・送信に関する取扱者の役割・責任 ②移送・送信に関する取扱者の限定 ③移送・送信の対象となる個人データの限定 ④移送・送信時の照合及び確認手続き	【提供を行う段階】 同上

	⑤移送・送信の規程外作業に関する申請及び承認手続き ⑥個人データへのアクセス制御 ⑦移送・送信状況の記録及び分析 ⑧移送・送信に関する障害発生時の対応・復旧手続き ＜技術的安全管理措置＞ ①個人データの利用者の識別及び認証 ②個人データの管理区分の設定及びアクセス制御 ③個人データへのアクセス権限の管理 ④個人データの漏えい・き損等防止策 ⑤個人データへのアクセス記録及び分	
【消去・廃棄】 同上	【消去・廃棄段階】 ①消去・廃棄に関する取扱者の役割・責任 ②消去・廃棄に関する取扱者の限定 ③消去・廃棄時の照合及び確認手続き ④消去・廃棄の規程外作業に関する申請及び承認手続き ⑤機器・記録媒体等の管理手続き ⑥個人データへのアクセス制御 ⑦消去・廃棄状況の記録及び分析	【削除・廃棄を行う段階】 同上
(「組織的安全管理措置」として規定)	【漏えい事案等への対応の段階】 ①対応部署の役割・責任 ②漏えい事案等への対応に関する取扱者の限定 ③漏えい事案等への対応の規程外作業に関する申請及び承認手続き ④漏えい事案等の影響・原因等に関する調査手続き ⑤再発防止策・事後対策の検討に関する手続き ⑥自社内外への報告に関する手続き ⑦漏えい事案等への対応状況の記録及び分析	(「組織的安全管理措置」として規定)

※ 上乗せ措置の内容は後記［5］（307頁）参照。

なお、2014年調査によると、安全管理措置を規定した管理規程、マニュアル等を整備している企業の割合は**図表3-8**のとおりである。

図表3-8　安全管理措置を規定した管理規程、マニュアル等はあるか

- ある（257）70%
- ない（105）28%
- 無回答（6）2%

出典：特定個人情報保護委員会ウェブサイト「第25回　特定個人情報保護委員会：資料4　アンケート集計結果」(http://www.ppc.go.jp/files/pdf/260805siryo4.pdf) を加工して作成

② 中小規模事業者における対応方法

中小規模事業者（※）においても、一般的な企業・団体と同等の安全管理措置を採用することが望ましいが、取り扱う特定個人情報等の数量が少なく限定的であることから、一定の安全管理については軽減された措置を講じることが認められている。

※　中小規模事業者とは、事業者のうち従業員の数が100人以下の事業者であって、次の①～④に掲げる事業者を除く事業者をいう。なお、従業員の数は事業年度末（事業年度がない場合には年末等）で判定し、毎年同時期に見直しを行う必要がある（Q&A「Q11-2」）。
　①　個人番号利用事務実施者
　②　委託に基づいて個人番号関係事務または個人番号利用事務を業務として行う事業者
　③　金融分野（金融庁ガイドライン1条1項に定義される金融分野）の事業者
　④　個人情報取扱事業者

中小規模事業者においては、「取扱規程等」を策定することまでは求められておらず、特定個人情報等の取扱い等を明確化しておき、事務取扱担当者が変更となった場合に責任者の確認の下で確実な引継ぎを行うことで足りるとされている（図表3-9）。

図表3-9　基本方針及び取扱規程等の策定に関する中小規模事業者の対応方法

	安全管理措置の内容（本則）	中小規模事業者における対応方法
基本方針の策定（前記［1］）	特定個人情報等の適正な取扱いの確保について組織として取り組むために、基本方針を策定することが重要である（義務ではない）	同左
基本規程等の策定	事務の流れを整理し、特定個人情報等の具体的な取扱いを定める取扱規程等を策定しなければならない（義務的）	・特定個人情報等の取扱い等を明確化する。 ・事務取扱担当者が変更となった場合、確実な引継ぎを行い、責任ある立場の者が確認する。

[3] 組織的安全管理措置

① 安全管理措置の内容（本則）

番号法ガイドラインにおいては、組織的安全管理措置として、図表3-10に掲げる措置を講じなければならないとされている。

図表3-10　組織的安全管理措置（義務的）

項　目	内　容
a. 組織体制の整備	安全管理措置を講ずるための組織体制を整備する
b. 取扱規程等に基づく運用	取扱規程等に基づく運用状況を確認するため、システムログまたは利用実績を記録する
c. 取扱状況を確認する手段の整備	特定個人情報ファイルの取扱状況を確認するための手段を整備する
d. 情報漏えい等事案に対応する体制の整備	情報漏えい等の事案の発生または兆候を把握した場合に、適切かつ迅速に対応するための体制を整備する
e. 取扱状況の把握及び安全管理措置の見直し	特定個人情報等の取扱状況を把握し、安全管理措置の評価、見直し及び改善に取り組む

組織的安全管理措置として講じなければならないとされている項目は、経産省ガイドライン及び金融庁ガイドライン（金融庁実務指針）とほぼ同様である（図表3-11）。

なお、2014年調査によると、組織的安全管理措置として以下の各項目を講じている企業の割合は図表3-12のとおりである。

第1節　特定個人情報の保管ルール

図表3-11　経産省ガイドライン、金融庁ガイドライン（金融庁実務指針）、番号法ガイドラインにおける組織的安全管理措置

	経産省ガイドライン	金融庁ガイドライン（金融庁実務指針）	番号法ガイドライン
「組織的安全管理措置」の定義	安全管理について従業者（個人情報保護法21条）の責任と権限を明確に定め、安全管理に対する規程や手順書を整備運用し、その実施状況を確認すること	個人データの安全管理措置について従業者（個人情報保護法21条）の責任と権限を明確に定め、安全管理に関する規程等を整備・運用し（※）、その実施状況の点検・監査を行うこと等の、個人情報取扱事業者の体制整備及び実施措置	―
列挙された項目の性質	義務的	義務的	義務的
講じなければならないとされている項目	・個人データの安全管理措置を講じるための組織体制の整備	・個人データの管理責任者等の設置 ・就業規則等における安全管理措置の整備	a.　組織体制の整備
	・個人データの安全管理措置を定める規程等の整備と規程等に従った運用	・個人データの安全管理に係る取扱規程に従った運用	b.　取扱規程等に基づく運用
	・個人データの取扱状況を一覧できる手段の整備	・個人データの取扱状況を確認できる手段の整備	c.　取扱状況を確認する手段の整備
	・事故または違反への対処	・漏えい事案等に対応する体制の整備	d.　情報漏えい等事案に対応する体制の整備
	・個人データの安全管理措置の評価、見直し及び改善	・個人データの取扱状況の点検及び監査体制の整備と実施	e.　取扱状況の把握及び安全管理措置の見直し

※　金融庁ガイドラインにおいては、基本方針・取扱規程等の整備も組織的安全管理措置と位置づけられている（金融庁ガイドライン10条5項）。

第 3 章　情報管理に関する実務対応

図表 3-12　組織的安全管理措置として、次の措置を講じているか

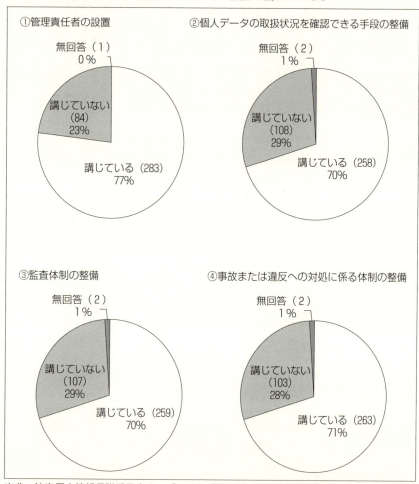

出典：特定個人情報保護委員会ウェブサイト「第25回 特定個人情報保護委員会：資料4 アンケート集計結果」(http://www.ppc.go.jp/files/pdf/260805siryo4.pdf) を加工して作成

以下、図表3-10a～eの各項目について詳述する。

a. 組織体制の整備

まず、組織として安全管理措置を講じるための体制を整備しなければならない。

番号法ガイドラインでは、組織体制として整備する項目として以下が例示列挙されている（図表3-13）。

- 事務における責任者の設置及び責任の明確化
- 事務取扱担当者の明確化及びその役割の明確化
- 事務取扱担当者が取り扱う特定個人情報等の範囲の明確化
- 事務取扱担当者が取扱規程等に違反している事実または兆候を把握した場合の責任者への報告連絡体制
- 情報漏えい等事案の発生または兆候を把握した場合の従業者から責任者等への報告連絡体制
- 特定個人情報等を複数の部署で取り扱う場合の各部署の任務分担及び責任の明確化

なお、個人番号利用事務等の責任者について、金融庁実務指針では「個人データ管理責任者」は「株式会社組織であれば取締役又は執行役等」でなければならないとされている（金融庁実務指針2-1）。

また、経産省ガイドラインにおいても、従来は単に「個人情報保護管理者（いわゆる、チーフ・プライバシー・オフィサー（CPO））の設置」とのみ記載されていたが、近時、個人情報漏えいの重大事案が多発していることなどから、2014年12月12日の改正において「個人データの安全管理の実施及び運用に関する責任及び権限を有する者として、個人情報保護管理者（いわゆる、チーフ・プライバシー・オフィサー（CPO））を設置し、原則として役員を任命すること」、「個人データの取扱いを総括する部署の設置、及び個人情報保護管理者（CPO）が責任者となり、社内の個人データの取扱いを監督する『管理委員会』の設置」

図表3-13 各ガイドラインにおける「組織体制の整備」に関する記載

経産省ガイドライン	金融庁ガイドライン (金融庁実務指針)	番号法ガイドライン
例　示	義務的	例　示
• 個人データの安全管理の実施及び運用に関する責任及び権限を有する者として、個人情報保護管理者（いわゆるチーフ・プライバシー・オフィサー（CPO））を設置し、原則として、役員を任命すること • 個人データの取扱いを総括する部署の設置、及び個人情報保護管理者（CPO）が責任者となり、社内の個人データの取扱いを監督する「管理委員会」の設置 • 個人データの取扱い（取得・入力、移送・送信、利用・加工、保管・バックアップ、消去・廃棄等の作業）における作業責任者の設置及び作業担当者の限定	＜個人データの管理責任者等の設置＞ • 以下の設置 ①個人データの安全管理に係る業務遂行の総責任者である個人データ管理責任者 ②個人データを取り扱う各部署における個人データ管理者	• 事務における責任者の設置及び責任の明確化
• 従業者の役割・責任の明確化 • 個人データを取り扱う情報システム運用責任者の設置及び担当者（システム管理者を含む。）の限定	＜就業規則等における安全管理措置の整備＞ • 次に掲げる事項を就業規則等に定める ①個人データの取扱いに関する従業者の役割・責任 ②違反時の懲戒処分 • 従業者との個人データの非開示契約等の締結	• 事務取扱担当者の明確化及びその役割の明確化
―	―	• 事務取扱担当者が取り扱う特定個人情報等の範囲の明確化

・個人データの取扱いに関する規程等に違反している事実または兆候があることに気づいた場合の、代表者等への報告連絡体制の整備	—	・事務取扱担当者が取扱規程等に違反している事実または兆候を把握した場合の責任者への報告連絡体制
・個人データの漏えい等（漏えい、滅失またはき損）の事故が発生した場合、または発生の可能性が高いと判断した場合の、代表者等への報告連絡体制の整備	（「漏えい事案等に対応する体制の整備」として規定）	・情報漏えい等事案の発生または兆候を把握した場合の従業者から責任者等への報告連絡体制
・個人データの取扱いにかかわるそれぞれの部署の役割と責任の明確化	—	・特定個人情報等を複数の部署で取り扱う場合の各部署の任務分担及び責任の明確化
・監査責任者の設置 ・個人情報保護対策及び最新の技術動向を踏まえた情報セキュリティ対策に十分な知見を有する者が社内の対応を確認すること（必要に応じ、外部の知見を有する者を活用し確認することを含む）などによる、監査実施体制の整備	（「個人データの取扱状況の点検及び監査体制の整備と実施」として規定）	（「e. 取扱状況の把握及び安全管理措置の見直し」として規定）
・漏えい等の事故による影響を受ける可能性のある本人への情報提供体制の整備 ・漏えい等の事故発生時における主務大臣及び認定個人情報保護団体等に対する報告体制の整備	（「漏えい事案等に対応する体制の整備」として規定）	（「d. 情報漏えい等事案対応する体制の整備」として規定）

が望まれる旨が追記された（経産省ガイドライン2-2-3-2、**図表3-13**）。

このように、責任者の設置に関しては、他のガイドラインにおいて規制が強化されているところであるから、相応の対応が求められているといえよう。

なお、すでに個人情報等の安全管理に関する部署等が存在する場合には、当該部署に特定個人情報等の安全管理業務を行わせることは可能であって、特定個人情報等の安全管理に係る業務のみを行う部署が必要ということではない（特定個人情報保護委員会事務局「特定個人情報保護ガイドライン検討会（事業者グループ）等において寄せられた質問に係る考え方」（2014年10月10日）No.62）。

b. 取扱規程等に基づく運用

取扱規程等に基づく運用状況を確認するため、システムログまたは利用実績を記録する必要がある。番号法ガイドラインでは、記録項目として以下が例示列挙されている（**図表3-14、図表3-15**）。

- 特定個人情報ファイルの利用・出力状況の記録
- 書類・媒体等の持出しの記録
- 特定個人情報ファイルの削除・廃棄記録
- 削除・廃棄を委託した場合、これを証明する記録等
- 特定個人情報ファイルを情報システムで取り扱う場合、事務取扱担当者の情報システムの利用状況（ログイン実績、アクセスログ等）の記録

「削除・廃棄記録」については、経産省ガイドラインでは削除・廃棄そのものが望ましいとされていたにすぎなかった(経産省ガイドライン2-2-3-2)(※)のに対し、番号法ガイドラインでは削除・廃棄が義務となっている（第1章第4節**3**[4]（67頁））。したがって、「削除・廃棄記録」の必要性も、経産省ガイドラインの下の個人データよりも高くなったと解される（**図表3-16**）。

　※　金融庁実務指針においては義務づけられている（金融庁実務指針6-5、1-2、2-3）。

第1節 特定個人情報の保管ルール

図表3-14 個人データへのアクセス記録の管理措置を講じている企業の割合

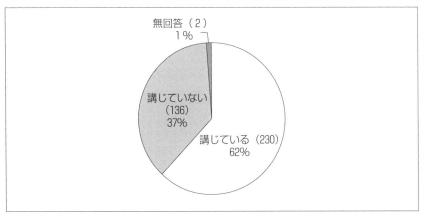

出典：特定個人情報保護委員会ウェブサイト「第25回 特定個人情報保護委員会：資料4 アンケート集計結果」（http://www.ppc.go.jp/files/pdf/260805siryo4.pdf）を加工して作成

図表3-15 各ガイドラインにおけるシステムログまたは利用実績の記録に関する記載（番号法ガイドラインの例示列挙に対応するもの）

経産省ガイドライン	金融庁ガイドライン （金融庁実務指針）	番号法ガイドライン
例　示	義務的	例　示
・個人データへのアクセスの記録（例えば、だれがどのような操作を行ったかの記録） ・取得・入力に関して、アクセスの記録、保管と、権限外作業の有無の確認 ・利用・加工に関して、アクセスの記録、保管と、権限外作業の有無の確認	・個人データへのアクセスの記録及び分析（4-5） ・取得・入力状況の記録及び分析（6-1⑧） ・利用・加工状況の記録及び分析（6-2-1⑨） ・利用・加工に関して、個人データへのアクセスの記録及び分析（6-2-2⑤）	・特定個人情報ファイルの利用・出力状況の記録

・移送・送信に関して、アクセスの記録、保管と、権限外作業の有無の確認	・個人データの管理区域外への持ち出し状況の記録及び分析（6-2-1-1⑦） ・移送・送信状況の記録及び分析（6-4-1⑦） ・移送・送信に関して、個人データへのアクセスの記録及び分析（6-4-2⑤）	・書類・媒体等の持出しの記録
・消去・保管に関して、アクセスの記録、保管、権限外作業の有無の確認	・保管・保存状況の記録及び分析（6-3-1⑦） ・保管・保存に関して、個人データへのアクセスの記録及び分析（6-3-2⑤） ・消去・廃棄状況の記録及び分析（6-5⑦）	・特定個人情報ファイルの削除・廃棄記録（※）
―	―	・削除・廃棄を委託した場合、これを証明する記録等（※）
・個人データへのアクセスの記録（例えば、だれがどのような操作を行ったかの記録）（再掲）	・個人データへのアクセスの記録及び分析（4-5、6-2-2⑤、6-3-2⑤、6-4-2⑤）（再掲）	・特定個人情報ファイルを情報システムで取り扱う場合、事務取扱担当者の情報システムの利用状況（ログイン実績、アクセスログ等）の記録

※　なお、Pマーク・ガイドラインにおいては、「個人情報を消去・廃棄・返却した記録を取り」、「委託先等、外部の者に消去・廃棄させる場合、廃棄証明書等を取得」することが「望ましい手法」として例示されている（Pマーク・ガイドライン3.4.3.2④ I 2.⑸）。

第1節　特定個人情報の保管ルール

図表3-16　削除・廃棄についての各ガイドラインの比較

	経産省ガイドライン	金融庁ガイドライン（金融庁実務指針）	Ｐマーク・ガイドライン	番号法ガイドライン
削除・廃棄	△ 望まれる	◎ 義務的	○ 保存期間の設定は義務的（※1）	◎ 義務的
削除・廃棄の記録	△ 望まれる	◎ 義務的	△ 望ましい	◎ 義務的（※2）

※1　プライバシーマークの付与適格性審査基準（3.4.3.1）では、保存期間（図表3-17）を設定することは義務的であるが、「保存期間は事業者がリスクを負って設定するものであり、永久保管と定めたからといって不適合ではない」とされている。

※2　「削除・廃棄記録」を「システムログまたは利用実績」として残すことは例示（任意）であるが、後述の物理的安全管理措置の一環として何らかの形で「削除・廃棄記録」を残すことが義務づけられている（後記［5］ｄ（313頁）参照）。

図表3-17　個人情報について、保存期間を設定しているか（正規雇用労働者情報の電子データについて）

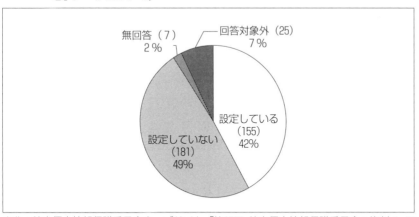

出典：特定個人情報保護委員会ウェブサイト「第25回 特定個人情報保護委員会：資料４ アンケート集計結果」（http://www.ppc.go.jp/files/pdf/260805siryo4.pdf）を加工して作成

　なお、システムログや利用実績の保存期間については、番号法ガイドラインには規定がない。そのため、企業・団体はシステムで取り扱う情報の種類、量、

システムを取り扱う職員の数、点検・監査の頻度等を総合的に勘案し、各自が適切に定めなければならない（Q&A「Q14-1」）。

システムログや利用実績の記録が存在し続けていることそのものが情報漏えい等の事案発生の抑止になるとともに、情報漏えい等の事案に対処するために利用する必要があることからすれば、少なくとも、情報漏えい等を発見する契機となる定期点検や監査（後述）が終了するまでは保存する必要があると思われる。

(注) 金融庁は、金融庁実務指針4-5、4-6、4-7の記録の保存期間について、「『個人データへのアクセス記録を保存する期間』については、業の実態や情報の取扱状況等に鑑み、個人情報取扱事業者自らが安全管理の観点から必要かつ適切な期間を設定することが求められます。具体的な保存期間の設定に際しては、別途定められている記録・分析及び点検・監査が適切に実施されるよう、これらの周期と整合的な期間とすることが求められます」としている（金融庁「『金融分野における個人情報保護に関するガイドラインの安全管理措置等についての実務指針（案）』への意見一覧」（2005年1月）No.53）。

c. 取扱状況を確認する手段の整備

特定個人情報ファイルの取扱状況を確認するための手段を整備する必要がある。

取扱状況を確認するための記録等としては、次に掲げるものが例示列挙されている。

- 特定個人情報ファイルの種類、名称
- 責任者、取扱部署
- 利用目的
- 削除・廃棄状況
- アクセス権を有する者

なお、取扱状況を確認するための記録等には、特定個人情報等を記載してはならないから注意が必要である。

これは、従前からある個人データ取扱台帳と同様のものであると考えられる（図表3-18）。

図表3-18　各ガイドラインにおける取扱状況を確認する手段の整備

経産省ガイドライン	金融庁ガイドライン（金融庁実務指針）	Pマーク・ガイドライン	番号法ガイドライン
取扱状況を確認する手段の整備			
義務的	義務的	義務的	義務的
取扱状況を確認する手段の内容			
以下を記載した「個人データ取扱台帳」の整備 （望まれる）	次に掲げる事項を含む台帳等を整備 （義務的）	少なくとも以下の項目が含まれた「個人情報を特定した台帳等」を作成 （義務的）	取扱状況を確認するための手段として「取扱状況を確認するための記録等」を整備 （例示）
・取得する項目 ・明示・公表等を行った利用目的 ・保管場所 ・保管方法 ・アクセス権限を有する者 ・利用期限 ・その他個人データの適正な取扱いに必要な情報	・取得項目 ・利用目的 ・保管場所・保管方法・保管期限 ・管理部署 ・アクセス制御の状況	・個人情報の項目 ・利用目的 ・保管場所 ・保管方法 ・アクセス制限を有する者 ・利用期限 ・件数（概数でよい）	・特定個人情報ファイルの種類、名称 ・責任者、取扱部署 ・利用目的 ・削除・廃棄状況 ・アクセス権を有する者

　金融庁実務指針及びPマーク・ガイドラインの下では、上記内容を含む台帳等を整備することが義務づけられている。これに対し、経産省ガイドラインの下では、「個人データの取扱状況を一覧できる手段の整備」は義務的であるものの、その手段として「個人データ取扱台帳の整備」をすることは、単に「望まれる」とされているにすぎない。

　番号法ガイドラインは後者と同様のスタンスをとっており、「取扱状況を確認するための手段の整備」は義務的であるものの、その手段として「取扱状況を確認するための記録等」、すなわち台帳等を整備することは単なる例示としてあげられているにすぎない。

d. 情報漏えい等事案に対応する体制の整備

安全管理措置によって情報漏えい等が生じるリスクを低下させることは可能であるが、現実問題として情報漏えい等を完全になくすことはできない。

そこで、企業・団体としては、情報漏えい等は生じるものであるということを前提に、情報漏えい等（※）の事案の発生または兆候を把握した場合に適切かつ迅速に対応するための体制・手順等をあらかじめ整備しておく必要がある。

※ 個人番号のみが流出した場合も同様である（特定個人情報保護委員会事務局「特定個人情報の適正な取扱いに関するガイドライン（事業者編）（案）に関する意見募集の結果について」（2014年12月11日）No.195）。

番号法ガイドラインでは、情報漏えい等の事案の発生時に、次のような対応を行うことを念頭に、体制を整備することが考えられるとされている。
- 事実関係の調査及び原因の究明
- 影響を受ける可能性のある本人への連絡
- 委員会及び主務大臣等への報告
- 再発防止策の検討及び決定
- 事実関係及び再発防止策等の公表

これらの対応例は、情報漏えい等の事案が発生した場合の報告先に特定個人情報保護委員会が含まれている点を除けば、個人情報保護法に関するガイドラインにおいて講じることが望ましいとされていた対応例と大きな差異はない（経産省ガイドライン2-2-3-2）（**図表3-19**）（※）。

以下、経産省ガイドラインをベースに、
（1）影響を受ける可能性のある本人への連絡
（2）委員会及び主務大臣等への報告
（3）事実関係及び再発防止策等の公表
について留意すべき点を述べた後、
（4）情報漏えい等の事案に対する対応に関する留意点
を述べる。

※ なお、金融機関においては、上記に加えて、漏えい事案等への対応の段階における取

図表3-19　情報漏えい等事案に対応する体制の整備に関する各ガイドライン等の記載

経産省ガイドライン	金融庁ガイドライン（金融庁実務指針）	Pマーク・ガイドライン	番号法ガイドライン
情報漏えい等に対する体制の整備、対処等			
義務的	義務的	義務的	義務的
各ガイドライン等に記載された体制整備、対処の内容			
以下の手順の整備（望まれる）	「漏えい事案等に対応する体制の整備」と漏えい等発生時に「実施しなければならない」事項は次のとおり（義務的）	個人情報の漏えい、滅失またはき損が発生した場合に備え、次の事項を含む対応手順を確立し、かつ、維持しなければならない（3.3.7）（義務的）	情報漏えい等の事案の発生時に、次のような対応を行うことを念頭に、体制を整備することが考えられる（例示）
・事実調査、原因の究明 ・影響範囲の特定 ・再発防止策の検討・実施 ・影響を受ける可能性のある本人への連絡 ・主務大臣等への報告 ・事実関係及び再発防止策等の公表	＜整備すべき体制＞（2-6） ・対応部署 ・漏えい事案等の影響・原因等に関する調査体制 ・再発防止策・事後対策の検討体制 ・自社内外への報告体制 ＜漏えい時に実施すべき項目＞（2-6-1） ・監督当局等への報告 ・本人への通知等 ・二次被害の防止・類似事案の発生回避等の観点からの漏えい事案等の事実関係及び再発防止策等の早急な公表	・当該漏えい、滅失またはき損が発生した個人情報の内容を本人に速やかに通知し、または本人が容易に知り得る状態に置くこと ・二次被害の防止、類似事案の発生回避などの観点から、可能な限り事実関係、発生原因及び対応策を、遅滞なく公表すること ・事実関係、発生原因及び対応策を関係機関に直ちに報告すること	・事実関係の調査及び原因の究明 ・影響を受ける可能性のある本人への連絡 ・委員会及び主務大臣等への報告 ・再発防止策の検討及び決定 ・事実関係及び再発防止策等の公表

扱規程の策定が義務づけられているので注意が必要である（金融庁実務指針6-6及び6-6-1）（前記[2]参照）。

(1) 影響を受ける可能性のある本人への連絡

経産省ガイドラインでは、事故または違反について本人へ謝罪し、二次被害を防止するために、可能な限り本人へ連絡することが望ましいとされている。

もっとも、経産省ガイドラインでは、例えば、次に掲げる場合のように、本人の権利利益が侵害されておらず、今後も権利利益の侵害の可能性がないまたは極めて小さいと考えられる場合には、本人への連絡を省略してもかまわないとされている（経産省ガイドライン2-2-3-2）。

- 紛失等した個人データを、第三者に見られることなく、速やかに回収した場合
- 高度な暗号化等の秘匿化が施されている場合
- 漏えい等をした事業者以外では、特定の個人を識別することができない場合

(2) 委員会及び主務大臣等への報告

個人情報保護法の下では、個人情報が漏えいした場合には個人情報保護法の各ガイドラインに従って主務大臣等に報告するとされている（図表3-19）。他方、特定個人情報等が漏えいした場合の報告先としては、個人情報保護法の主務大臣に加えて、特定個人情報保護委員会も含まれている。

このように報告先が二重になっているが、特定個人情報の漏えい事案等が発生した場合に、特定個人情報保護委員会に報告すれば足りるのか、あるいは主務大臣等にも報告する必要があるのかについては、番号法ガイドラインとは別に定められるとされているため今後の動向に留意が必要である（番号法ガイドライン第3-6）。

(注) 個人情報保護法の改正に伴い、特定個人情報保護委員会が個人情報保護委員会に改組されるが、報告徴求に関する権限を事業所管大臣へ委任すること等が予定されている。

(3) 事実関係及び再発防止策等の公表

二次被害の防止、類似事案の発生防止等の観点から、情報漏えい等の事案が発生した場合には、事案に応じて、事実関係及び再発防止策等を早急に公表することが重要であるとされている（番号法ガイドライン別添[2] Cd）。

なお、経産省ガイドラインにおいては、例えば、次に掲げる場合のように、二次被害の防止の観点から公表の必要がない場合には、事実関係等の公表を省略してもかまわないとされている（経産省ガイドライン２-２-３-２）。

- 影響を受ける可能性のある本人すべてに連絡がついた場合
- 紛失等した個人データを、第三者に見られることなく、速やかに回収した場合
- 高度な暗号化等の秘匿化が施されている場合
- 漏えい等をした事業者以外では、特定の個人を識別することができない場合

特定個人情報等の漏えい事案が上記の例に該当するような場合、事実関係等を公表すべきかどうかは、企業・団体にとって難しい判断を迫られる。

しかしながら、流出した情報の量や内容にもよるものの、近時、個人情報の漏えいやその後の企業・団体の対応に対して厳しい目が向けられており、また、インターネット上での内部からと思われるリークが頻発している昨今においては、上記の例に該当するような場合であっても、隠蔽しようとしていたとの誤解から生じるレピュテーション・リスクを考えて、事実関係等を公表しないという判断をするにあたっては慎重な検討が求められる。

(4) 情報漏えい等の事案に対する対応に関する留意点（まとめ）

情報漏えい等の事案が発生するなどした場合、マイナンバー法の下では、個人情報保護法と異なり、特定個人情報保護委員会による立入検査が可能とされている（法52条）。また特定個人情報保護委員会による命令に対する違反（法73条）、報告の求めに対する拒否・虚偽の報告、検査拒否・忌避等（法74条）の場合の罰則が強化されていることは第１章第５節 2（85頁）で述べたとおりである（図表３-20）。

企業・団体においては、このような個人情報保護法との違いを十分に理解した上で、情報漏えい等事案に対する体制をあらかじめ整備するとともに、実際に情報漏えい等の事案が発生した場合に対応することが重要である。

なお、経済産業省から、個人情報を漏えいした場合の取組事例が公表（※）されているため、企業・団体はこれを参考にすることも有効であると考えられる。

第3章　情報管理に関する実務対応

図表3−20　罰則（個人情報保護法との違い）

行　為	法定刑	個人情報保護法	両罰規定
委員会から命令を受けた者が、委員会の命令に違反	2年以下の懲役または50万円以下の罰金（法73条）	6月以下の懲役または30万円以下の罰金	○
委員会に対する、虚偽の報告、虚偽の資料提出、検査拒否等	1年以下の懲役または50万円以下の罰金（法74条）	30万円以下の罰金（報告拒否、虚偽の報告）	○

※　経済産業省Webサイト「平成25年度『個人情報の適正な保護に関する取組実践事例調査』報告書の公表について」(http://www.meti.go.jp/policy/it_policy/privacy/061215kozinzyouhou.html)

e. 取扱状況の把握及び安全管理措置の見直し

　以上のとおり、a〜dに従い取扱規程等に基づく運用や特定個人情報ファイルの取扱状況等を確認する手段・体制を整備した後は、実際に取扱状況等を把握し、定期的に安全管理措置を評価し、見直しや改善を図る必要があるとされている。この点も、経産省ガイドライン、金融庁ガイドライン（金融庁実務指針）(※)、Pマーク・ガイドラインとおおむね同じ規定である。

> ※　金融庁実務指針では、個人データの取扱状況に関する点検及び監査の規程を整備し、必要に応じて規程の見直しを行わなければならないとされている（金融庁実務指針1−3）。

　取扱状況の把握及び安全管理措置の見直しのための手法としては、以下が例示列挙されている（図表3−21）。

- 特定個人情報等の取扱状況について、定期的に自ら行う点検または他部署等による監査を実施する。
- 外部の主体による他の監査活動とあわせて、監査を実施することも考えられる。

　監査については、例えば、個人情報保護または情報セキュリティに関する外部監査等を行う際に、特定個人情報等の保護に関する監査をあわせて行うことも考えられる（Q&A「Q14−3」）。

図表3-21　個人データの取扱状況を確認できる手段の整備を行っている企業（図表3-12②で講じていると回答した企業）のうち、自主点検または第三者点検を行っている企業の割合

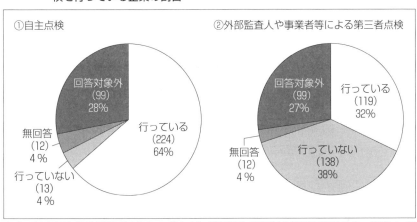

出典：特定個人情報保護委員会ウェブサイト「第25回　特定個人情報保護委員会：資料4　アンケート集計結果」(http://www.ppc.go.jp/files/pdf/260805siryo4.pdf) を加工して作成

　アクセスログを記録するシステムを構築していても、アクセスログを頻繁に確認し把握しなければ情報漏えい等に対する抑止力・対応策として十分でない（アクセスログを記録していながら、それを頻繁に確認していなかったために、大量の情報漏えいが発生してしまったケースは数多い）。また、安全管理措置をいったん講じた後も、情報技術の進歩に応じ、安全管理措置を改善しなければならない。そのため、取扱状況の把握及び安全管理措置の見直しが必要とされているのである。

② 中小規模事業者における対応方法
　組織的安全管理措置については、図表3-22のとおり、中小規模事業者における対応方法が緩和されている。
　なお、図表3-22のうち、b. 取扱規程等に基づく運用、及びc. 取扱状況を確認する手段の整備について、中小規模事業者は「特定個人情報等の取扱状況

figure 3-22 組織的安全管理措置に関する中小規模事業者の対応方法

安全管理措置の内容（本則）	中小規模事業者における対応方法
【組織的安全管理措置】 事業者は、特定個人情報等の適正な取扱いのために、次に掲げる組織的安全管理措置を講じなければならない。	
a. 組織体制の整備 安全管理措置を講ずるための組織体制を整備する。	・事務取扱担当者が複数いる場合、責任者と事務取扱担当者を区分することが望ましい。
b. 取扱規程等に基づく運用 取扱規程等に基づく運用状況を確認するため、システムログまたは利用実績を記録する。	・特定個人情報等の取扱状況の分かる記録を保存する。
c. 取扱状況を確認する手段の整備 特定個人情報ファイルの取扱状況を確認するための手段を整備する。 なお、取扱状況を確認するための記録等には、特定個人情報等は記載しない。	・特定個人情報等の取扱状況の分かる記録を保存する。
d. 情報漏えい等事案に対応する体制の整備 情報漏えい等の事案の発生または兆候を把握した場合に、適切かつ迅速に対応するための体制を整備する。 情報漏えい等の事案が発生した場合、二次被害の防止、類似事案の発生防止等の観点から、事案に応じて、事実関係及び再発防止策等を早急に公表することが重要である。	・情報漏えい等の事案の発生等に備え、従業者から責任ある立場の者に対する報告連絡体制等をあらかじめ確認しておく。
e. 取扱状況の把握及び安全管理措置の見直し 特定個人情報等の取扱状況を把握し、安全管理措置の評価、見直し及び改善に取り組む。	・責任ある立場の者が、特定個人情報等の取扱状況について、定期的に点検を行う。

が分かる記録を保存する」とされているが、これは、例えば、業務日誌等において、特定個人情報等の入手・廃棄、源泉徴収票の作成日、本人への交付日、税務署への提出日等の特定個人情報等の取扱い状況を記録することや取扱規程、事務リスト等に基づくチェックリストを利用して事務を行い、その記入済

みのチェックリストを保存することなどが想定されている（Q&A「Q14-2」）。

[4] 人的安全管理措置

① 安全管理措置の内容（本則）

番号法ガイドラインにおいては、人的安全管理措置として、**図表3-23**に掲げる措置を講じなければならないとされている。

図表3-23　人的安全管理措置（義務的）

項　目	内　　容
a．事務取扱担当者の監督	事業者は、特定個人情報等が取扱規程等に基づき適正に取り扱われるよう、事務取扱担当者に対して必要かつ適切な監督を行う
b．事務取扱担当者の教育	事業者は、事務取扱担当者に、特定個人情報等の適正な取扱いを周知徹底するとともに適切な教育を行う

人的安全管理措置の手法として、番号法ガイドラインでは以下が例示列挙されている。

- 特定個人情報等の取扱いに関する留意事項等について、従業者に定期的な研修等を行う（**図表3-24**）。
- 特定個人情報等についての秘密保持に関する事項を就業規則等に盛り込むことが考えられる。

図表3-23の人的安全管理措置のうち「b．事務取扱担当者の教育」は、経産省ガイドライン及び金融庁ガイドライン（金融庁実務指針）では個人情報保護法21条に基づく措置として規定されているものである。

また、両ガイドラインに共通して規定されていた従業者との間の非開示契約（**図表3-25**）については番号法ガイドラインには規定がなく、上記のとおり例示として「秘密保持に関する事項を就業規則等に盛り込むこと」があげられているにとどまる（**図表3-26**）。

従業員等に対する教育については、後記第3節で詳述する。

図表 3-24　人的安全管理措置として従業者に対する教育・訓練を講じているか

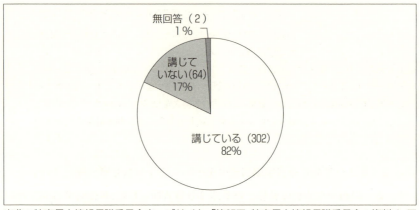

出典：特定個人情報保護委員会ウェブサイト「第25回 特定個人情報保護委員会：資料4 アンケート集計結果」(http://www.ppc.go.jp/files/pdf/260805siryo4.pdf) を加工して作成

図表 3-25　人的安全管理措置として従業者との非開示契約の締結という措置を講じているか

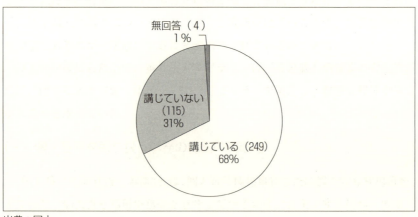

出典：同上

第1節 特定個人情報の保管ルール

図表3-26 経産省ガイドライン、金融庁ガイドライン（金融庁実務指針）、番号法ガイドラインにおける人的安全管理措置

	経産省ガイドライン	金融庁ガイドライン（金融庁実務指針）	番号法ガイドライン
「人的安全管理措置」の定義	従業者（※）に対する、業務上秘密と指定された個人データの非開示契約の締結や教育・訓練等を行うこと	従業者との個人データの非開示契約等の締結及び従業者に対する教育・訓練等を実施し、個人データの安全管理が図られるよう従業者を監督すること	―
列挙された項目の性質	義務的	義務的	義務的
講じなければならないとされている項目	個人情報取扱事業者は、法第20条に基づく安全管理措置を遵守させるよう、従業者に対し必要かつ適切な監督をしなければならない（個人情報保護法21条関連として規定）。	次に掲げる体制整備等により、従業者に対し必要かつ適切な監督を行わなければならない（個人情報保護法21条関連として規定）。 • 従業者が、在職中及びその職を退いた後において、その業務に関して知り得た個人データを第三者に知らせ、または利用目的外に使用しないことを内容とする契約等を採用時等に締結すること。 • 個人データの適正な取扱いのための取扱規程の策定を通じた従業者の役割・責任の明確化及従業者への安全管理義務の周知徹底、教育及び訓練を行うこと。 • 従業者による個人データの持出し等を防ぐため、社内での安全管理措置に定めた事項の遵守状況等の確認及び従業者における個人デー	a. 事務取扱担当者の監督

305

		タの保護に対する点検及び監査制度を整備すること。	
	従業者に対する内部規程等の周知・教育・訓練の実施	従業者への安全管理措置の周知徹底、教育及び訓練	b. 事務取扱担当者の教育
	雇用契約時における従業者との非開示契約の締結、及委託契約等（派遣契約を含む。）における委託元と委託先間での非開示契約の締結	従業者との個人データの非開示契約等の締結	―
	（組織的安全管理措置の「個人データの安全管理措置を講じるための組織体制の整備」の1つとして規定）	従業者の役割・責任等の明確化	（組織的安全管理措置の「a. 組織体制の整備」の1つとして規定）
	（組織的安全管理措置の「個人データの安全管理措置の評価、見直し及び改善」の一環）	従業者による個人データ管理手続きの遵守状況の確認	（組織的安全管理措置の「e. 取扱状況の把握及び安全管理措置の見直し」の1つとして規定）

※　個人情報取扱事業者の組織内にあって直接間接に事業者の指揮監督を受けて事業者の業務に従事している者をいい、雇用関係にある従業員（正社員、契約社員、嘱託社員、パート社員、アルバイト社員等）のみならず、取締役、執行役、理事、監査役、監事、派遣社員等も含まれる。

2 中小規模事業者における対応方法

　人的安全管理措置については、中小規模事業者の緩和措置はなく、他の企業・団体と同様の措置を講じることが求められている。

[5] 物理的安全管理措置

1 安全管理措置の内容（本則）

番号法ガイドラインでは、特定個人情報等の適正な取扱いのため、物理的安全管理措置として図表3-27に掲げる措置を講じなければならないとされている。

近時の個人情報の漏えい事案では、後述の技術的安全管理措置、とりわけアクセス制御を行っていたにもかかわらず、アクセス権を持った従業員等が故意に情報を持ち出すケースが多い。

図表3-27　物理的安全管理措置（義務的）

項目	内容
a. 特定個人情報等を取り扱う区域の管理	特定個人情報等の情報漏えい等を防止するために、特定個人情報ファイルを取り扱う情報システムを管理する区域（以下「管理区域」という）及び特定個人情報等を取り扱う事務を実施する区域（以下「取扱区域」という）を明確にし、物理的な安全管理措置を講ずる
b. 機器及び電子媒体等の盗難等の防止	管理区域及び取扱区域における特定個人情報等を取り扱う機器、電子媒体及び書類等の盗難または紛失等を防止するために、物理的な安全管理措置を講ずる
c. 電子媒体等を持ち出す場合の漏えい等の防止	特定個人情報等が記録された電子媒体または書類等を持ち出す場合、容易に個人番号が判明しない措置の実施、追跡可能な移送手段の利用等、安全な方策を講ずる
d. 個人番号の削除、機器及び電子媒体等の廃棄	・個人番号関係事務または個人番号利用事務を行う必要がなくなった場合で、所管法令等において定められている保存期間等を経過した場合には、個人番号をできるだけ速やかに復元できない手段で削除または廃棄する ・個人番号もしくは特定個人情報ファイルを削除した場合、または電子媒体等を廃棄した場合には、削除または廃棄した記録を保存する。また、これらの作業を委託する場合には、委託先が確実に削除または廃棄したことについて、証明書等により確認する。

第3章 情報管理に関する実務対応

したがって、物理的安全管理措置は、アクセス権を持った従業員等からの情報漏えいを阻止するための手法として重要度が高いと考えられる。

物理的安全管理措置として講じなければならない事項は、経産省ガイドライン及び金融庁ガイドライン（金融庁実務指針）が定める物理的安全管理措置・技術的安全管理措置と一部異なっているから注意が必要である（**図表3-28**）。

図表3-28　経産省ガイドライン、金融庁ガイドライン（金融庁実務指針）、番号法ガイドラインにおける物理的安全管理措置（技術的安全管理措置）

	経産省ガイドライン	金融庁ガイドライン （金融庁実務指針）	番号法 ガイドライン
「物理的安全管理措置」の定義	入退館（室）の管理、個人データの盗難の防止等の措置	（「物理的安全管理措置」という分類はなく、他の管理措置の一部として規定）	―
列挙された項目の性質	義務的	義務的	義務的
講じなければならないとされている項目	入退館（室）管理の実施	「個人データを取り扱う保管媒体の設置場所の指定及び変更等」（2-1-2③）に基づいてアクセス管理区域を定める	a. 特定個人情報等を取り扱う区域の管理
	盗難等の防止	機器・記録媒体等の管理手続き（利用・加工段階における取扱規程に関する組織的安全管理措置の1つとして規定）（6-2-1⑥）	b. 機器及び電子媒体等の盗難等の防止
	•移送・送信に関する規程（組織的安全管理措置の1つとして規定（「望まれる」））（2-2-3-2） •個人データの移送・送信時の対策（技術的安全管理措	個人データの管理区域外への持ち出しに関する上乗せ措置（※）（利用・加工段階における取扱規程に関する組織的安全管理措置の1つ	c. 電子媒体等を持ち出す場合の漏えい等の防止

308

	置の1つとして規定（「義務的」））（2-2-3-2）	として規定）	
	消去・廃棄に関する規程（組織手安全管理措置の1つとして規定（「望まれる」））（2-2-3-2）	消去・廃棄段階における取扱規程（6-5）	d. 個人番号の削除、機器及び電子媒体等の廃棄
	機器・装置等の物理的な保護（例：個人データを取り扱う機器・装置等の、安全管理上の脅威（例えば、盗難、破壊、破損）や環境上の脅威（例えば、漏水、火災、停電）からの物理的な保護）	—	—

※　「個人データの管理区域外への持ち出しに関する上乗せ措置」には、次に掲げる事項を含まなければならないとされている（金融庁実務指針6-2-1-1）。
　① 個人データの管理区域外への持ち出しに関する取扱者の役割・責任
　② 個人データの管理区域外への持ち出しに関する取扱者の必要最小限の限定
　③ 個人データの管理区域外への持ち出しの対象となる個人データの必要最小限の限定
　④ 個人データの管理区域外への持ち出し時の照合及び確認手続き
　⑤ 個人データの管理区域外への持ち出しに関する申請及び承認手続き
　⑥ 機器・記録媒体等の管理手続き
　⑦ 個人データの管理区域外への持ち出し状況の記録及び分析

以下、図表3-27 a〜dの各項目について詳述する。

a. 特定個人情報等を取り扱う区域の管理

　特定個人情報ファイルを取り扱う情報システムを管理する区域のことを「管理区域」という。また、特定個人情報等を取り扱う事務を実施する区域のことを「取扱区域」という。

　例えば、特定個人情報ファイルが保存されたサーバの設置場所が管理区域であり、源泉徴収票作成事務を行っている経理課のオフィスが取扱区域ということになる。この両者を明確に区分して安全管理措置を講じるのが番号法ガイドラインの特徴である。

番号法ガイドラインでは、特定個人情報の情報漏えい等を防止するため、管理区域及び取扱区域を明確にし、物理的安全管理措置を講ずるものとされており、特定個人情報等を取り扱う区域の管理の手法として以下が例示列挙されている（図表3-29）。

＜管理区域の管理＞
- 管理区域に関する物理的安全管理措置としては、入退室管理及び管理区域へ持ち込む機器等の制限等が考えられる。
- 入退室管理方法としては、ICカード、ナンバーキー等による入退室管理システムの設置等が考えられる。

＜取扱区域の管理＞
- 取扱区域に関する物理的安全管理措置としては、壁または間仕切り等の設置及び座席配置の工夫等が考えられる。

図表3-29　各ガイドラインにおける区域の管理に関する記載

経産省ガイドライン	金融庁ガイドライン（金融庁実務指針）	番号法ガイドライン
例　示	義務的	例　示
＜情報システム等＞ ・入退館（室）の記録 ・個人データを取り扱う情報システム等の、入退館（室）管理を実施している物理的に保護された室内等への設置	「個人データを取り扱う保管媒体の設置場所の指定及び変更等」（2-1-2③）に基づいてアクセス管理区域を定める	＜管理区域＞ ・入退室管理及び管理区域へ持ち込む機器等の制限等が考えられる。 ・入退室管理方法としては、ICカード、ナンバーキー等による入退室管理システムの設置等が考えられる
＜業務＞ ・入退館（室）の記録 ・個人データを取り扱う業務の、入退館（室）管理を実施している物理的に保護された室内での実施	―	＜取扱区域＞ ・壁または間仕切り等の設置及び座席配置の工夫等が考えられる。

このように、番号法ガイドラインにおいては、ICカードやナンバーキー等による入退室管理は管理区域に設けるべきものとして例示されており、取扱区域については入退室管理は例示されていない。これに対し、経産省ガイドラインでは、情報システム等が設置された場所（番号法ガイドラインでは「管理区域」に相当する場所）のみならず、個人データを取り扱う業務を実施する場所（番号法ガイドラインでは「取扱区域」に相当する場所）においても、入退館（室）管理を行うことが義務的であるとされている（図表3-28）という違いがある。

番号法ガイドラインでは、「取扱区域」については壁または間仕切り等の設置及び座席配置の工夫等が考えられるとされているが、ここでいう座席配置とは、事務取扱担当者以外の者の往来が少ない場所や、後ろからのぞき見される可能性が低い場所に座席配置するなどの工夫等が考えられるとされている（Q&A「Q15-1」）。

これをあわせて考えると、例えば、オフィス全体について入退館（室）管理をしつつ（経産省ガイドライン）、「管理区域」にはICカードやナンバーキー等による入退室管理を、「取扱区域」においては座席配置の工夫等をそれぞれ行う（番号法ガイドライン）ことが典型的な管理方法として考えられる。

b. 機器及び電子媒体等の盗難等の防止

特定個人情報等を取り扱う機器、電子媒体及び書類等は、上記a.で定めた管理区域または取扱区域に存在することになるが、それら機器、電子媒体及び書類等の盗難または紛失等を防止するための物理的安全管理措置を講じる必要がある。

番号法ガイドラインは、機器及び電子媒体等の盗難等の防止の手法として、以下を例示列挙している（図表3-30）。

- 特定個人情報等を取り扱う機器、電子媒体または書類等を、施錠できるキャビネット・書庫等に保管する。
- 特定個人情報ファイルを取り扱う情報システムが機器のみで運用されている場合は、セキュリティワイヤー等により固定すること等が考えられる。

図表3-30　各ガイドラインにおける盗難等の防止等に関する記載

経産省ガイドライン 例　示	番号法ガイドライン 例　示
・個人データを含む媒体の施錠保管	機器、電子媒体または書類等を、施錠できるキャビネット・書庫等に保管する
―	特定個人情報ファイルを取り扱う情報システムが機器のみで運用されている場合は、セキュリティワイヤー等により固定する
・個人データを記した書類、媒体、携帯可能なコンピュータ等の机上及び車内等への放置の禁止	―
・離席時のパスワード付きスクリーンセイバ等の起動によるのぞき見等の防止	―
・氏名、住所、メールアドレス等を記載した個人データとそれ以外の個人データの分離保管	―
・個人データを取り扱う情報システムの操作マニュアルの机上等への放置の禁止	―
・入退館（室）の際における業務上許可を得ていない記録機能を持つ媒体及び機器の持ち込み及び持ち出しの禁止と検査の実施	（管理区域への管理として例示）
・カメラによる撮影や作業への立ち会い等による記録またはモニタリングの実施	―

c. 電子媒体等を持ち出す場合の漏えい等の防止

特定個人情報等が記録された機器、電子媒体または書類等を持ち出す場合、容易に個人番号が判明しない措置を実施し、追跡可能な移送手段の利用等、安全な方策を講じなければならない。

「持出し」とは、特定個人情報等を、管理区域または取扱区域の外へ移動させることをいい、管理区域または取扱区域の外へ持ち出す場合であれば、企業・団体内部での移動であっても「持出し」にあたる。

個人番号は行政手続で利用されるものであるから、特定個人情報（例えば、個人番号を記載した社会保険関係または税務関係の書類もしくは光ディスク等）を、行政機関に提出したり本人に提供したりするために、管理区域または取扱区域の外へ持ち出すことは本来的に予定されている。そのため、電子媒体等を持ち出す場合の漏えい等の防止を明示的に規定したものと考えられる。

(注) 電子媒体等を持ち出す際の漏えい等の防止については、経産省ガイドラインでは移送・送信に関する規程（2-2-3-2）として記載され、他方、金融庁実務指針には「個人データの管理区域外への持ち出しに関する上乗せ措置」（6-2-1-1）として規定されている（図表3-28）。

番号法ガイドラインは、電子媒体等を持ち出す場合の漏えい等の防止の手法として、以下を例示列挙している。

- 特定個人情報等が記録された電子媒体を安全に持ち出す方法としては、持出しデータの暗号化、パスワードによる保護、施錠できる搬送容器の使用等が考えられる。ただし、行政機関等に法定調書等をデータで提出するにあたっては、行政機関等が指定する提出方法に従う。
- 特定個人情報等が記載された書類等を安全に持ち出す方法としては、封緘、目隠しシールの貼付を行うこと等が考えられる。

d. 個人番号の削除、機器及び電子媒体等の廃棄

個人番号利用事務等を行う必要がなくなり、所管法令等において定められている保存期間等を経過した場合には、個人番号をできるだけすみやかに削除または廃棄しなければならないことは第1章第4節 3 [4]（67頁）で述べたとおりである。番号法ガイドラインは、この削除または廃棄を物理的安全管理措置の1つと位置づけている。

具体的には、個人番号利用事務等を行う必要がなくなった場合で、所管法令等において定められている保存期間等を経過した場合には、個人番号を「できるだけ速かに復元できない手段で削除又は廃棄する」ことが必要であるとされている。

「できるだけ速やかに復元できない手段で削除又は廃棄」する手法として、番号法ガイドラインは以下を例示列挙している。

- 特定個人情報等が記載された書類等を廃棄する場合、焼却または溶解等（※）の復元不可能な手段を採用する。
- 特定個人情報等が記録された機器及び電子媒体等を廃棄する場合、専用のデータ削除ソフトウェアの利用または物理的な破壊等により、復元不可能な手段を採用する。
- 特定個人情報ファイル中の個人番号または一部の特定個人情報等を削除する場合、容易に復元できない手段を採用する。
- 特定個人情報等を取り扱う情報システムにおいては、保存期間経過後における個人番号の削除を前提とした情報システムを構築する。
- 個人番号が記載された書類等については、保存期間経過後における廃棄を前提とした手続を定める。

※ 焼却または溶解以外の手段としては、例えば、復元不可能な程度に細断可能なシュレッダーの利用または個人番号部分を復元できない程度にマスキングすること等が考えられるとされている（Q&A「Q15-3」）。

以上は手法の例示にすぎないから、これらの手法を必ず採用しなければならないわけではないが、「復元できない手段で」削除または廃棄することは義務であることに留意が必要である。

したがって、例えば、データベースから個人番号を削除する場合に、データそのものは削除せずに「削除フラグ」を立てるなどして閲覧できなくすることでは足りず、データそのものを物理削除することが求められる。

ただし、機器もしくは電子媒体等を「廃棄」する場合とデータを「削除」する場合とでは、上記の例示には若干のニュアンスの違いがある（図表3-31）。

第1節 特定個人情報の保管ルール

図表3-31 機器及び電子媒体等の廃棄、データの削除の手段

削除・廃棄の対象	手段（例示）
特定個人情報等が記録された機器及び電子媒体等を廃棄する場合	専用のデータ削除ソフトウェアの利用または物理的な破壊等により、復元不可能な手段を採用する
特定個人情報ファイル中の個人番号または一部の特定個人情報等を削除する場合	容易に復元できない手段を採用する

　このように、機器または電子媒体等を「廃棄」する場合には、専用のデータ削除ソフトウェアの利用または物理的な破壊等といった「復元不可能」な手法があげられているのに対し、特定個人情報ファイルの中の特定個人情報等を「削除」する場合には、「容易に復元できない」手段でよいとされているのである。
　そして、この「容易に復元できない」手段について、特定個人情報保護委員会は、「データ復元用の専用ソフトウェア、プログラム、装置等を用いなければ復元できない場合には、容易に復元できない方法と考えられます」としている（Q&A「Q15-2」）。
　したがって、データベースの中で特定のデータを削除するようなケースでは、前述のとおり「削除フラグ」を立てるだけでは足りないが、データを物理削除（データ復元用の専用ソフトウェアを用いれば復元は可能）すればよく、復元用の専用ソフトウェアを用いても復元できないようにデータの保存領域にダミーデータを上書きするようなことまでは必要ないと解されるのである（**図表3-32～34**）。

　(注) なお、個人データについては、取扱規程等に記載することが「望ましい」消去方法として「意味のないデータを媒体に1回又は複数回上書きする」ことを例としてあげている（経産省ガイドライン2-2-3-2）。

　また、番号法ガイドラインでは、「d. 個人番号の削除、機器及び電子媒体等の廃棄」の一環として、個人番号もしくは特定個人情報ファイルを削除した場合、または電子媒体等を廃棄した場合には、削除または廃棄した記録を保存すること、及び、これらの作業を委託する場合には、委託先が確実に削除また

図表3-32　データ削除のレベルの違い

対象 ＼ 例	復元できる手段	復元できない手段	
		容易に復元できない手段	復元不可能な手段
	データそのものは削除せず、「削除フラグ」を立てるなどして閲覧できなくする	データそのものを物理削除する	データの保存領域にダミーデータを上書きするなどして、復元不可能にする
特定個人情報等が記録された機器及び電子媒体等を「廃棄」する場合	×	×	○
特定個人情報ファイル中の個人番号または一部の特定個人情報等を「削除」する場合	×	○	○

図表3-33　電子データで保管している源泉徴収票等（控）の保管期間が経過した際、当該書類に係る電子データを廃棄・消去しているか（正規雇用労働者情報について）

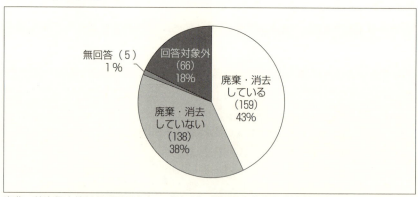

出典：特定個人情報保護委員会ウェブサイト「第25回 特定個人情報保護委員会：資料4 アンケート集計結果」(http://www.ppc.go.jp/files/pdf/260805siryo4.pdf) を加工して作成

図表3-34　紙で保管している源泉徴収票等（控）の保管期間が経過した際、当該書類を廃棄・溶解等しているか（正規雇用労働者情報ついて）

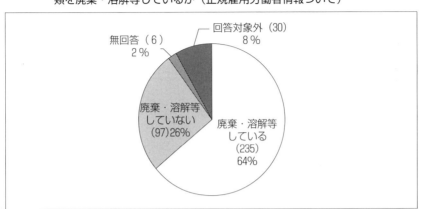

出典：特定個人情報保護委員会ウェブサイト「第25回 特定個人情報保護委員会：資料4　アンケート集計結果」（http://www.ppc.go.jp/files/pdf/260805siryo4.pdf）を加工して作成

は廃棄したことについて、証明書等により確認することが必要であるとされている。

　前記［3］①b（290頁）で述べた組織的安全管理措置においては、システムログまたは利用実績を記録することは義務であるとされているものの、特定個人情報ファイルの削除・廃棄記録、及び削除・廃棄を委託した場合のこれを証明する記録等は、そこで記録する項目の「例示」としてあげられているにすぎなかった。しかしながら、物理的安全管理措置としては、削除または廃棄した記録を保存すること等が義務であるとされているのである。

　したがって、削除・廃棄した場合には、それをシステムログまたは利用実績として記録することまでは義務ではないものの、何らかの形（台帳等）で記録することは義務であり、削除・廃棄を委託した場合には、それを証明する記録をシステムログまたは利用実績として残しておくことは義務ではないものの、委託先が確実に削除・廃棄したことを証明書等により確認することは義務であることになる（**図表3-35**）。

　以上の物理的安全管理措置を、簡単な図にしたものが**図表3-36**である。

図表3-35　削除・廃棄の記録についての組織的安全管理措置と物理的安全管理措置の相関関係

	義務的	任意
削除・廃棄した場合	削除または廃棄した記録を台帳等により保存すること （物理的安全管理措置）	削除・廃棄記録をシステムログまたは利用実績として残すこと （組織的安全管理措置）
削除・廃棄を委託した場合	委託先が確実に削除または廃棄したことについて、証明書等により確認すること （物理的安全管理措置）	削除・廃棄を証明する記録をシステムログまたは利用実績として残すこと （組織的安全管理措置）

図表3-36　番号法ガイドラインに基づく物理的安全管理措置

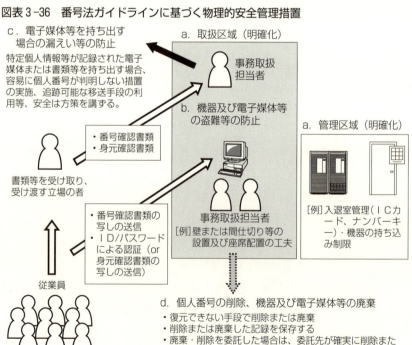

2 中小規模事業者における対応方法

　以上の物理的安全管理措置のうち、「c．電子媒体等を持ち出す場合の漏えい等の防止」、及び「d．個人番号の削除、機器及び電子媒体等の廃棄」については中小規模事業者に軽減措置がある（※）。特に、「d．個人番号の削除、機器及び電子媒体等の廃棄」については、特定個人情報等を削除・廃棄したことを責任ある立場の者が確認すれば足り、削除または廃棄した記録を保存することまで求められていない点が大きく異なっている（図表3-37）。

図表3-37　物理的安全管理措置に関する中小規模事業者の対応方法

安全管理措置の内容（本則）	中小規模事業者における対応方法
【物理的安全管理措置】 事業者は、特定個人情報等の適正な取扱いのために、次に掲げる物理的安全管理措置を講じなければならない。	
a．特定個人情報等を取り扱う区域の管理 管理区域及び取扱区域を明確にし、物理的な安全管理措置を講ずる。	同左
b．機器及び電子媒体等の盗難等の防止 管理区域及び取扱区域における特定個人情報等を取り扱う機器、電子媒体及び書類等の盗難または紛失等を防止するために、物理的な安全管理措置を講ずる。	同左
c．電子媒体等を持ち出す場合の漏えい等の防止 特定個人情報等が記録された電子媒体または書類等を持ち出す場合、容易に個人番号が判明しない措置の実施、追跡可能な移送手段の利用等、安全な方策を講ずる。「持出し」とは、特定個人情報等を、管理区域または取扱区域の外へ移動させることをいい、事業所内での移動等であっても、紛失・盗難等に留意する必要がある。	・特定個人情報等が記録された電子媒体または書類等を持ち出す場合、パスワードの設定、封筒に封入し鞄に入れて搬送する等、紛失・盗難等を防ぐための安全な方策を講ずる。
d．個人番号の削除、機器及び電子媒体等の廃棄 個人番号もしくは特定個人情報ファイルを削除した場合、または電子媒体等を廃棄した場合には、削除または廃棄した記録を保存する。また、これらの作業を委託する場合には、委託先が確実に削除または廃棄したことについて、証明書等により確認する。	・特定個人情報等を削除・廃棄したことを、責任ある立場の者が確認する。

※ 「a. 特定個人情報等を取り扱う区域の管理」、及び「b. 機器及び電子媒体等の盗難等の防止」については、中小規模事業者においても軽減措置がとられていない。

［6］技術的安全管理措置

1 安全管理措置の内容（本則）

番号法ガイドラインでは、特定個人情報等の適正な取扱いのため、技術的安全管理措置として**図表3-38**に記載の措置を講じなければならないとされている。

図表3-38　技術的安全管理措置（義務的）

項　目	内　　容
a. アクセス制御	情報システムを使用して個人番号関係事務または個人番号利用事務を行う場合、事務取扱担当者及び当該事務で取り扱う特定個人情報ファイルの範囲を限定するために、適切なアクセス制御を行う（図表3-39）。
b. アクセス者の識別と認証	特定個人情報等を取り扱う情報システムは、事務取扱担当者が正当なアクセス権を有する者であることを、識別した結果に基づき認証する（図表3-40）。
c. 外部からの不正アクセス等の防止	情報システムを外部からの不正アクセスまたは不正ソフトウェアから保護する仕組みを導入し、適切に運用する。
d. 情報漏えい等の防止	特定個人情報等をインターネット等により外部に送信する場合、通信経路における情報漏えい等を防止するための措置を講ずる。

図表3-39　個人情報についてアクセス制御を行っているか（正規雇用労働者情報の電子データについて）

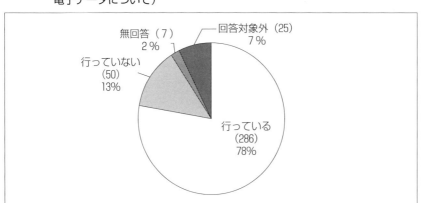

出典：特定個人情報保護委員会ウェブサイト「第25回 特定個人情報保護委員会：資料4 アンケート集計結果」(http://www.ppc.go.jp/files/pdf/260805siryo4.pdf)を加工して作成

図表3-40　技術的安全管理措置として個人データ利用者の識別と認証を講じている企業の割合

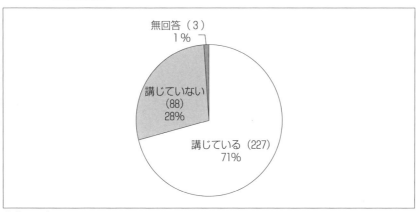

出典：同上

　技術的安全管理措置として講じなければならない事項は、経産省ガイドライン及び金融庁ガイドライン（金融庁実務指針）が定める技術的安全管理措置とおおむね同じである（図表3-41）。

図表3-41　経産省ガイドライン、金融庁ガイドライン（金融庁実務指針）、番号法ガイドラインにおける技術的安全管理措置

	経産省ガイドライン	金融庁ガイドライン（金融庁実務指針）	番号法ガイドライン
「技術的安全管理措置」の定義	個人データ及びそれを取り扱う情報システムへのアクセス制御、不正ソフトウェア対策、情報システムの監視等、個人データに対する技術的な安全管理措置	個人データ及びそれを取り扱う情報システムへのアクセス制御及び情報システムの監視等の、個人データの安全管理に関する技術的な措置	―
列挙された項目の性質	義務的	義務的	義務的
講じなければならないとされている項目	・個人データへのアクセス制御 ・個人データへのアクセス権限の管理	・個人データの管理区分の設定及びアクセス制御 ・個人データへのアクセス権限の管理	a. アクセス制御
	・個人データへのアクセスにおける識別と認証	・個人データの利用者の識別及び認証	b. アクセス者の識別と認証
	・個人データを取り扱う情報システムについての不正ソフトウェア対策	・外部からの不正アクセスの防止措置	c. 外部からの不正アクセス等の防止
	・個人データの移送・送信時の対策	・個人データの漏えい・き損等防止策	d. 情報漏えい等の防止
	・個人データのアクセスの記録	・個人データへのアクセスの記録及び分析	（組織的安全管理措置の「b. 取扱規程等に基づく運用」として規定）
	・個人データを取り扱う情報システムの動作確認時の対策（※）	―	―
	・個人データを取り扱う情報システムの監視	・個人データを取り扱う情報システムの稼働状況の記録及び分析 ・個人データを取り扱う情報システムの監視及び監査	（組織的安全管理措置の「e. 取扱状況の把握及び安全管理措置の見直し」として規定）

※　「個人データを取り扱う情報システムの動作確認時の対策」とは、例えば、情報システムの動作確認時のテストデータとして個人データを利用することの禁止や、情報システムの変更時に、それらの変更によって情報システムまたは運用環境のセキュリティが損なわれないことの検証を指す。

以下、図表3-38 a〜dの各項目について詳述する。

a. アクセス制御

情報システムを使用して個人番号利用事務等を行う場合、事務取扱担当者及び当該事務で取り扱う特定個人情報ファイルの範囲を限定するために、適切なアクセス制御を行わなければならない（図表3-42）。

番号法ガイドラインは、アクセス制御を行う方法として、以下を例示列挙している。

- 個人番号と紐付けてアクセスできる情報の範囲をアクセス制御により限定する。
- 特定個人情報ファイルを取り扱う情報システムを、アクセス制御により限定する。
- ユーザIDに付与するアクセス権により、特定個人情報ファイルを取り扱う情報システムを使用できる者を事務取扱担当者に限定する。

図表3-42　各ガイドラインにおけるアクセス制御に関する記載

経産省ガイドライン	金融庁ガイドライン（金融庁実務指針）	番号法ガイドライン
例　示	義務的	例　示
・アクセス権限を有する者に付与する権限の最小化	・従業者の役割・責任に応じた管理区分及びアクセス権限の設定 ・従業者に付与するアクセス権限を必要最小限に限定すること	・個人番号と紐付けてアクセスできる情報の範囲をアクセス制御により限定する
・個人データを取り扱う情報システムへの必要最小限のアクセス制御の実施	—	・特定個人情報ファイルを取り扱う情報システムを、アクセス制御により限定する
・個人データへのアクセス権限を付与すべき者の最小化	・事業者内部における権限外者に対するアクセス制	・ユーザIDに付与するアクセス権により、特

・識別に基づいたアクセス制御の実施 ・個人データを格納した情報システムへの同時利用者数の制限 ・個人データを格納した情報システムの利用時間の制限（例えば、休業日や業務時間外等の時間帯には情報システムにアクセスできないようにする等） ・個人データにアクセス可能なアプリケーションの無権限利用の防止 ・個人データを取り扱う情報システムに導入したアクセス制御機能の有効性の検証 ・個人データにアクセスできる者を許可する権限管理の適切かつ定期的な実施	御 ・従業者に対する個人データへのアクセス権限の適切な付与及び見直し ・個人データへのアクセス権限を付与する従業者数を必要最小限に限定すること	定個人情報ファイルを取り扱う情報システムを使用できる者を事務取扱担当者に限定する
・個人データを格納した情報システムへの無権限アクセスからの保護（例えば、ファイアウォール、ルータ等の設定）（※）	・外部からの不正アクセスの防止措置	（「c．外部からの不正アクセス等の防止」として規定）

※　2014年12月12日の経産省ガイドラインの改正により、「個人データを格納するためのデータベースを構成要素に含む情報システムを構築する場合には、当該情報システム自体へのアクセス制御に加えて、情報システムの構成要素であるデータベースへのアクセス制御を別に実施し、それぞれにアクセス権限を設定することが望ましい」、「アクセス権限の設定を情報システム全体と別に実施する場合にあっては、無権限アクセスからの保護に係る機器等の設定として、特に不要アカウントの無効化や初期設定されている標準アカウントのパスワード変更を実施することが望ましい」との記載が加筆されている。

b．アクセス者の識別と認証

　特定個人情報等を取り扱う情報システムは、事務取扱担当者が正当なアクセス権を有する者であることを、識別した結果に基づき認証するものである必要がある。

第1節　特定個人情報の保管ルール

　番号法ガイドラインは、識別と認証の手法として、以下を例示している（図表3-43）。
- 事務取扱担当者の識別方法としては、ユーザID、パスワード、磁気・ICカード等が考えられる。

図表3-43　各ガイドラインにおけるアクセス者の識別と認証に関する記載

経産省ガイドライン	金融庁ガイドライン （金融庁実務指針）	番号法 ガイドライン
例　示	義務的	例　示
・個人データに対する正当なアクセスであることを確認するために正当なアクセス権限を有する者であることの識別と認証（例えば、IDとパスワードによる認証、ワンタイムパスワードによる認証、物理的に所持が必要な認証デバイス（ICカード等）による認証、生体認証等）の実施 （注1）識別と認証においては、複数の手法を組み合わせて実現することが望ましい （注2）IDとパスワードを利用する場合には、パスワードの有効期限の設定、同一または類似パスワードの再利用の制限、最低パスワード文字数の設定、一定回数以上ログインに失敗したIDを停止する等の措置を講じることが望ましい （注3）生体認証を利用する場合には、当該識別と認証の方法を実施するために必要な情報（例えば、指紋、静脈）が、特定の個人を識別することができることから、個人情報に該当する場合があることに留意する ・個人データへのアクセス権限を有する者が使用できる端末またはアドレス等の識別と認証（例えば、MACアドレス認証、IPアドレス認証、電子証明書等）の実施	・本人確認機能の整備 ・本人確認に関する情報の不正使用防止機能の整備 ・本人確認に関する情報が他人に知られないための対策	・事務取扱担当者の識別方法としては、ユーザID、パスワード、磁気・ICカード等が考えられる

325

c. 外部からの不正アクセス等の防止

情報システムを外部からの不正アクセスまたは不正ソフトウェアから保護する仕組みを導入し、適切に運用しなければならない。

そのための手法として、以下が例示されている（図表3-44）。

- 情報システムと外部ネットワークとの接続箇所に、ファイアウォール等を設置し、不正アクセスを遮断する。
- 情報システム及び機器にセキュリティ対策ソフトウェア等（ウイルス対策ソフトウェア等）を導入する。
- 導入したセキュリティ対策ソフトウェア等により、入出力データにおける不正ソフトウェアの有無を確認する。
- 機器やソフトウェア等に標準装備されている自動更新機能等の活用により、ソフトウェア等を最新状態とする。
- ログ等の分析を定期的に行い、不正アクセス等を検知する。

図表3-44　各ガイドラインにおける外部からの不正アクセスの防止に関する記載

経産省ガイドライン	金融庁ガイドライン（金融庁実務指針）	番号法ガイドライン
例　示	義務的	例　示
（「個人データへのアクセス制御」（図表3-42）として規定）	・アクセス可能な通信経路の限定 ・外部ネットワークからの不正侵入防止機能の整備 ・ネットワークによるアクセス制御機能の整備	・情報システムと外部ネットワークとの接続箇所に、ファイアウォール等を設置し、不正アクセスを遮断する
・ウイルス対策ソフトウェアの導入及び当該ソフトウェアの有効性・安定性の確認（例えば、パターンファイルや修正ソフトウェアの更新の確認） ・端末及びサーバ等のオペレーティ	・コンピュータウイルス等不正プログラムへの防御対策（「個人データの漏えい・き損等防止策」の1つとして規定）	・情報システム及び機器にセキュリティ対策ソフトウェア等（ウイルス対策ソフトウェア等）を導入する ・機器やソフトウェア等

ングシステム（OS）、ミドルウェア（DBMS等）、アプリケーション等に対するセキュリティ対策用修正ソフトウェア（いわゆる、セキュリティパッチ）の適用		に標準装備されている自動更新機能等の活用により、ソフトウェア等を最新状態とする
・個人データへのアクセスや操作の成功と失敗の記録及び不正が疑われる異常な記録の存否の定期的な確認（「個人データのアクセスの記録」の1つとして規定） ・個人データを取り扱う情報システムへの外部からのアクセス状況の監視（例えば、IDS・IPS等）（「個人データを取り扱う情報システムの監視」の1つとして規定）	・不正アクセスの監視機能の整備	・導入したセキュリティ対策ソフトウェア等により、入出力データにおける不正ソフトウェアの有無を確認する ・ログ等の分析を定期的に行い、不正アクセス等を検知する
・組織で許可していないソフトウェアの導入防止のための対策	―	―

d. 情報漏えい等の防止

特定個人情報等をインターネット等により外部に送信する場合、通信経路における情報漏えい等を防止するための措置をとる必要がある。

その手法として、番号法ガイドラインは以下を例示列挙している（図表3-45）。

- 通信経路における情報漏えい等の防止策としては、通信経路の暗号化等が考えられる。
- 情報システム内に保存されている特定個人情報等の情報漏えい等の防止策としては、データの暗号化またはパスワードによる保護等が考えられる。

図表3-45　各ガイドラインにおける情報漏えい等の防止に関する記載

経産省ガイドライン	金融庁ガイドライン（金融庁実務指針）	番号法ガイドライン
例　示	義務的	例　示
・盗聴される可能性のあるネットワーク（例えば、インターネットや無線LAN等）による個人データの送信（例えば、本人及び従業者による入力やアクセス、メールに添付してファイルを送信する等を含むデータの転送等）時における、個人データの暗号化等の秘匿化（例えば、SSL、S/MIME等）	・伝送データの漏えい防止策	・通信経路における情報漏えい等の防止策としては、通信経路の暗号化等が考えられる
・個人データの移送時における紛失・盗難に備えるための対策（例えば、媒体に保管されている個人データの暗号化等の秘匿化）	・蓄積データの漏えい防止策	・情報システム内に保存されている特定個人情報等の情報漏えい等の防止策としては、データの暗号化またはパスワードによる保護等が考えられる
・ウイルス対策ソフトウェアの導入及び当該ソフトウェアの有効性・安定性の確認（例えば、パターンファイルや修正ソフトウェアの更新の確認）（「個人データを取り扱う情報システムについての不正ソフトウェア対策」の1つとして規定）	・コンピュータウイルス等不正プログラムへの防御対策	（「c. 外部からの不正アクセス等の防止」として規定）
－	・障害発生時の技術的対応・復旧手続の整備（不正アクセスの発生に備えた対応・復旧手続の整備、コンピュータウイルス等不正プログラムによる被害時の対策、リカバリ機能の整備）	－

以上のとおり、番号法ガイドラインで義務的に記載されているのは、外部に送信する際の通信経路における情報漏えい等を防止するための措置のみである。

つまり、特定個人情報ファイルについて、社内システム上で保存する際には暗号化等を行うことまで義務ではなく、インターネット等で外部に送信する際にのみ暗号化すれば規定を遵守していることになる。

② 中小規模事業者における対応方法

中小規模事業者は、「a. アクセス制御」及び「b. アクセス者の識別と認証」については、いずれも実施することが「望ましい」として、義務的ではないとされている。

「望ましい」とされる内容としても、a. 事務取扱担当者及び特定個人情報ファイルの範囲を限定するためにアクセス制御をしたり、b. 情報システムが事務取扱担当者が正当なアクセス権を有する者であることを識別した結果に基づいて認証することまでは必要なく、特定個人情報等を取り扱う機器を特定し、その機器を取り扱う事務取扱担当者を限定すること、及び機器に標準装備されているユーザ制御機能（ユーザアカウント制御）により、情報システムを取り扱う事務取扱担当者を限定することが望ましいとされているのみである。

他方、外部との関係で必要な対策である「c. 外部からの不正アクセス等の防止」及び「d. 情報漏えい等の防止」については、軽減措置は設けられていない（図表3-46）。

図表3-46 技術的安全管理措置に関する中小規模事業者の対応方法

安全管理措置の内容（本則）	中小規模事業者における対応方法
【技術的安全管理措置】 事業者は、特定個人情報等の適正な取扱いのために、次に掲げる技術的安全管理措置を講じなければならない。	
a．アクセス制御 情報システムを使用して個人番号関係事務または個人番号利用事務を行う場合、事務取扱担当者及び当該事務で取り扱う特定個人情報ファイルの範囲を限定するために、適切なアクセス制御を行う。	・特定個人情報等を取り扱う機器を特定し、その機器を取り扱う事務取扱担当者を限定することが望ましい。 ・機器に標準装備されているユーザ制御機能（ユーザアカウント制御）により、情報システムを取り扱う事務取扱担当者を限定することが望ましい。
b．アクセス者の識別と認証 特定個人情報等を取り扱う情報システムは、事務取扱担当者が正当なアクセス権を有する者であることを、識別した結果に基づき認証する。	・特定個人情報等を取り扱う機器を特定し、その機器を取り扱う事務取扱担当者を限定することが望ましい。 ・機器に標準装備されているユーザ制御機能（ユーザアカウント制御）により、情報システムを取り扱う事務取扱担当者を限定することが望ましい。
c．外部からの不正アクセス等の防止 情報システムを外部からの不正アクセスまたは不正ソフトウェアから保護する仕組みを導入し、適切に運用する。	同左
d．情報漏えい等の防止 特定個人情報等をインターネット等により外部に送信する場合、通信経路における情報漏えい等を防止するための措置を講ずる。	同左

4 委託の取扱い

第1章第4節 4 ［2］（69頁）で述べたとおり、マイナンバー法の下でも特定個人情報の取扱いを第三者に委託することは可能である。

第1節　特定個人情報の保管ルール

　具体的には、グループ企業内での人事情報の移動（第2章第2節❷［4］(205頁))、会計事務所や社労士事務所等への業務委託、ITサービスの利用、特定個人情報の取扱いを代理店等が行う場合等、特定個人情報の取扱いを委託する場面は多いと考えられる（図表3-47）。

図表3-47　源泉徴収票・法定調書・社会保険関係手続に係る届出書・保険給付等関係書類の作成等事務を外部委託しているか

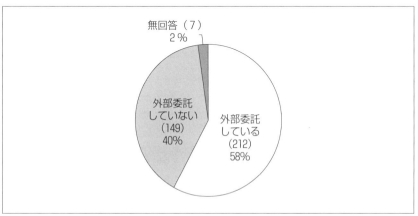

出典：特定個人情報保護委員会ウェブサイト「第25回 特定個人情報保護委員会：資料4 アンケート集計結果」(http://www.ppc.go.jp/files/pdf/260805siryo4.pdf)を加工して作成

　委託については、委託先の安全管理措置等や、委託先に対する監督等が必要とされている。以下、詳述する。

[1]　委託をする場合の実務対応

　特定個人情報の取扱いの委託者は、委託した個人番号利用事務等で取り扱う特定個人情報の安全管理措置が適切に講じられるよう、委託を受けた者に対する必要かつ適切な監督を行うことが義務づけられる（法11条、個人情報保護法22条）（第1章第4節❹［2］(69頁))。

　ここでいう「特定個人情報の安全管理措置が適切に講じられる」とは、「番

号法に基づき委託者自らが果たすべき安全管理措置と同等の措置」を意味する（番号法ガイドライン第4-2-(1)①A）。つまり、委託者は、委託を受けた者において、マイナンバー法に基づき委託者自らが果たすべき安全管理措置と同等の措置が講じられるよう必要かつ適切な監督を行わなければならないのである。

そして、この「必要かつ適切な監督」には、

a. 委託先の適切な選定
b. 委託先に安全管理措置を遵守させるために必要な契約の締結
c. 委託先における特定個人情報の取扱状況の把握

が含まれる（図表3-48）。

以下、上記諸点について詳述する。

図表3-48　委託における安全管理措置の全体像

```
┌─────────────────────────────────────────────────────┐
│ 委託した個人番号関係事務または個人番号利用事務で取り扱う「特定個人情 │
│ 報の安全管理措置が適切に講じられる」よう委託を受けた者に対する「必要 │
│ かつ適切な監督」を行わなければならない（番号法ガイドライン第4-2-(1)）。│
└─────────────────────────────────────────────────────┘
         ▼                              ▼
┌──────────────────────┐   ┌──────────────────────┐
│「特定個人情報の安全管理措置が│   │「必要かつ適切な監督」とは？ │
│ 適切に講じられる」とは？   │   │                      │
└──────────────────────┘   └──────────────────────┘
         ▼                              ▼
┌──────────────────────┐   ┌──────────────────────┐
│ 具体的には、以下のとおり    │   │ 具体的には、以下の3つを行う │
├──────────────────────┤   ├──────────────────────┤
│ マイナンバー法に基づき委託者自ら│   │ a. 委託先の適切な選定      │
│ が果たすべき安全管理措置と同等の│   │ b. 委託先に安全管理措置を遵守さ│
│ 措置が講じられること       │   │    せるために必要な契約の締結 │
│                      │   │ c. 委託先における特定個人情報の│
│                      │   │    取扱状況の把握          │
└──────────────────────┘   └──────────────────────┘
```

第1節　特定個人情報の保管ルール

1　委託先における安全管理措置

　前述のとおり、委託者は、委託先において、マイナンバー法に基づき委託者自らが果たすべき安全管理措置と同等の措置が講じられるよう必要かつ適切な監督を行わなければならないとされている。

　したがって、例えば、金融機関が代理店に特定個人情報の取扱いを委託する際には、代理店においても金融機関が果たすべき高度の安全管理措置を講じなければならない（第2章第6節**5**［3］④（254頁））。また、大企業が企業規模の小さな会計事務所に特定個人情報の取扱いを委託する際にも、会計事務所においては大企業が果たすべき高度の安全管理措置を講じなければならないのである。

　なお、ここで委託先に求められているのは「マイナンバー法に基づき委託者自らが果たすべき安全管理措置」と同等の安全管理措置であって、委託者自らが実際に果たしている安全管理措置と同等のそれではない。

　例えば、委託者がマイナンバー法で義務づけられた安全管理措置を上回るレベルの安全管理措置を講じているときに、委託先において同じレベルの安全管理措置を講じることまでは必要なく、あくまで委託者がマイナンバー法で義務づけられている安全管理措置のレベルの安全管理措置を講じればよい（Q&A「Q3-1」）。

　また、中小規模事業者に対しては安全管理措置に各種の軽減措置がある（前記**3**）が、「委託に基づいて個人番号関係事務または個人番号利用事務を業務として行う事業者」は中小規模事業者にあたらない（前記**3**［2］②（282頁））。

　したがって、委託先の従業員の数が100人以下の事業者であっても、委託先は委託を受ける以上は中小規模事業者にあたらないから、軽減措置の適用はないことになる。

2　委託先に対する必要かつ適切な監督

a．委託先の適切な選定

　まず、委託者は、委託先を選定する際、委託先においてマイナンバー法に基

づき委託者自らが果たすべき安全管理措置と同等の措置が講じられるか否かについて、あらかじめ確認しなければならない（番号法ガイドライン第4-2-(1)①B）。

具体的な確認事項としては、図表3-49に記載の事項があげられている。

図表3-49　委託先に対する確認事項と選定基準

委託先に対する確認事項（例示）	・委託先の設備 ・技術水準 ・従業者（※）に対する監督・教育の状況 ・その他委託先の経営環境　等
選定基準（義務的）	マイナンバー法に基づき委託者自らが果たすべき安全管理措置と同等の措置が講じられているか

※　「従業者」とは、事業者の組織内にあって直接間接に事業者の指揮監督を受けて事業者の業務に従事している者をいう。具体的には、従業員のほか、取締役、監査役、理事、監事、派遣社員等を含む。

委託については、近時の大規模な個人情報の漏えい事案等を踏まえ、個人情報保護との関係で規制を強化する動きがあり、経産省ガイドラインにおいても大きな改正が行われていることから、以下、経産省ガイドライン及び金融庁ガイドラインの記載を詳述する（特定個人情報の安全管理措置としては、番号法ガイドラインのみならず個人情報保護法の各ガイドラインも適用されることは前述のとおりである）。

まず、経産省ガイドラインでは、2014年12月12日の改正で、委託先の選定について大幅な加筆が行われた（図表3-50）。

これらはいずれも「望ましい」とされているにすぎず義務的なものではないが、特定個人情報の取扱いの委託においても、委託する特定個人情報の性質や企業の規模等に応じて委託先に対する確認事項として適宜取り込むことが必要

図表3-50　経産省ガイドラインにおける委託先選定基準（2-2-3-4）

【改正前】
　委託先を適切に選定するためには、委託先において実施される個人データの安全管理措置が、委託する当該業務内容に応じて、少なくとも法20条で求められる安全管理措置と同等であることを、合理的に確認することが望ましい。また、委託先の評価は適宜実施することが望ましい。

【2014年12月12日改正後】
　委託先の選定に当たっては、委託先の安全管理措置が、少なくとも法20条で求められるものと同等であることを確認するため、以下の項目が、委託する業務内容に沿って、確実に実施されることについて、委託先の社内体制、規程等の確認、必要に応じて、実地検査等を行った上で、個人情報保護管理者（CPO）等が、適切に評価することが望ましい。
　（ア）組織的安全管理措置
- 個人データの安全管理措置を講じるための組織体制の整備
- 個人データの安全管理措置を定める規程等の整備と規程等に従った運用
- 個人データの取扱状況を一覧できる手段の整備
- 個人データの安全管理措置の評価、見直し及び改善
- 事故または違反への対処

　（イ）人的安全管理措置
- 雇用契約時における従業者との非開示契約の締結、及び委託契約等（派遣契約を含む。）における委託元と委託先間での非開示契約の締結
- 従業者に対する内部規程等の周知・教育・訓練の実施

　（ウ）物理的安全管理措置
- 入退館（室）管理の実施
- 盗難等の防止
- 機器・装置等の物理的な保護

　（エ）技術的安全管理措置
- 個人データへのアクセスにおける識別と認証
- 個人データへのアクセス制御
- 個人データへのアクセス権限の管理
- 個人データのアクセスの記録
- 個人データを取り扱う情報システムについての不正ソフトウェア対策
- 個人データの移送・送信時の対策
- 個人データを取り扱う情報システムの動作確認時の対策
- 個人データを取り扱う情報システムの監視

であると考えられる。

　また、金融庁ガイドライン（金融庁実務指針）においては、委託先の選定について、**図表3-51**に掲げる事項を委託先選定の基準として定め（※）、当該基準に従って委託先を選定するとともに、当該基準を定期的に見直さなければならないとされている（金融庁実務指針5-1）。

　※　委託先の選定基準を外部委託に係る取扱規程として整備することが義務づけられている（金融庁実務指針1-4）（図表3-51）。

　金融機関においてはすでにこれに従った選定基準を設けていると考えられるから、それを「マイナンバー法に基づき委託者自らが果たすべき安全管理措

図表3-51　金融庁ガイドライン（金融庁実務指針）における委託先選定基準（5-1）

金融分野における個人情報取扱事業者は、個人データの取り扱いを委託する場合には、ガイドライン12条3項①（※）に基づき、次に掲げる事項を委託先選定の基準として定め、当該基準に従って委託先を選定するとともに、当該基準を定期的に見直さなければならない。 　①委託先における個人データの安全管理に係る基本方針・取扱規程等の整備 　・委託先における個人データの安全管理に係る基本方針の整備 　・委託先における個人データの安全管理に係る取扱規程の整備 　・委託先における個人データの取扱状況の点検及び監査に係る規程の整備 　・委託先における外部委託に係る規程の整備 　②委託先における個人データの安全管理に係る実施体制の整備 　・組織的安全管理措置、人的安全管理措置及び技術的安全管理措置に記載された事項を定める 　・委託先から再委託する場合の再委託先の個人データの安全管理に係る実施体制の整備状況に係る基準を定める 　③実績等に基づく委託先の個人データ安全管理上の信用度 　④委託先の経営の健全性

※　「個人データの安全管理のため、委託先における組織体制の整備及び安全管理に係る基本方針・取扱規程の策定等の内容を委託先選定の基準に定め、当該基準に従って委託先を選定するとともに、当該基準を定期的に見直すこと」を行わなければならないとされている。

図表3-52 外部委託の規程等はあるか（図表3-47で「外部委託している」とした企業のみ）

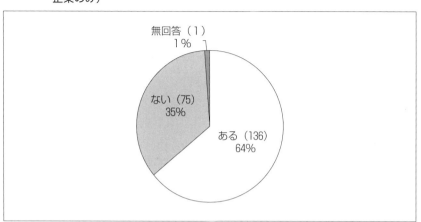

出典：特定個人情報保護委員会ウェブサイト「第25回 特定個人情報保護委員会：資料4 アンケート集計結果」(http://www.ppc.go.jp/files/pdf/260805siryo4.pdf) を加工して作成

と同等の措置が講じられているか」という観点から再確認することになる。

b. 委託先に安全管理措置を遵守させるために必要な契約の締結

委託者は、前記a.に従って委託先を選定した後、図表3-53に記載の内容を盛り込んだ契約を委託先と締結する必要がある。

なお、特定個人情報の廃棄を委託した場合には、証明書等によって確認することが義務づけられている（前記3［5］①d（313頁））。したがって、委託契約終了後に委託先で特定個人情報を廃棄する場合（図表3-53⑥で「廃棄」を合意した場合）には、委託者に対して廃棄を確認できる証明書等を発行するよう定めておく必要がある。

なお、委託契約の内容については、経産省ガイドラインの改正では大きな変更はなく、番号法ガイドラインの方が盛り込むことが義務づけられた事項が多く、厳しいものになっているといえる（図表3-54）。

図表3-53　委託契約の内容

盛り込むことが義務づけられた内容	①秘密保持義務 ②事業所内からの特定個人情報の持出しの禁止 ③特定個人情報の目的外利用の禁止 ④再委託における条件 ⑤漏えい事案等が発生した場合の委託先の責任 ⑥委託契約終了後の特定個人情報の返却または廃棄 ⑦従業者に対する監督・教育 ⑧契約内容の遵守について報告を求める規定
盛り込むことが望まれる内容	⑨特定個人情報を取り扱う従業者の明確化 ⑩委託者が委託先に対して実地の調査を行うことができる規定　等

図表3-54　各ガイドラインにおける委託契約の内容に関する記載

経産省ガイドライン	金融庁ガイドライン（金融庁実務指針）	番号法ガイドライン
例　示	義務的	①〜⑧は義務的、⑨・⑩は例示
―	―	①秘密保持義務
・個人データの漏えい防止、盗用禁止に関する事項	・委託先における個人データの漏えい、盗用及び改ざんの禁止	②事業所内からの特定個人情報の持出しの禁止
・委託契約範囲外の加工、利用の禁止 ・委託契約範囲外の複写、複製の禁止	・委託先における個人データの目的外利用の禁止	③特定個人情報の目的外利用の禁止
・再委託に関する事項 ・再委託を行うにあたっての委託元への文書による事前報告または承認	・再委託における条件	④再委託における条件
・契約内容が遵守されなかった場合の措置（例えば、安全管理に関する事項が遵守されずに個人データが漏えいした場合の損害	・漏えい事案等が発生した際の委託先の責任	⑤漏えい事案等が発生した場合の委託先の責任

賠償に関する事項も含まれる。）		
・委託契約終了後の個人データの返還・消去・廃棄に関する事項	―	⑥委託契約終了後の特定個人情報の返却または廃棄
―	―	⑦従業者に対する監督・教育
・個人データの取扱状況に関する委託元への報告の内容及び頻度	・委託者の報告徴収に関する権限	⑧契約内容の遵守状況について報告を求める規定
・委託元及び委託先の責任の明確化 ・委託先において、個人データを取り扱う者（委託先で作業する委託先の従業者以外の者を含む）の氏名または役職等（※）	―	⑨特定個人情報を取り扱う従業者の明確化
・契約内容が遵守されていることの確認（例えば、情報セキュリティ監査なども含まれる。）	・委託者の監督・監査に関する権限	⑩委託者が委託先に対して実地の調査を行うことができる規定
・委託契約期間	―	―
・セキュリティ事件・事故が発生した場合の報告・連絡に関する事項	―	―

※ なお、委託の実態に応じて、例えば、契約書とは別に、個人データを取り扱う者のリスト等により、個人データを取り扱う者を把握するなど、適切な対応を行うことが望ましい。

　委託者と委託先との間での上記内容の合意は、合意内容が客観的に明確化できる手段であれば、その方式は問わないとされている。したがって、契約の締結をしなくとも、誓約書の徴求や合意書の作成等でもかまわない（Q&A「Q3－6」）。

　また、個人情報の取扱条項と特定個人情報の取扱条項を分別する必要はないから（Q&A「Q3-4」）、すでに委託契約が存在する委託先への委託事項に特定個人情報の取扱いを加える場合（例えば、源泉徴収票の作成を行っている会計事務所やグループ企業内のサービス・カンパニーに2016年1月以降も引き続き源泉徴収票（個人番号を記載したもの）の作成を委託する場合）には、特定個人情報の取

扱いを委託事項に加えるとともに、図表3-53に記載の契約条項を含めるよう、委託契約を更改すればよい。

c. 委託先における特定個人情報の取扱状況の把握

必要かつ適切な監督の一環として、委託先における特定個人情報の取扱状況を把握することが必要である。

番号法ガイドラインには確認の手法について特段の記載はないが、契約内容に盛り込むことが義務づけられた「契約内容の遵守について報告を求める規定」（図表3-55）に基づいて委託先に報告を求めることが当然に予定されていると解される。

図表3-55　外部委託先への監督規程があるか（図表3-47で「外部委託している」とした企業のみ）

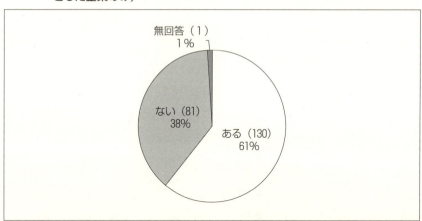

出典：特定個人情報保護委員会ウェブサイト「第25回 特定個人情報保護委員会：資料4 アンケート集計結果」（http://www.ppc.go.jp/files/pdf/260805siryo4.pdf）を加工して作成

また、委託先における個人データの取扱状況の把握についても経産省ガイドラインが改正され、定期的に委託先の監査を行う等により調査をすることが望ましいとされているから留意が必要である（図表3-56）。

なお、金融庁ガイドライン（金融庁実務指針）では、**図表3-57**のとおり委託先の監督について義務的に規定されている（金融庁実務指針5-4）。

図表3-56　経産省ガイドラインの委託先における個人データの取扱状況の把握の記載（2-2-3-4）

【改正前】 　委託先における委託された個人データの取扱状況を把握するためには、委託契約で盛り込んだ内容の実施の程度を相互に確認することが望ましい。
【2014年12月12日改正後】 　委託先における委託された個人データの取扱状況を把握するためには、定期的に、監査を行う等により、委託契約で盛り込んだ内容の実施の程度を調査した上で、個人情報保護管理者（CPO）等が、委託の内容等の見直しを検討することを含め、適切に評価することが望ましい。

図表3-57　金融庁ガイドライン（金融庁実務指針）における委託先の監督の記載（5-4）

定期的または随時に委託先における委託契約上の安全管理措置の遵守状況を確認するとともに、当該契約内容が遵守されていない場合には、委託先が当該契約内容を遵守するよう監督しなければならない。また、金融分野における個人情報取扱事業者は、定期的に委託契約に盛り込む安全管理措置を見直さなければならない。

図表3-58 外部委託先の安全管理措置の内容を確認しているか（図表3-47で「外部委託している」とした企業のみ）

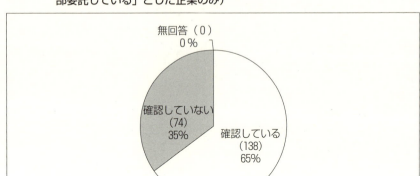

出典：特定個人情報保護委員会ウェブサイト「第25回 特定個人情報保護委員会：資料4 アンケート集計結果」（http://www.ppc.go.jp/files/pdf/260805siryo4.pdf）を加工して作成

［2］再委託に対する実務対応

① 再委託に対する許諾

　第1章第4節④［2］①（69頁）で述べたとおり、特定個人情報の取扱いを再委託する場合、最初の委託者の許諾を得なければならない。また、再々委託以降も、最初の委託者の許諾を得なければならない。

　再委託の許諾の取得方法に法的な制限はなく、書面に限らず、口頭や電子メール等であっても問題はない（Q&A「Q3-10」）。しかしながら、マイナンバー法では、最初の委託者の許諾を得ずに再委託する行為は勧告の対象とされていることから（法51条1項）、実務的には、口頭ではなく、書面や電子メール等の記録として残る方法で許諾を取得すべきであると考えられる。

　また、委託契約の締結時点で、委託先が委託者からあらかじめ再委託の許諾を得ることは原則として許されない。マイナンバー法が委託者（委託元）の許諾を必要とした趣旨は、特定個人情報の適正な取扱いを期待できないような企

業・団体に再委託することを防止すること、すなわち、委託者（委託元）が責任をもって適正な取扱いを確保するために、再委託先が十分な安全管理措置を講じることのできる適切な業者かどうかを委託者（委託元）に確認させることにあるからである。

したがって、例外的に、委託契約の締結時点において、再委託先となる可能性のある業者が具体的に特定されるとともに、適切な資料等に基づいて当該業者が特定個人情報を保護するための十分な措置を講ずる能力があることが確認され、実際に再委託が行われたときには必要に応じて再委託をした旨を委託者に対して報告をし、再委託の状況について委託先が委託者に対して定期的に報告するとの合意がなされている場合であれば、あらかじめ再委託の許諾を得ることはできると解されている（Q&A「Q3-9」）。

2 再委託がなされた場合の監督義務

特定個人情報の取扱いがAからBに委託され、さらにBからCへ再委託、CからDへ再々委託等された場合、各委託先に対する直接の監督義務を負っているのは、それぞれの直前の委託者である（法11条）。

もっとも、委託者の委託先に対する監督義務の内容には、委託先が再委託先に対して「必要かつ適切な監督」を行っていることまで含まれる。その結果、委託者Aは、委託先Bに対する監督を通じて、間接的に再委託先Cや再々委託先Dを監督する義務を負うことになる（第1章第4節4［2］2（70頁）（図表3-59））。

なお、再委託、再々委託等がなされる場合、許諾を得る相手は最初の委託者であることから、CがDに対して再々委託をしたとしても、再委託者であるBは、再々委託の事実を当然には知ることができない。他方で、Bは、CがDに対して適切に監督していることを間接的に監督する義務がある以上、Bは再々委託の事実及び再々委託先等を把握しなければならない。

したがって、委託契約が再委託契約（BC間の委託契約）である場合には、再々委託の条件（CがDに委託する際の条件）として、再々委託の内容や再々委託

図表3-59 監督の内容

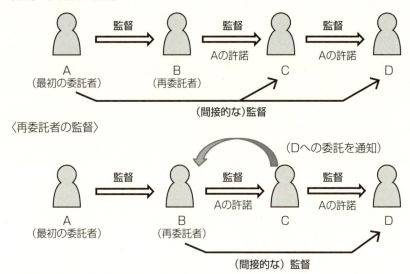

先等を再委託者（B）に通知等によって知らせる旨合意することが実務上不可欠であると考えられる。

> （注）番号法ガイドラインでは、「通知義務等を盛り込むことが望ましい」とされているが（番号法ガイドライン第4-2-(1)）、再委託者が自らの監督義務を果たすためには、実務上、通知等が必要になると考えられる。

[3] ITサービスの利用と安全管理措置

　特定個人情報を取り扱う情報システムに外部の事業者を活用する場合（例えば、クラウド・サービスを利用する場合）、それがマイナンバー法の「委託」にあたるかどうかは、当該事業者が契約内容を履行するにあたって個人番号をその内容に含む電子データを取り扱うのかどうかで決せられる（Q&A「Q3-12」「Q9-2」）。

　典型的には、ハウジング・サービスを利用しておりアプリケーションの運用・保守は自らが行っている場合や、IaaSのようにサービス提供者がインフ

ラのみを提供している場合は、「当該事業者が契約内容を履行するにあたって個人番号をその内容に含む電子データを取り扱わない場合」であり、委託にはあたらないことになる。

ここでいう「個人番号をその内容に含む電子データを取り扱わない場合」とは、①外部の事業者が個人番号をその内容に含む電子データを取り扱わないことが契約条項に定められ、②適切にアクセス制御を行われている場合等があげられている。

この基準によってITサービスの利用が「委託」にあたらない場合には、前記［1］で述べた委託先の監督義務は課されないことになるが、自らが果たすべき安全管理措置として、サービスの提供者内にあるデータについて、適切な安全管理措置を講ずる必要がある（Q&A「Q3-13」）。この自らが果たすべき安全管理措置には、適切な安全管理措置を講じているITサービス提供者を選定することも含まれると解される。

これに対し、ITサービスの提供者が個人番号をその内容に含む電子データを取り扱う場合には、マイナンバー法の「委託」として、前記［1］で述べた委託先に対する「必要かつ適切な監督」を行う必要がある。これは委託先が国外の事業者であっても変わらない（Q&A「Q3-3」）。

このように、企業・団体としては、ITサービスを活用する場合には、当該IT事業者が個人番号をその内容に含む電子データを取り扱うのか否かを、契約条項及びサービスの内容から判断し、それぞれの場合に必要とされる措置を講じる必要があるので注意が必要である。

第2節

特定個人情報保護評価への対応

1 保護評価が義務づけられる対象者

　特定個人情報保護評価が義務づけられる対象者は、「行政機関の長等」である（法27条）。

　具体的には、①行政機関の長、②地方公共団体の機関、③独立行政法人等（※）、④地方独立行政法人、⑤地方公共団体情報システム機構、及び⑥情報連携を行う事業者である（法2条14項、特定個人情報保護評価指針第3の1）（第1章第4節 4 ［4］（74頁））。

　　※　独立行政法人等個人情報保護法2条1項に規定する独立行政法人をいう（法2条2項）。具体的には、独立行政法人のほか、独立行政法人等個人情報保護法別表に掲げる法人（株式会社国際協力銀行、株式会社日本政策金融公庫、国立大学法人、日本銀行、日本私立学校振興・共済事業団及び日本年金機構等の法人）がこれにあたる（特定個人情報保護評価指針の解説 Q 第3の1-3）。

　⑥情報連携を行う事業者とは、マイナンバー法19条7号に規定する情報照会者及び情報提供者のうち、上記①～⑤に掲げる者以外のものであり（特定個人情報保護評価指針第3の1）、情報提供ネットワークシステムに接続して情報照会及び情報提供を行う事業者がこれにあたる（法2条14項）。

　マイナンバー法別表第二が、情報照会者及び情報提供者を規定しており（※）、企業・団体のうち健康保険組合及び年金の事業主等が規定されている。

　　※　「情報照会者」は第一欄に、「情報提供者」は第三欄にそれぞれ規定されている。

　その他、共済組合、社会福祉協議会、国民年金基金、独立行政法人日本スポーツ振興センター及び独立行政法人日本学生支援機構等も、⑥情報連携を行う事

業者に該当するため、「行政機関の長等」にあたる。

　企業・団体が行政機関等から業務委託を受ける場合、当該企業・団体が情報提供ネットワークシステムに接続して情報照会等を行うことはできないため（Q&A「A8-1」）、当該企業・団体は⑥に該当せず、個人情報保護評価の実施を義務づけられることはない（委託者である行政機関等が特定個人情報保護評価を受ける必要があり、当該保護評価の評価書における委託に関する項目の中で当該委託について評価を受けることになる）。

　なお、特定個人情報ファイルを保有しようとする者または保有する者が複数存在する場合には、特定個人情報ファイルの取扱いの実態やリスク対策を把握し、記載事項に責任を負う立場にある者が特定個人情報保護評価の実施をとりまとめる（特定個人情報保護評価指針第3の2）。

　例えば、請負契約や準委任契約等の委託によって他の機関に事務の一部を実施させている場合、一般的には委託元において特定個人情報ファイルを保有していると考えられ、委託元が特定個人情報保護評価を実施し、当該保護評価の評価書における委託に関する項目の中で当該委託について記載することとなる（特定個人情報保護評価指針の解説Q第3の2-1）。

2 義務づけ対象者の対応のポイント

　特定個人情報保護評価の義務づけ対象者（以下、本項において「対象者」という）は、特定個人情報保護ファイルを保有する前、及び特定個人情報ファイルについて重要な変更を加える前に、特定個人情報保護評価を受けなければならない（法27条）。

　なお、システム用ファイル（ITシステムで保有されるファイル）を新規に保有しようとする場合には、システムの要件定義の終了までに特定個人情報保護評価を実施することが原則であり、その他の電子ファイルを保有しようとする場合には、事務処理の検討段階で実施するものとされている（特定個人情報保護評価指針第6の1）。

最初の特定個人情報保護評価の実施に先立ち、対象者は特定個人情報保護評価計画管理書を作成する必要がある。特定個人情報保護評価計画管理書は特定個人情報保護評価を計画的に実施し、実施状況を適切に管理するために作成されるため、特定個人情報保護評価が法令上の事務ごとに実施されるのに対し、特定個人情報保護評価計画管理書は対象者単位で作成される。

特定個人情報保護評価計画管理書の作成後、対象者はしきい値判断（第1章第4節4［4］2（78頁））によって決定された特定個人情報保護評価を実施するが、特定個人情報保護評価実施後の手続は実施した特定個人情報保護評価の内容によって異なる（図表3-60）。

図表3-60　特定個人情報保護評価ごとの実施手続

しきい値判断による評価の必要性	評価	国民・住民等の意見聴取	委員会審査・第三者点検	公表	見直し
低い	基礎項目評価	―	―	基礎項目評価書	少なくとも1年に1回
特に高いとはいえない	重点項目評価	任意	第三者点検：任意 委員会審査：―	基礎項目評価書 ＋ 重点項目評価書	少なくとも1年に1回
特に高い	全項目評価	実施	実施	基礎項目評価書 ＋ 全項目評価書	少なくとも1年に1回

出典：内閣官房社会保障改革担当室「情報保護評価指針（内閣官房案）の概要」（2013年12月）を基に作成・改訂

具体的には、特定個人情報保護評価書（基礎項目評価書、重点項目評価書、全項目評価書（※））の各項目に記載をした上で、行政機関等では国民の意見を聴取し（パブリックコメント）、特定個人情報保護委員会の審査を受ける。他方、地方公共団体等では住民等の意見を聴取し、第三者点検を受けることになる（特定個人情報保護評価指針第5の3(3)）。

※　いずれの評価書も、特定個人情報保護委員会のウェブサイトからダウンロードするこ

とができるようになっている。

情報提供ネットワークシステムを使用した情報連携を行う事業者は、マイナンバー法及び特定個人情報保護評価指針において、「行政機関等」に含まれて定義されているから（法2条14項、特定個人情報保護評価指針第2の2）、全項目評価の実施を義務づけられた場合には、国民の意見を聴取し、委員会の審査を受けなければならない。

3 非義務づけ対象者である企業・団体の対応のポイント

特定個人情報保護評価が義務づけられていない企業・団体が任意で特定個人情報保護評価を実施することが「望ましい」とされており、「任意に特定個人情報保護評価の手法を活用することは、特定個人情報保護の観点から有益である」とされていることは第1章第4節 4 【4】 1 (74頁) で述べたとおりである。

非義務づけ対象者が特定個人情報保護評価の手法を活用する場合には、特定個人情報保護評価書を特定個人情報保護委員会に提出することは予定されていないから、各企業・団体が自主的に行うことになる。

この場合、必ずしも重点項目評価または全項目評価で求められているすべての手続等を実施する必要はない。例えば、全項目評価書様式を用いて特定個人情報保護評価書を作成するが国民から意見聴取は行わないとすることなども可能である。

例えば、企業・団体が特定個人情報ファイルを保有しようとする場合に、システムの要件定義の終了前に、全項目評価書または重点項目評価書に記載されている評価項目のうち、保有しようとする特定個人情報の種類や企業・団体の規模等に照らして対応する必要があると考えられる項目について対応した上で、その対応が適切なものかどうかを自主的に確認する、といった形で特定個人情報保護評価の手法を活用することが考えられる。

特定個人情報保護委員会が「望ましい」「有益である」としている以上、非義務づけ対象者である一般の企業・団体においても、少なくとも特定個人情報

保護評価書、及び特定個人情報保護評価指針等を参照し、そこで評価項目となっている項目のうち、保有しようとする特定個人情報の種類や企業・団体の規模等に照らして自らに妥当すると考えられる項目に対しては、リスクを認識し対応策を検討することは実務上必要であると考えられる（図表3-61、図表3-62）。

図表3-61 「特定個人情報ファイルの取扱いプロセスにおけるリスク対策」として特定個人情報保護評価書が評価対象としているリスク（一般の企業・団体に関係するもの）

	全項目評価書	重点項目評価書	基礎項目評価書
特定個人情報の入手			
リスク1：目的外の入手が行われるリスク	○	○	
リスク2：不適切な方法で入手が行われるリスク	○		
リスク3：入手した特定個人情報が不正確であるリスク	○		
リスク4：入手の際に特定個人情報が漏えい・紛失するリスク	○		
特定個人情報の使用			
リスク1：目的を超えた紐付け、事務に必要のない情報との紐付けが行われるリスク	○	○	
リスク2：権限のない者（元職員、アクセス権限のない職員等）によって不正に使用されるリスク	○	○	
リスク3：従業者が事務外で使用するリスク	○		
リスク4：特定個人情報ファイルが不正に複製されるリスク	○		
特定個人情報ファイルの取扱いの委託			
委託先による特定個人情報の不正入手・不正な使用に関するリスク	○	○	
委託先による特定個人情報の不正な提供に関するリスク	○		
委託先による特定個人情報の保管・消去に関するリスク	○		
委託契約終了後の不正な使用等のリスク	○		
再委託に関するリスク	○		

特定個人情報の提供・移転			
リスク１：不正な提供・移転が行われるリスク	○	○	
リスク２：不適切な方法で提供・移転が行われるリスク	○		
リスク３：誤った情報を提供・移転してしまうリスク、誤った相手に提供・移転してしまうリスク	○		
特定個人情報の保管・消去			
リスク１：特定個人情報の漏えい・滅失・毀損リスク	○	○	
リスク２：特定個人情報が古い情報のまま保管され続けるリスク	○		
リスク３：特定個人情報が消去されずいつまでも存在するリスク	○		

図表３-62 「その他のリスク対策」として特定個人情報保護評価書が評価対象としているリスク対策

	全項目評価書	重点項目評価書	基礎項目評価書
監査		○	
①自己点検	○		
②監査	○		
従業者に対する教育・啓発			
従業者に対する教育・啓発	○	○	

第3節

従業員への教育・訓練等

　個人番号は、社会保障、税及び災害対策の分野において、個人情報を複数の機関の間で紐付けるものであり、住民票を有するすべての者に一人一番号で重複のないように付番されるため、個人番号が悪用され、または漏えいした場合、個人情報の不正な追跡・突合が行われ、個人情報が漏えいするよりも大きな権利利益の侵害を招きかねない。それゆえ特定個人情報については、厳重な保護措置が必要となり、特定個人情報に関する規制・罰則は、個人情報保護法に比べて厳格になっている（第1章第7節（104頁））。

　このような厳格な規制があるため、企業・団体においては、自らが規制違反を行わないよう、必要かつ適切な安全管理措置を講じた上で、従業員に対して教育・訓練等を厳格に行う必要がある。

　番号法ガイドラインにおいても、特定個人情報等の漏えい、滅失またはき損の防止等、特定個人情報等の管理のために、必要かつ適切な安全管理措置を講じた上で、従業者（※）に特定個人情報等を取り扱わせるにあたっては、特定個人情報等の安全管理措置が適切に講じられるように、当該従業者に対する必要かつ適切な監督を行わなければならない旨が定められている（番号法ガイドライン第4-2-(2)）。

　※　ここでいう「従業者」とは、事業者の組織内にあって直接間接に事業者の指揮監督を受けて事業者の業務に従事している者をいう。具体的には、従業員のほか、取締役、監査役、理事、監事、派遣社員等を含む（番号法ガイドライン第4-2-(2)）。

　具体的には、安全管理措置のうち人的安全管理措置として、「特定個人情報等が取扱規程等に基づき適正に取り扱われるよう、事務取扱担当者に対して必

要かつ適切な監督を行う」こと、及び「事務取扱担当者に、特定個人情報等の適正な取扱いを周知徹底するとともに適切な教育を行う」こと等の措置を「講じなければならない」と定められている(番号法ガイドライン別添②D、前記第1節③[4](303頁))。

1 従業員への対応

　企業・団体が具体的に行うべき「必要かつ適切な監督」、「特定個人情報等の適正な取扱いの周知徹底」及び「適切な教育」としては、以下のようなものがあげられる。

　なお、以下の手法はあくまでも例示にすぎず、企業・団体は、自らの規模や業種、特定個人情報等を取り扱う事務の特性等によって適切な手法を採用することが重要である(番号法ガイドライン別添②)。

[1] 非開示契約の締結

　番号法ガイドラインの人的安全管理措置には非開示契約の締結という手法は記載されていないが(前記第1節③[4]図表3-26(305頁))、特定個人情報等の取扱いに関しても、秘密保持に関する事項を定めた非開示契約を従業者との間で締結することや、雇用契約等に非開示条項を入れることが考えられる。この際、非開示契約または非開示条項は、雇用契約終了後も一定期間有効であるようにすることが望ましい。

　また、非開示契約の締結の際に、営業秘密を対象とする秘密保持契約をあわせて締結することがあり得るが、両者はその目的・範囲等が異なるため、従業者の「納得感」の向上の観点からは、両契約は峻別する(別書面であるか否かは問わない)ことが望ましい(経産省ガイドライン2-2-3-2)。

　後述のように、個人情報と特定個人情報も別ものであるという意識が重要であることからすれば、個人情報と特定個人情報も明確に峻別して条項化することがよいと考えられる。

[2] 就業規則等の定め及び内容の周知

特定個人情報等の取扱いに関して、上記同様の義務を就業規則等に盛り込んでこれを周知することが考えられる（番号法ガイドライン別添2 Db）。なお、社内規程に特定個人情報等に関する非開示の義務を規定する場合には、特に、労働基準法89条及び90条等の労働関連法規を遵守する必要があることに留意が必要である（経産省ガイドライン2-2-3-2）。

非開示契約を締結した場合、当該契約違反時の措置に関する規程を整備することも考えられる（経産省ガイドライン2-2-3-2）。同様に、特定個人情報等の取扱いに関する就業規則等に違反した場合の懲戒処分の周知も重要である（金融庁実務指針3-3③）。

[3] 定期的な研修等の実施及び実施の確認

適切な教育の点からは、特定個人情報等の取扱いに関する留意事項等について、従業者に対して、採用時のみならず、その後も定期的な研修等を行うことが重要である（番号法ガイドライン別添2 Db）。

また、必要かつ適切な教育・訓練等の研修が実施されていることの確認や監督を行うことが望ましい（経産省ガイドライン2-2-3-2）。

上記確認や監督に際しては、例えば、以下のような場合には、適正な監督がなされていなかったとみなされてしまう可能性が高いため、十分に注意が必要である（経産省ガイドライン2-2-3-3）。

① 従業者が、安全管理措置を定める規程等に従って業務を行っていることをあらかじめ定めた間隔で定期的に確認せず、結果、特定個人情報が漏えいしたような場合
② 内部規程等に違反して特定個人情報等が入ったノート型パソコンまたは外部記録媒体が繰り返し持ち出されていたにもかかわらず、その行為を放置した結果、当該媒体等が紛失し、特定個人情報等が漏えいしたような場

合

2 従業員教育のあり方

　個人情報保護法やプライバシーについては、従業員レベルでも意識が高まっており、社会的ルールについて相当程度周知されているといえる。これに対して、マイナンバー法は新法であることもあり、制度そのものが知られていない。

　したがって、従業員がマイナンバー法に関する規制に気づかずに違反行為を行ってしまうリスクが高いため、まずはマイナンバー法に関する制度についての周知徹底を図ることが非常に重要となる。2015年10月中旬～11月第2週頃の番号通知に先駆けて、社内で勉強会や研修を実施するなどの方法が有益である。

　その際には、従前教育を行ってきている個人情報保護法との違いを意識させることが重要である。これにより、個人番号及び特定個人情報の特殊性を明確に認識させることが容易になると考えられるからである。

　その上で、社内規程の説明や運用等に関する教育を行うことになるが、従業員教育の対象としては、特定個人情報を取り扱う事務を担当する者（事務取扱担当者及び責任者）のみならず、特定個人情報を取り扱わない一般の従業員をも対象とすることが重要である。特定個人情報を保有すること（法20条）や、個人番号の提供を要求すること（法15条）などが禁止されているため、特定個人情報を取り扱わないことになっている一般の従業員にも適切な教育を行わなければ、マイナンバー法に違反する結果が生じる可能性があるからである。

<参考文献>
・財団法人日本情報処理開発協会プライバシーマーク推進センター編『JIS Q 15001：2006をベースにした個人情報保護マネジメントシステム実施のためのガイドライン（第2版）』日本規格協会、2010年8月

第4章 今後の対応スケジュール

第1節

全体スケジュール

　マイナンバー法の運用は2016（平成28）年1月に開始される。その約3か月前の2015年10月中旬～11月第2週頃に個人番号及び法人番号の番号通知が行われる。

　そして、企業・団体においては、2015年10月から個人番号の提供を受けることができることになるとされている（従前、2015年10月から同年12月末までの間は個人番号の提供を受けることはできないとされていたが、この点は変更された）。

　（注）本人またはその代理人は、マイナンバー法19条3号に基づいて個人番号関係事務実施者に対して当該本人の個人番号を提供することができるところ、同条項は2015年10月から有効となることが予定されている（法附則1条柱書、逐条解説「附則第1条」）。そのため、本人またはその代理人は、2015年10月から、個人番号関係事務実施者に対して当該本人の個人番号を提供することができることになる。また、マイナンバー法12条（安全管理措置）も2015年10月から有効となることが予定されている（法附則1条柱書）。そのため、企業・団体においては、2015年10月から、かかる安全管理措置の準備として個人番号関係事務の処理のために本人に対して個人番号の提供を求めることができることになると解釈されている。

　また、情報提供ネットワークの稼動は2017年1月が予定されており、同月から国の機関が情報連携を開始することになっている。その後、同年7月から地方公共団体及び健康保険組合が情報連携を開始することが予定されている。

　その後、2018年からは、銀行等において個人番号及び法人番号によって検索できる状態で預貯金情報を管理する義務を課すことが予定されている（「高度な情報通信技術の活用の進展に伴う個人情報の保護及び有用性の確保に資するための個人情報の保護に関する法律等の一部を改正する法律案」による「預貯金付番」）（与

第4章　今後の対応スケジュール

図表4-1　今後のスケジュール

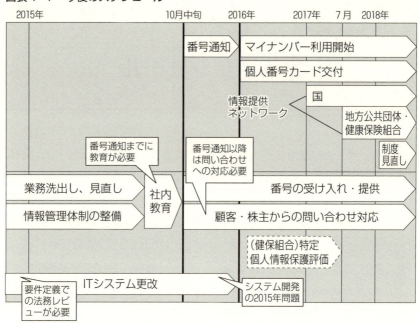

党の平成27年度税制改正大綱）。ただし、2018年の時点では個人が個人番号を提供することは任意であり、義務化の是非は2021年以降に検討する見通しであるといわれている（日本経済新聞2014年12月31日朝刊）。

また、マイナンバー法施行後3年を目途に制度の見直しが予定されており、現在、IT総合戦略本部 新戦略推進専門調査会マイナンバー等分科会を中心に議論が進められている（図表4-1）。

第2節

各部署の対応スケジュール

1 総務・法務

- 2015年の早期　　：特定個人情報を取り扱う事務を洗い出し、業務フローを構築するとともに安全管理措置を講じる作業に着手
- 2015年の早期　　：ITシステムの要件定義・外部設計の段階でのレビュー
- 2015年夏頃　　　：業務フロー及び安全管理措置について方針を決定
- 2015年夏〜9月　：従業員教育
- 2015年10月中旬〜：（番号通知）
- 2015年10月中旬〜：株主、顧客等からの問い合わせへの対応
- 2015年12月まで　：第三者との委託契約の修正
- 2016年1月〜　　：プライバシーマークの対応（必要であれば）

　2015年10月中旬〜11月第2週頃に番号通知がなされることが予定されているため、従業員等が特定個人情報等を不適切に取り扱うことのないよう、同年9月までに従業員等に対する教育を行っておく必要がある。
　また、番号通知以降、個人番号の通知を受けた株主や顧客等から、個人番号の提供の要否や方法等について問い合わせが来ることが予想される。
　そのためには、特定個人情報を取り扱う事務を洗い出し、業務フローを構築するとともに安全管理措置を講じる必要があるが、少なくともその方針は2015年夏頃までには決めておく必要があると考えられる。方針も決まっていなければ教育もできないし、問い合わせに対応することもできないからである。
　その上で、同年10月中旬頃からは問い合わせ窓口を設置する等の対応が必要

となると思われる。

　また、ITシステムの構築に際しては、要件定義・外部設計の段階で、データベースの設計やアクセス制御が適切かどうかをレビューする必要がある。特定個人情報保護評価を任意に実施するのも要件定義の終了前である。

　さらに、第三者との委託契約の見直しも必要となるから、2015年12月末までに対応する必要がある。

　なお、特定個人情報等はJIS Q 150001（プライバシーマーク）でいう個人情報にあたると考えられるから、2016年1月以降、取得または更新の際にはマイナンバー法及び番号法ガイドライン等への対応も必要になるのではないかと考えられる。

2 経理・人事（特定個人情報を取り扱う事務を行う部署）

- 2015年の早期　　：特定個人情報を取り扱う事務を洗い出し、業務フローを構築するとともに安全管理措置を講じる作業に着手
- 2015年夏頃　　　：業務フロー及び安全管理措置について方針を決定
- 2015年12月まで：業務フローを確立

　特定個人情報を取り扱う事務を洗い出し、業務フローを整備するとともに安全管理措置を講じる必要があるが、前述のとおり2015年夏頃までには方針は決めておく必要がある。そして、同年末までに業務フローと安全管理措置を整備して2016年1月の運用を迎えることになる（ただし、健康保険・厚生年金保険は2017年1月から）。

　業務フローの整備と安全管理措置の整備においては、社内規程や組織の整備、ITシステム対応、契約の見直し等が必要となるから、早めに作業を進めることが重要である。

3 システム担当

- 2015年の早期　：特定個人情報を取り扱う事務を洗い出し、業務フローを構築するとともに安全管理措置を講じる作業に着手
- 2015年の早期　：要件定義・外部設計の段階で法務レビューを受ける
- 2015年夏頃　　：業務フロー及び安全管理措置について方針を決定
- 2015年12月まで：ITシステムのテスト完了、安全管理措置の構築完了

　ITシステムの更新、パッケージ・ソフトのバージョンアップが必要となる。その際には、要件定義・外部設計の段階でデータベースやアクセス制御の設計がマイナンバー法に準拠しているか、法務的なレビューが必要となるから、時間的な余裕を確保する必要がある。

　また、2015年は、政府のマイナンバーのシステム対応や大手金融機関のシステム統合等があり、そこに企業・団体のマイナンバー対応が重なるため、IT技術者が不足するといわれている（2015年問題）。

　早めに対応するよう、心がける必要があると思われる。

資料

【資料1】

> 第2章で述べたとおり、個人番号の記載について3年の経過措置が認められている支払調書があるが、経過措置に関連する条文は新法・改正法に散在しており参照に困難が伴うため、ここに資料として掲載する。

【資料1】行政手続における特定の個人を識別するための番号の利用等に関する法律の施行に伴う関係法律の整備等に関する法律(平成25年5月31日法律第28号)(抄)

(租税特別措置法の一部改正に伴う経過措置)
第8条　前条の規定による改正後の租税特別措置法(以下この条において「新租税特別措置法」という。)第4条第1項の規定は、第3号施行日以後に提出する同項に規定する特別非課税貯蓄申込書について適用し、第3号施行日前に提出した前条の規定による改正前の租税特別措置法(以下この条において「旧租税特別措置法」という。)第4条第1項に規定する特別非課税貯蓄申込書については、なお従前の例による。

2　新租税特別措置法第37条の11の3第4項及び第5項の規定は、第3号施行日以後に同条第4項に規定する特定口座開設届出書を提出する場合について適用し、第3号施行日前に旧租税特別措置法第37条の11の3第4項に規定する特定口座開設届出書を提出した場合については、なお従前の例による。

3　第3号施行日前に旧租税特別措置法第37条の11の3第4項に規定する特定口座開設届出書を提出して同条第3項第1号に規定する特定口座を開設した同条第4項の居住者又は国内に恒久的施設を有する非居住者は、政令で定めるところにより、第3号施行日から3年を経過した日(以下この項及び第5項において「3年経過日」という。)以後最初に当該特定口座における新租税特別措置法第37条の11の3第1項に規定する特定口座内保管上場株式等の譲渡若しくは同条第2項に規定する信用取引等に係る上場株式等の譲渡又は当該特定口座への同条第7項に規定する上場株式等の配当等の受入れをする日(同日において同条第4項に規定する個人番号(以下この項において「個人番号」という。)を有しない者(以下この項において「番号非保有者」という。)にあっては、行政手続における特定の個人を識別するための番号の利用等に関する法律(平成25年法律第27号。以下「番号利用法」という。)の規定により同日以後に個人番号が初めて通知された日(以下この項及び第5項において「番号通知日」という。)の属する年の翌年1月31日(当該通知された日か

ら同日の属する年の12月31日までの間に当該特定口座につき同条第7項に規定する事由が生じた場合には、当該事由が生じた日の属する月の翌月末日））までに、当該特定口座を開設している同条第3項第1号に規定する金融商品取引業者等の営業所の長に、その者の番号利用法第2条第7項に規定する個人番号カード（第5項において「個人番号カード」という。）その他の財務省令で定める書類を提示して個人番号を告知し、当該告知した事項につき確認を受けなければならない。ただし、3年経過日（番号非保有者にあっては、番号通知日）までに当該特定口座が廃止された場合は、この限りでない。

4　新租税特別措置法第37条の14第7項及び第8項（同条第11項において準用する場合を含む。）の規定は、第3号施行日以後に同条第6項の申請書又は同条第5項第1号に規定する非課税口座開設届出書を提出する場合について適用し、第3号施行日前に旧租税特別措置法第37条の14第6項の申請書又は同条第5項第1号に規定する非課税口座開設届出書を提出した場合については、なお従前の例による。

5　第3号施行日前に旧租税特別措置法第37条の14第5項第1号に規定する非課税口座開設届出書を提出して同号に規定する非課税口座を開設した同号の居住者又は国内に恒久的施設を有する非居住者は、政令で定めるところにより、3年経過日以後最初に当該非課税口座における新租税特別措置法第37条の14第1項に規定する非課税口座内上場株式等の譲渡又は当該非課税口座への新租税特別措置法第9条の8に規定する配当等の受入れをする日（同日において新租税特別措置法第37条の14第7項に規定する個人番号（以下この項において「個人番号」という。）を有しない者（以下この項において「番号非保有者」という。）にあっては、番号通知日の属する年の翌年1月31日）までに、当該非課税口座を開設している新租税特別措置法第37条の14第5項第1号に規定する金融商品取引業者等の営業所の長に、その者の個人番号カードその他の財務省令で定める書類を提示して個人番号を告知し、当該告知した事項につき確認を受けなければならない。ただし、3年経過日（番号非保有者にあっては、番号通知日）までに当該非課税口座が廃止された場合は、この限りでない。

（内国税の適正な課税の確保を図るための国外送金等に係る調書の提出等に関する法律の一部改正に伴う経過措置）

第25条　前条の規定による改正後の内国税の適正な課税の確保を図るための国外送金等に係る調書の提出等に関する法律（以下この条において「新国外送金等調書法」という。）第2条第6号の規定は、第3号施行日以後に同条第6号の確認をする同号の口座又は勘定について適用し、第3号施行日前に前条の規定による改正前の内

【資料1】

国税の適正な課税の確保を図るための国外送金等に係る調書の提出等に関する法律（以下この条において「旧国外送金等調書法」という。）第2条第6号の確認をした同号の口座又は勘定については、なお従前の例による。

2　第3号施行日の前日において旧国外送金等調書法第2条第3号に規定する金融機関の同条第6号に規定する営業所等に同号に規定する本人口座を開設し、又は設定している者は、第3号施行日から3年を経過した日（以下この項及び第5項において「3年経過日」という。）以後最初に新国外送金等調書法第3条第1項に規定する国外送金等をする日（同日において新国外送金等調書法第2条第6号に規定する個人番号（以下この項及び第5項において「個人番号」という。）を有しない者（以下この項において「番号非保有者」という。）にあっては、番号利用法の規定により同日以後に個人番号が初めて通知された日（以下この項及び第5項において「番号通知日」という。）の属する月の翌月末日）までに、政令で定めるところにより、当該金融機関の営業所等の長に、その者の番号利用法第2条第7項に規定する個人番号カードその他の財務省令で定める書類を提示して個人番号又は法人番号を告知し、当該告知した事項につき確認を受けなければならない。ただし、3年経過日（番号非保有者にあっては、番号通知日）までに当該本人口座が廃止された場合は、この限りでない。

3　前項本文の場合において、同項の本人口座を開設し、又は設定する者が同項に規定する国外送金等をする日までに同項の確認を受けないときは、同日以後は、当該本人口座である口座又は勘定は、新国外送金等調書法第2条第6号に規定する本人口座に該当しないものとして、新国外送金等調書法の規定を適用する。

4　新国外送金等調書法第2条第13号の規定は、第3号施行日以後に同条第13号の確認をする同条第9号に規定する国内証券口座について適用し、第3号施行日前に旧国外送金等調書法第2条第13号の確認をした同条第9号の国内証券口座（第6項において「国内証券口座」という。）については、なお従前の例による。

5　第3号施行日の前日において旧国外送金等調書法第2条第13号に規定する金融商品取引業者等の営業所等に同号に規定する本人証券口座を開設している者は、3年経過日以後最初に新国外送金等調書法第4条の2第1項に規定する国外証券移管等の依頼をする日（同日において個人番号を有しない者（以下この項において「番号非保有者」という。）にあっては、番号通知日の属する月の翌月末日）までに、政令で定めるところにより、当該金融商品取引業者等の営業所等の長に、その者の第2項に規定する財務省令で定める書類を提示して個人番号又は法人番号を告知し、当該告知した事項につき確認を受けなければならない。ただし、3年経過日（番号非保有者にあっては、番号通知日）までに当該本人証券口座が廃止された場合は、

この限りでない。
6 前項本文の場合において、同項の本人証券口座を開設する者が同項に規定する国外証券移管等の依頼をする日までに同項の確認を受けないときは、同日以後は、当該本人証券口座である国内証券口座は、新国外送金等調書法第2条第13号に規定する本人証券口座に該当しないものとして、新国外送金等調書法の規定を適用する。
7 新国外送金等調書法第5条第1項の規定は、第3号施行日の属する年の翌年の1月1日以後に提出すべき同項に規定する国外財産調書について適用し、同日前に提出すべきであった内国税の適正な課税の確保を図るための国外送金等に係る調書の提出等に関する法律第5条第1項に規定する国外財産調書については、なお従前の例による。

附則（平成26年3月31日法律第10号）抄
　この法律は、番号利用法の施行の日から施行する。ただし、次の各号に掲げる規定は、当該各号に定める日から施行する。
　（一、二　略）
　三　（中略）第8条（中略）、第25条（中略）の規定　番号利用法附則第1条第4号に掲げる規定の施行の日
　（四　略）

【資料2】

【資料2】行政手続における特定の個人を識別するための番号の利用等に関する法律及び行政手続における特定の個人を識別するための番号の利用等に関する法律の施行に伴う関係法律の整備等に関する法律の施行に伴う財務省関係政令の整備に関する政令（平成26年5月14日政令第179号）（抄）

（所得税法施行令の一部改正）
第15条　所得税法施行令（昭和40年政令第96号）の一部を次のように改正する。

・所得税法施行令　新旧対照表（抄）

改正前	改正後
（預貯金、株式等に係る利子、配当等の受領者の告知） 第336条　国内において法第224条第1項（利子、配当等の受領者の告知）に規定する利子等（以下この条において「利子等」という。）又は同項に規定する配当等（以下この条において「配当等」という。）につき支払を受ける者（公共法人等を除く。以下この条において同じ。）は、その利子等又は配当等につきその支払の確定する日までに、その確定の都度、その者の氏名又は名称<u>及び住所</u>（国内に住所を有しない者にあつては、同項に規定する財務省令で定める場所。以下この条及び次条第3項において同じ。）を、その利子等又は配当等の支払をする者の営業所、事務所その他これらに準ずるものでその支払事務の取扱いをするものの長（第4項第1号に掲げる者を含む。以下この条において「支払事務取扱者」という。）に告知しなければならない。	（預貯金、株式等に係る利子、配当等の受領者の告知） 第336条　国内において法第224条第1項（利子、配当等の受領者の告知）に規定する利子等（以下この条において「利子等」という。）又は同項に規定する配当等（以下この条において「配当等」という。）につき支払を受ける者（公共法人等を除く。以下この条において同じ。）は、その利子等又は配当等につきその支払の確定する日までに、その確定の都度、その者の氏名又は名称<u>、住所</u>（国内に住所を有しない者にあつては、同項に規定する財務省令で定める場所。以下この条<u>、次条第3項及び第338条（貯蓄取扱機関等の営業所の長の確認等）</u>において同じ。）<u>及び個人番号又は法人番号（個人番号又は法人番号を有しない者にあつては、氏名又は名称及び住所。次項、次条第3項及び第338条において同じ。）</u>を、その利子等又は配当等の支払をする者の営業所、事務所その他これらに準ずるも

ので その支払事務の取扱いをするもの の長（第4項第1号に掲げる者を含む。 以下この条において「支払事務取扱者」 という。）に告知しなければならない。

2　利子等又は配当等につき支払を受ける者が次の各号に掲げる場合のいずれかに該当するときは、その者は、その支払を受ける当該各号に掲げる利子等又は配当等につき前項の規定による告知をしたものとみなす。

一　利子等又は配当等（法第24条第1項（配当所得）に規定する投資信託（第5号に規定する特定株式投資信託及び特定不動産投資信託を除く。）及び特定受益証券発行信託の収益の分配に限る。以下この号から第4号までにおいて同じ。）につき支払を受ける者が、銀行、信託会社その他の財務省令で定める者（以下この条及び第339条（無記名公社債の利子等に係る告知書等の提出等）において「金融機関」という。）の営業所、事務所その他これらに準ずるもの（以下この条及び第339条において「営業所等」という。）において当該利子等又は配当等を生ずべき預貯金、合同運用信託（貸付信託を除く。）、公社債又は貸付信託、投資信託若しくは特定受益証券発行信託の受益権（以下この条において「預貯金等」という。）の預入、信託又は購入（以下この条において「預入等」という。）をする場合において、その預入等をする際、その者の氏名又

2　利子等又は配当等につき支払を受ける者が次の各号に掲げる場合のいずれかに該当するときは、その者は、その支払を受ける当該各号に掲げる利子等又は配当等につき前項の規定による告知をしたものとみなす。

一　利子等又は配当等（法第24条第1項（配当所得）に規定する投資信託（第5号に規定する特定株式投資信託及び特定不動産投資信託を除く。）及び特定受益証券発行信託の収益の分配に限る。以下この号から第4号までにおいて同じ。）につき支払を受ける者が、銀行、信託会社その他の財務省令で定める者（以下この条及び第339条（無記名公社債の利子等に係る告知書等の提出等）において「金融機関」という。）の営業所、事務所その他これらに準ずるもの（以下この条及び第339条において「営業所等」という。）において当該利子等又は配当等を生ずべき預貯金、合同運用信託（貸付信託を除く。）、公社債又は貸付信託、投資信託若しくは特定受益証券発行信託の受益権（以下この条において「預貯金等」という。）の預入、信託又は購入（以下この条において「預入等」という。）をする場合において、その預入等をする際、その者の氏名又

【資料2】

は名称及び住所を、その預入等をする金融機関の営業所等の長に告知しているとき　当該預貯金等に係る利子等又は配当等

二　利子等又は配当等につき支払を受ける者が、金融機関の営業所等において反復して預貯金等の預入等をすることを約する契約その他の財務省令で定める契約に基づき預貯金等の預入等をする場合において、当該契約に基づき最初にその預入等をする際、その者の氏名又は名称及び住所を、当該金融機関の営業所等の長に告知しているとき　当該契約に基づき預入等をする預貯金等に係る利子等又は配当等

三　利子等又は配当等につき支払を受ける者が、金融機関の営業所等において金融機関が社債、株式等の振替に関する法律の規定により備え付ける振替口座簿又は金融機関の営業所等を通じて当該金融機関以外の振替機関等（同法第2条第5項（定義）に規定する振替機関等をいい、同法第48条（日本銀行が国債の振替に関する業務を営む場合の特例）の規定により同法第2条第2項に規定する振替機関とみなされる者を含む。）が同法の規定により備え付ける振替口座簿に係る口座の開設を受ける際、その者の氏名又は名称及び住所を、当該金融機関の営業所等の長に

は名称、住所及び個人番号又は法人番号を、その預入等をする金融機関の営業所等の長に告知しているとき　当該預貯金等に係る利子等又は配当等

二　利子等又は配当等につき支払を受ける者が、金融機関の営業所等において反復して預貯金等の預入等をすることを約する契約その他の財務省令で定める契約に基づき預貯金等の預入等をする場合において、当該契約に基づき最初にその預入等をする際、その者の氏名又は名称、住所及び個人番号又は法人番号を、当該金融機関の営業所等の長に告知しているとき　当該契約に基づき預入等をする預貯金等に係る利子等又は配当等

三　利子等又は配当等につき支払を受ける者が、金融機関の営業所等において金融機関が社債、株式等の振替に関する法律の規定により備え付ける振替口座簿又は金融機関の営業所等を通じて当該金融機関以外の振替機関等（同法第2条第5項（定義）に規定する振替機関等をいい、同法第48条（日本銀行が国債の振替に関する業務を営む場合の特例）の規定により同法第2条第2項に規定する振替機関とみなされる者を含む。）が同法の規定により備え付ける振替口座簿に係る口座の開設を受ける際、その者の氏名又は名称、住所及び個人番号又は法人番号を、当該金

告知している場合　当該口座に係る当該振替口座簿に記載又は記録を受けている預貯金等に係る利子等又は配当等

四　利子等又は配当等につき支払を受ける者が、当該利子等又は配当等を生ずべき預貯金等（法第224条の2（譲渡性預金の譲渡等に関する告知）に規定する譲渡性預金を除く。）の譲受け又は相続その他の方法による取得をした場合において、当該預貯金等の証書、証券その他これらに類するものの名義の変更又は書換えの請求（当該譲受けにつき当該預貯金等の受入れをする者の承諾を要するときは、その承諾の依頼を含む。）をする際、その者の氏名又は名称<u>及び住所</u>を、当該名義の変更又は書換えの請求の取扱いをする金融機関の営業所等の長に告知しているとき　当該預貯金等に係る利子等又は配当等

五　特定株式投資信託（信託財産を株式のみに対する投資として運用することを目的とする証券投資信託のうち、投資信託及び投資法人に関する法律第4条第1項（投資信託契約の締結）に規定する委託者指図型投資信託約款（当該証券投資信託が同法第2条第24項（定義）に規定する外国投資信託である場合には、当該委託者指図型投資信託約款に類する書類）にイからニまでに掲げる事項の定めがあること、その受益権が金融

融機関の営業所等の長に告知している場合　当該口座に係る当該振替口座簿に記載又は記録を受けている預貯金等に係る利子等又は配当等

四　利子等又は配当等につき支払を受ける者が、当該利子等又は配当等を生ずべき預貯金等（法第224条の2（譲渡性預金の譲渡等に関する告知）に規定する譲渡性預金を除く。）の譲受け又は相続その他の方法による取得をした場合において、当該預貯金等の証書、証券その他これらに類するものの名義の変更又は書換えの請求（当該譲受けにつき当該預貯金等の受入れをする者の承諾を要するときは、その承諾の依頼を含む。）をする際、その者の氏名又は名称、<u>住所及び個人番号又は法人番号</u>を、当該名義の変更又は書換えの請求の取扱いをする金融機関の営業所等の長に告知しているとき　当該預貯金等に係る利子等又は配当等

五　特定株式投資信託（信託財産を株式のみに対する投資として運用することを目的とする証券投資信託のうち、投資信託及び投資法人に関する法律第4条第1項（投資信託契約の締結）に規定する委託者指図型投資信託約款（当該証券投資信託が同法第2条第24項（定義）に規定する外国投資信託である場合には、当該委託者指図型投資信託約款に類する書類）にイからニまでに掲げる事項の定めがあること、その受益権が金融

商品取引所（金融商品取引法第2条第16項（定義）に規定する金融商品取引所をいう。以下この号において同じ。）に上場されていることその他財務省令で定める要件を満たすものをいう。以下この号及び第339条第8項において同じ。）又は特定不動産投資信託（証券投資信託以外の投資信託で公社債等運用投資信託に該当しないもののうち、当該投資信託の投資信託約款（投資信託及び投資法人に関する法律第4条第1項に規定する委託者指図型投資信託約款又は同法第49条第1項（投資信託契約の締結）に規定する委託者非指図型投資信託約款をいう。）にロ、ハ及びホに掲げる事項の定めがあること、その受益権が金融商品取引所に上場されていることその他財務省令で定める要件を満たすものをいう。以下この号及び第339条第8項において同じ。）の配当等につき支払を受ける者が、財務省令で定めるところにより、当該配当等につき支払を受けるべき者としてその者の氏名又は名称及び住所をその配当等の支払事務取扱者に登録をした場合において、その登録の際、その者の氏名又は名称及び住所を、当該支払事務取扱者又は当該登録の取次ぎをする金融機関の営業所等の長に告知しているとき　当該登録に係る特定株式投資信託又は特定不動産投資信託の配当等

商品取引所（金融商品取引法第2条第16項（定義）に規定する金融商品取引所をいう。以下この号において同じ。）に上場されていることその他財務省令で定める要件を満たすものをいう。以下この号及び第339条第8項において同じ。）又は特定不動産投資信託（証券投資信託以外の投資信託で公社債等運用投資信託に該当しないもののうち、当該投資信託の投資信託約款（投資信託及び投資法人に関する法律第4条第1項に規定する委託者指図型投資信託約款又は同法第49条第1項（投資信託契約の締結）に規定する委託者非指図型投資信託約款をいう。）にロ、ハ及びホに掲げる事項の定めがあること、その受益権が金融商品取引所に上場されていることその他財務省令で定める要件を満たすものをいう。以下この号及び第339条第8項において同じ。）の配当等につき支払を受ける者が、財務省令で定めるところにより、当該配当等につき支払を受けるべき者としてその者の氏名又は名称、住所及び個人番号又は法人番号をその配当等の支払事務取扱者に登録をした場合において、その登録の際、その者の氏名又は名称、住所及び個人番号又は法人番号を、当該支払事務取扱者又は当該登録の取次ぎをする金融機関の営業所等の長に告知しているとき　当該登録に係る特定株式投資信託又は特定不動産

(イ～ホ　略)

六　配当等（法第24条第1項に規定する投資信託及び特定受益証券発行信託の収益の分配を除く。以下この項において同じ。）につき支払を受ける者が、当該配当等を生ずべき株式（投資信託及び投資法人に関する法律第2条第14項に規定する投資口を含む。）若しくは法人の社員、会員、組合員その他の出資者の持分（これに類するものを含む。以下この条において「株式等」という。）を払込みにより取得した場合又は株式等を購入若しくは相続その他の方法により取得した場合において、当該払込みにより取得をする際又は当該株式等の名義の変更若しくは書換えの請求をする際、その者の氏名又は名称<u>及び住所</u>を、当該株式等に係る配当等の支払事務取扱者に告知しているとき　当該株式等に係る配当等

七　配当等につき支払を受ける者が、金融機関の営業所等において金融機関が社債、株式等の振替に関する法律の規定により備え付ける振替口座簿又は金融機関の営業所等を通じて当該金融機関以外の振替機関等（同法第2条第5項に規定する振替機関等をいう。）が同法の規定により備え付ける振替口座簿に係る口座の開設を受ける際、その者の氏名又は名称<u>及び住所</u>を、当該金融機関の営業

投資信託の配当等
(イ～ホ　略)

六　配当等（法第24条第1項に規定する投資信託及び特定受益証券発行信託の収益の分配を除く。以下この項において同じ。）につき支払を受ける者が、当該配当等を生ずべき株式（投資信託及び投資法人に関する法律第2条第14項に規定する投資口を含む。）若しくは法人の社員、会員、組合員その他の出資者の持分（これに類するものを含む。以下この条において「株式等」という。）を払込みにより取得した場合又は株式等を購入若しくは相続その他の方法により取得した場合において、当該払込みにより取得をする際又は当該株式等の名義の変更若しくは書換えの請求をする際、その者の氏名又は名称<u>、住所及び個人番号又は法人番号</u>を、当該株式等に係る配当等の支払事務取扱者に告知しているとき　当該株式等に係る配当等

七　配当等につき支払を受ける者が、金融機関の営業所等において金融機関が社債、株式等の振替に関する法律の規定により備え付ける振替口座簿又は金融機関の営業所等を通じて当該金融機関以外の振替機関等（同法第2条第5項に規定する振替機関等をいう。）が同法の規定により備え付ける振替口座簿に係る口座の開設を受ける際、その者の氏名又は名称、<u>住所及び個人番号又は法人番号</u>

【資料2】

所等の長に告知している場合　当該口座に係る当該振替口座簿に記載又は記録を受けている株式等に係る配当等	を、当該金融機関の営業所等の長に告知している場合当該口座に係る当該振替口座簿に記載又は記録を受けている株式等に係る配当等
3　前項の場合において、同項各号に掲げる利子等又は配当等の支払を受ける者が、同項各号の告知をした後、<u>氏名若しくは名称又は住所の変更をした場合</u>には、その者は、その<u>変更をした日</u>以後最初に当該利子等又は配当等の支払の確定する日までに、<u>その変更をした後のその者の氏名又は名称及び住所</u>を、当該利子等又は配当等に係る支払事務取扱者又は次項第2号に掲げる金融機関の営業所等の長に告知しなければならない。当該告知をした後、<u>再び氏名若しくは名称又は住所の変更をした場合</u>についても、同様とする。 （4項以下　略）	3　前項の場合において、同項各号に掲げる利子等又は配当等の支払を受ける者が、同項各号の告知をした後、<u>次の各号に掲げる場合に該当することとなつた場合</u>には、その者は、その<u>該当することとなつた日</u>以後最初に当該利子等又は配当等の支払の確定する日までに、<u>当該各号に掲げる場合の区分に応じ当該各号に定める事項</u>を、当該利子等又は配当等に係る支払事務取扱者又は次項第2号に掲げる金融機関の営業所等の長に告知しなければならない。当該告知をした後、<u>再び第1号に掲げる場合に該当することとなつた場合</u>についても、同様とする。 一　<u>その者の氏名若しくは名称、住所又は個人番号の変更をした場合　その者のその変更をした後の氏名又は名称、住所及び個人番号又は法人番号</u> 二　<u>行政手続における特定の個人を識別するための番号の利用等に関する法律の規定により個人番号又は法人番号が初めて通知された場合　その者のその通知を受けた後の氏名又は名称、住所及び個人番号又は法人番号</u> （4項以下　略）
（告知に係る住民票の写しその他の書類の提示等）	（告知に係る住民票の写しその他の書類の提示等）

377

第337条　前条第1項に規定する利子等又は配当等につき支払を受ける者は、同項から同条第3項までの規定による告知をする際、当該告知をする同条第1項に規定する支払事務取扱者（同条第4項第2号に掲げる金融機関の営業所等の長を含む。以下この条及び次条において「貯蓄取扱機関等の営業所の長」という。）に、次項に規定する書類を提示しなければならない。

2　法第224条第1項（利子、配当等の受領者の告知）に規定する政令で定める書類は、次の各号に掲げる者の区分に応じ当該各号に掲げるいずれかの書類とする。

一　個人　当該個人の住民票の写し、<u>住民票の記載事項証明書、健康保険の被保険者証、国民年金手帳、運転免許証、在留カード</u>その他の財務省令で定める書類

二　法人　当該法人の設立の登記に係る登記事項証明書、<u>国税又は地方税の領収証書、納税証明書</u>その他の財務省令で定める書類

3　前条第1項に規定する利子等又は配当等につき支払を受ける者で財務省令で定めるものが貯蓄取扱機関等の営業所の長に同項から同条第3項までの規定による告知をする場合において、当該貯蓄取扱機関等の営業所の長が、財

第337条　前条第1項に規定する利子等又は配当等につき支払を受ける者は、同項から同条第3項までの規定による告知をする際、当該告知をする同条第1項に規定する支払事務取扱者（同条第4項第2号に掲げる金融機関の営業所等の長を含む。以下この条及び次条において「貯蓄取扱機関等の営業所の長」という。）に、次項に規定する書類を提示しなければならない。

2　法第224条第1項（利子、配当等の受領者の告知）に規定する政令で定める書類は、次の各号に掲げる者の区分に応じ当該各号に掲げるいずれかの書類とする。

一　個人　当該個人の住民票の写し、<u>行政手続における特定の個人を識別するための番号の利用等に関する法律第2条第7項（定義）に規定する個人番号カード</u>その他の財務省令で定める書類

二　法人　当該法人の設立の登記に係る登記事項証明書、<u>行政手続における特定の個人を識別するための番号の利用等に関する法律施行令（平成26年政令第155号）第38条（法人番号の通知）の規定による通知に係る書面</u>その他の財務省令で定める書類

3　前条第1項に規定する利子等又は配当等につき支払を受ける者で財務省令で定めるものが貯蓄取扱機関等の営業所の長に同項から同条第3項までの規定による告知をする場合において、当該貯蓄取扱機関等の営業所の長が、財

【資料2】

務省令で定めるところにより、その支払を受ける者の氏名又は名称及び住所その他の事項を記載した帳簿（その者から前項各号に掲げるいずれかの書類の写しを添付した申請書の提出を受けて作成されたものに限る。）を備えているときは、その支払を受ける者は、第１項の規定にかかわらず、当該貯蓄取扱機関等の営業所の長に対しては、同項に規定する書類の提示を要しないものとする。ただし、当該告知をする氏名又は名称及び住所が当該帳簿に記載されているその者の氏名又は名称及び住所と異なるときは、この限りでない。	務省令で定めるところにより、その支払を受ける者の氏名又は名称、住所及び個人番号又は法人番号その他の事項を記載した帳簿（その者から前項各号に掲げるいずれかの書類の写しを添付した申請書の提出を受けて作成されたものに限る。）を備えているときは、その支払を受ける者は、第１項の規定にかかわらず、当該貯蓄取扱機関等の営業所の長に対しては、同項に規定する書類の提示を要しないものとする。ただし、当該告知をする氏名又は名称、住所及び個人番号又は法人番号が当該帳簿に記載されているその者の氏名又は名称、住所及び個人番号又は法人番号と異なるときは、この限りでない。
（貯蓄取扱機関等の営業所の長の確認等） 第338条　貯蓄取扱機関等の営業所の長は、第336条第１項から第３項まで（預貯金、株式等に係る利子、配当等の受領者の告知）の規定による告知があつた場合には、当該告知があつた氏名又は名称及び住所が、当該告知の際に提示を受けた前条第２項各号に規定する書類に記載された氏名又は名称及び住所（国内に住所を有しない者にあつては、法第224条第１項（利子、配当等の受領者の告知）に規定する財務省令で定める場所。以下この条において同じ。）と同じであるかどうかを確認しなければならない。この場合において、当該告知をした者が前条第３項に規定する帳簿に記載されている者であるときは当該告知があつた氏名又は名称及	（貯蓄取扱機関等の営業所の長の確認等） 第338条　貯蓄取扱機関等の営業所の長は、第336条第１項から第３項まで（預貯金、株式等に係る利子、配当等の受領者の告知）の規定による告知があつた場合には、当該告知があつた氏名又は名称、住所及び個人番号又は法人番号が、当該告知の際に提示を受けた前条第２項各号に規定する書類に記載された氏名又は名称、住所及び個人番号又は法人番号と同じであるかどうかを確認しなければならない。この場合において、当該告知をした者が前条第３項に規定する帳簿に記載されている者であるときは当該告知があつた氏名又は名称、住所及び個人番号又は法人番号が当該帳簿に記載されている氏名又は名称、住所及び個人番号又は法人番

び住所が当該帳簿に記載されている氏名又は名称及び住所と同じであるかどうかをそれぞれ確認しなければならない。

2　前項の確認をした貯蓄取扱機関等の営業所の長が当該確認に係る利子等又は配当等の第336条第1項に規定する支払事務取扱者でないときは、当該貯蓄取扱機関等の営業所の長は、遅滞なく、当該利子等又は配当等に係る当該支払事務取扱者に対し、当該確認をした氏名又は名称及び住所並びに当該確認した旨を、通知しなければならない。

3　貯蓄取扱機関等の営業所の長は、第336条第1項から第3項までの規定による告知（以下この項において「告知」という。）に係る公社債につき国債に関する法律の規定による登録の取次ぎをする場合又は告知に係る公社債若しくは貸付信託、投資信託、特定受益証券発行信託若しくは特定目的信託の受益権につき社債、株式等の振替に関する法律に規定する振替口座簿への記載若しくは記録に係る振替の取次ぎ若しくは保管の委託の取次ぎをする場合には、その登録の取次ぎ又はその振替の取次ぎ若しくは保管の委託の取次ぎをする際、当該登録の取扱いをする者又は当該振替口座簿に記載若しくは記録をする者若しくは当該保管の委託を受ける者に対し、第1項の確認をした氏名又は名称及び住所並びに当該確認した旨を、通知しなければならない。

号と同じであるかどうかをそれぞれ確認しなければならない。

2　前項の確認をした貯蓄取扱機関等の営業所の長が当該確認に係る利子等又は配当等の第336条第1項に規定する支払事務取扱者でないときは、当該貯蓄取扱機関等の営業所の長は、遅滞なく、当該利子等又は配当等に係る当該支払事務取扱者に対し、当該確認をした氏名又は名称、住所及び個人番号又は法人番号並びに当該確認した旨を、通知しなければならない。

3　貯蓄取扱機関等の営業所の長は、第336条第1項から第3項までの規定による告知（以下この項において「告知」という。）に係る公社債につき国債に関する法律の規定による登録の取次ぎをする場合又は告知に係る公社債若しくは貸付信託、投資信託、特定受益証券発行信託若しくは特定目的信託の受益権につき社債、株式等の振替に関する法律に規定する振替口座簿への記載若しくは記録に係る振替の取次ぎ若しくは保管の委託の取次ぎをする場合には、その登録の取次ぎ又はその振替の取次ぎ若しくは保管の委託の取次ぎをする際、当該登録の取扱いをする者又は当該振替口座簿に記載若しくは記録をする者若しくは当該保管の委託を受ける者に対し、第1項の確認をした氏名又は名称、住所及び個人番号又は法人番号並びに当該確認した旨を、通知

（4項以下　略）	しなければならない。 （4項以下　略）
（株式等の譲渡の対価の受領者の告知） 第342条　国内において法第224条の3第2項（株式等の譲渡の対価の受領者の告知）に規定する株式等（以下第344条（株式等の譲渡の対価の支払者の確認等）までにおいて「株式等」という。）の譲渡の対価（法第224条の3第1項に規定する対価をいう。以下第344条までにおいて同じ。）につき支払を受ける者（公共法人等を除く。以下この条において同じ。）は、当該株式等の譲渡の対価につきその支払を受けるべき時までに、その都度、その者の氏名又は名称及び住所（国内に住所を有しない者にあつては、法第224条の3第1項に規定する財務省令で定める場所。以下この条及び次条第3項において同じ。）を、その株式等の譲渡の対価の法第224条の3第1項に規定する支払者に告知しなければならない。	（株式等の譲渡の対価の受領者の告知） 第342条　国内において法第224条の3第2項（株式等の譲渡の対価の受領者の告知）に規定する株式等（以下第344条（株式等の譲渡の対価の支払者の確認等）までにおいて「株式等」という。）の譲渡の対価（法第224条の3第1項に規定する対価をいう。以下第344条までにおいて同じ。）につき支払を受ける者（公共法人等を除く。以下この条において同じ。）は、当該株式等の譲渡の対価につきその支払を受けるべき時までに、その都度、その者の氏名又は名称、<u>住所</u>（国内に住所を有しない者にあつては、法第224条の3第1項に規定する財務省令で定める場所。以下この条、<u>次条第3項及び第344条第1項において同じ。）及び個人番号又は法人番号（個人番号又は法人番号を有しない者にあつては、氏名又は名称及び住所。次項、次条第3項及び第344条第1項において同じ。）</u>を、その株式等の譲渡の対価の法第224条の3第1項に規定する支払者に告知しなければならない。
2　株式等の譲渡の対価の支払を受ける者が次の各号に掲げる場合のいずれかに該当するときは、その者は、その支払を受ける当該各号に定める株式等の譲渡の対価につき前項の規定による告知をしたものとみなす。 　一　株式等の譲渡の対価の支払を受け	2　株式等の譲渡の対価の支払を受ける者が次の各号に掲げる場合のいずれかに該当するときは、その者は、その支払を受ける当該各号に定める株式等の譲渡の対価につき前項の規定による告知をしたものとみなす。 　一　株式等の譲渡の対価の支払を受け

る者が、当該株式等を払込みにより取得した場合又は当該株式等を購入若しくは相続その他の方法により取得した場合において、当該払込みにより取得をする際又は当該株式等の名義の変更若しくは書換えの請求をする際、その者の氏名又は名称及び住所を当該対価の支払をする法第224条の3第1項第2号に掲げる者（次号、第3号及び次項において「金融商品取引業者等」という。）の営業所（営業所又は事務所をいう。以下この条及び第348条（信託受益権の譲渡の対価の受領者の告知）において同じ。）の長に告知しているとき。　当該株式等の譲渡の対価

二　株式等の譲渡の対価の支払を受ける者が、当該対価の支払をする金融商品取引業者等の営業所において株式等の保管の委託に係る契約を締結する際、その者の氏名又は名称及び住所を当該金融商品取引業者等の営業所の長に告知しているとき。　その譲渡の時まで当該契約に基づき保管の委託をしていた株式等の当該対価

三　株式等の譲渡の対価の支払を受ける者が、当該対価の支払をする金融商品取引業者等の営業所において金融商品取引業者等が社債、株式等の振替に関する法律の規定により備え付ける振替口座簿又は金融商品取引業者等の営業所を通じて当該金融商

る者が、当該株式等を払込みにより取得した場合又は当該株式等を購入若しくは相続その他の方法により取得した場合において、当該払込みにより取得をする際又は当該株式等の名義の変更若しくは書換えの請求をする際、その者の氏名又は名称、住所及び個人番号又は法人番号を当該対価の支払をする法第224条の3第1項第2号に掲げる者（次号、第3号及び次項において「金融商品取引業者等」という。）の営業所（営業所又は事務所をいう。以下この条及び第348条（信託受益権の譲渡の対価の受領者の告知）において同じ。）の長に告知しているとき　当該株式等の譲渡の対価

二　株式等の譲渡の対価の支払を受ける者が、当該対価の支払をする金融商品取引業者等の営業所において株式等の保管の委託に係る契約を締結する際、その者の氏名又は名称、住所及び個人番号又は法人番号を当該金融商品取引業者等の営業所の長に告知しているとき　その譲渡の時まで当該契約に基づき保管の委託をしていた株式等の当該対価

三　株式等の譲渡の対価の支払を受ける者が、当該対価の支払をする金融商品取引業者等の営業所において金融商品取引業者等が社債、株式等の振替に関する法律の規定により備え付ける振替口座簿又は金融商品取引業者等の営業所を通じて当該金融商

【資料2】

品取引業者等以外の振替機関等（同法第2条第5項（定義）に規定する振替機関等をいう。）が同法の規定により備え付ける振替口座簿に係る口座の開設を受ける際、その者の氏名又は名称及び住所を当該金融商品取引業者等の営業所の長に告知しているとき。　その譲渡の時まで当該口座に係る当該振替口座簿に記載又は記録を受けていた株式等の当該対価	品取引業者等以外の振替機関等（同法第2条第5項（定義）に規定する振替機関等をいう。）が同法の規定により備え付ける振替口座簿に係る口座の開設を受ける際、その者の氏名又は名称、住所及び個人番号又は法人番号を当該金融商品取引業者等の営業所の長に告知しているとき　その譲渡の時まで当該口座に係る当該振替口座簿に記載又は記録を受けていた株式等の当該対価
四　株式等の譲渡の対価の支払を受ける者が、金融商品取引法第156条の24第1項（免許及び免許の申請）に規定する信用取引又は発行日取引（有価証券が発行される前にその有価証券の売買を行う取引であつて財務省令で定める取引をいう。）（以下この号において「信用取引等」という。）により当該株式等の譲渡を行う場合において、当該株式等の譲渡の際、その者の氏名又は名称及び住所を当該対価の支払をする法第224条の3第1項第2号に掲げる金融商品取引業者の営業所の長に告知しているとき。　当該告知をした後に当該営業所において支払を受ける信用取引等に係る株式等の譲渡の対価	四　株式等の譲渡の対価の支払を受ける者が、金融商品取引法第156条の24第1項（免許及び免許の申請）に規定する信用取引又は発行日取引（有価証券が発行される前にその有価証券の売買を行う取引であつて財務省令で定める取引をいう。）（以下この号において「信用取引等」という。）により当該株式等の譲渡を行う場合において、当該株式等の譲渡の際、その者の氏名又は名称、住所及び個人番号又は法人番号を当該対価の支払をする法第224条の3第1項第2号に掲げる金融商品取引業者の営業所の長に告知しているとき　当該告知をした後に当該営業所において支払を受ける信用取引等に係る株式等の譲渡の対価
3　前項の場合において、同項各号に定める株式等の譲渡の対価の支払を受ける者が同項各号の告知をした後、氏名若しくは名称又は住所の変更をした場合には、その者は、その変更をした日	3　前項の場合において、同項各号に定める株式等の譲渡の対価の支払を受ける者が同項各号の告知をした後、次の各号に掲げる場合に該当することとなつた場合には、その者は、その該当す

以後最初に当該株式等の譲渡に係る対価の支払を受けるべき時までに、<u>その変更をした後のその者の氏名又は名称及び住所</u>を当該対価の支払をする金融商品取引業者等の営業所の長に告知しなければならない。当該告知をした後、<u>再び氏名若しくは名称又は住所の変更</u>をした場合についても、同様とする。 （4項以下　略）	<u>ることとなつた日</u>以後最初に当該株式等の譲渡に係る対価の支払を受けるべき時までに、<u>当該各号に掲げる場合の区分に応じ当該各号に定める事項</u>を当該対価の支払をする金融商品取引業者等の営業所の長に告知しなければならない。当該告知をした後、<u>再び第1号に掲げる場合に該当することとなつた場合</u>についても、同様とする。 <u>一　その者の氏名若しくは名称、住所又は個人番号の変更をした場合　その者のその変更をした後の氏名又は名称、住所及び個人番号又は法人番号</u> <u>二　行政手続における特定の個人を識別するための番号の利用等に関する法律の規定により個人番号又は法人番号が初めて通知された場合　その者のその通知を受けた後の氏名又は名称、住所及び個人番号又は法人番号</u> （4項以下　略）
（信託受益権の譲渡の対価の受領者の告知） 第348条　国内において法第224条の4（信託受益権の譲渡の対価の受領者の告知）に規定する信託受益権（以下この条から第350条（信託受益権の譲渡の対価の支払者の確認等）までにおいて「信託受益権」という。）の譲渡の対価につき支払を受ける者（公共法人等を除く。以下この条において同じ。）は、当該信託受益権の譲渡の対価につきその支払を受けるべき時までに、そ	（信託受益権の譲渡の対価の受領者の告知） 第348条　国内において法第224条の4（信託受益権の譲渡の対価の受領者の告知）に規定する信託受益権（以下この条から第350条（信託受益権の譲渡の対価の支払者の確認等）までにおいて「信託受益権」という。）の譲渡の対価につき支払を受ける者（公共法人等を除く。以下この条において同じ。）は、当該信託受益権の譲渡の対価につきその支払を受けるべき時までに、そ

の都度、その者の氏名又は名称及び住所（国内に住所を有しない者にあつては、法第224条の4に規定する財務省令で定める場所。以下この条及び次条第3項において同じ。）を、その信託受益権の譲渡の対価の法第224条の4に規定する支払者に告知しなければならない。	の都度、その者の氏名又は名称、住所（国内に住所を有しない者にあつては、法第224条の4に規定する財務省令で定める場所。以下この条、次条第3項及び第350条第1項において同じ。）及び個人番号又は法人番号（個人番号又は法人番号を有しない者にあつては、氏名又は名称及び住所。次項、次条第3項及び第350条第1項において同じ。）を、その信託受益権の譲渡の対価の法第224条の4に規定する支払者に告知しなければならない。
2　信託受益権の譲渡の対価の支払を受ける者が次の各号に掲げる場合のいずれかに該当するときは、その者は、その支払を受ける当該各号に定める信託受益権の譲渡の対価につき前項の規定による告知をしたものとみなす。 　一　信託受益権の譲渡の対価の支払を受ける者が、当該信託受益権を購入により取得した場合において、当該購入に係る売買契約の締結をする際、その者の氏名又は名称及び住所を当該対価の支払をする法第224条の4第2号に掲げる金融商品取引業者又は登録金融機関の営業所の長に告知しているとき。　当該信託受益権の譲渡の対価 　二　信託受益権の譲渡の対価の支払を受ける者が、当該信託受益権を相続その他の方法により取得した場合において、当該信託受益権に係る信託の受託者の営業所の長に当該信託受	2　信託受益権の譲渡の対価の支払を受ける者が次の各号に掲げる場合のいずれかに該当するときは、その者は、その支払を受ける当該各号に定める信託受益権の譲渡の対価につき前項の規定による告知をしたものとみなす。 　一　信託受益権の譲渡の対価の支払を受ける者が、当該信託受益権を購入により取得した場合において、当該購入に係る売買契約の締結をする際、その者の氏名又は名称、住所及び個人番号又は法人番号を当該対価の支払をする法第224条の4第2号に掲げる金融商品取引業者又は登録金融機関の営業所の長に告知しているとき　当該信託受益権の譲渡の対価 　二　信託受益権の譲渡の対価の支払を受ける者が、当該信託受益権を相続その他の方法により取得した場合において、当該信託受益権に係る信託の受託者の営業所の長に当該信託受

益権の受益者となつた旨の告知をする際、その者の氏名又は名称及び住所を当該対価の支払をする当該受託者の営業所の長に告知しているとき。　当該信託受益権の譲渡の対価

三　信託受益権の譲渡の対価の支払を受ける者が、当該信託受益権に係る信託の契約を締結する際、その者の氏名又は名称及び住所を当該対価の支払をする当該信託の受託者の営業所の長に告知しているとき。　その譲渡の時まで当該信託の設定の日から有していた信託受益権の当該対価

3　前項の場合において、同項各号に定める信託受益権の譲渡の対価の支払を受ける者が同項各号の告知をした後、氏名若しくは名称又は住所の変更をした場合には、その者は、その変更をした日以後最初に当該信託受益権の譲渡に係る対価の支払を受けるべき時までに、その変更をした後のその者の氏名又は名称及び住所を当該対価の支払をする同項各号の金融商品取引業者若しくは登録金融機関又は信託の受託者の営業所の長に告知しなければならない。当該告知をした後、再び氏名若しくは名称又は住所の変更をした場合についても、同様とする。

益権の受益者となつた旨の告知をする際、その者の氏名又は名称、住所及び個人番号又は法人番号を当該対価の支払をする当該受託者の営業所の長に告知しているとき　当該信託受益権の譲渡の対価

三　信託受益権の譲渡の対価の支払を受ける者が、当該信託受益権に係る信託の契約を締結する際、その者の氏名又は名称、住所及び個人番号又は法人番号を当該対価の支払をする当該信託の受託者の営業所の長に告知しているとき　その譲渡の時まで当該信託の設定の日から有していた信託受益権の当該対価

3　前項の場合において、同項各号に定める信託受益権の譲渡の対価の支払を受ける者が同項各号の告知をした後、次の各号に掲げる場合に該当することとなつた場合には、その者は、その該当することとなつた日以後最初に当該信託受益権の譲渡に係る対価の支払を受けるべき時までに、当該各号に掲げる場合の区分に応じ当該各号に定める事項を当該対価の支払をする同項各号の金融商品取引業者若しくは登録金融機関又は信託の受託者の営業所の長に告知しなければならない。当該告知をした後、再び第1号に掲げる場合に該当することとなつた場合についても、同様とする。

一　その者の氏名若しくは名称、住所又は個人番号の変更をした場合　その者のその変更をした後の氏名又は

【資料2】

	名称、住所及び個人番号又は法人番号 二 <u>行政手続における特定の個人を識別するための番号の利用等に関する法律の規定により個人番号又は法人番号が初めて通知された場合　その者のその通知を受けた後の氏名又は名称、住所及び個人番号又は法人番号</u>
（先物取引の差金等決済をする者の告知） 第350条の3　国内において法第224条の5第2項（先物取引の差金等決済をする者の告知）に規定する先物取引（以下この条及び次条において「先物取引」という。）の同項に規定する差金等決済（以下この条及び次条において「差金等決済」という。）をする者（公共法人等を除く。以下この条及び次条において同じ。）は、その差金等決済をする日までに、その都度、その者の氏名又は名称及び住所（国内に住所を有しない者にあつては、法第224条の5第1項に規定する財務省令で定める場所。以下この条から第350条の5（商品先物取引業者等の確認等）までにおいて同じ。）を、その差金等決済に係る先物取引の法第224条の5第1項に規定する商品先物取引業者等（以下この条から第350条の5までにおいて「商品先物取引業者等」という。）に告知しなければならない。	（先物取引の差金等決済をする者の告知） 第350条の3　国内において法第224条の5第2項（先物取引の差金等決済をする者の告知）に規定する先物取引（以下この条及び次条において「先物取引」という。）の同項に規定する差金等決済（以下この条及び次条において「差金等決済」という。）をする者（公共法人等を除く。以下この条及び次条において同じ。）は、その差金等決済をする日までに、その都度、その者の氏名又は名称、<u>住所</u>（国内に住所を有しない者にあつては、法第224条の5第1項に規定する財務省令で定める場所。以下この条から第350条の5（商品先物取引業者等の確認等）までにおいて同じ。）<u>及び個人番号又は法人番号（個人番号又は法人番号を有しない者にあつては、氏名又は名称及び住所。以下この条から第350条の5までにおいて同じ。）</u>を、その差金等決済に係る先物取引の法第224条の5第1項に規定する商品先物取引業者等（以下この条から第350条の5までにおいて「商

資料

2　先物取引の差金等決済をする者が次の各号に掲げる場合のいずれかに該当するときは、その者は、当該各号に定める先物取引の差金等決済につき前項の規定による告知をしたものとみなす。 　一　商品先物取引（法第224条の5第1項第1号に規定する商品先物取引をいう。以下この号及び次号において同じ。）又は外国商品市場取引（同項第1号に規定する外国商品市場取引をいう。以下この号において同じ。）の差金等決済をする者が、同項第1号に規定する商品先物取引業者（以下この号及び第3号において「商品先物取引業者」という。）と当該商品先物取引又は外国商品市場取引の委託に係る契約を締結する際、その者の氏名又は名称<u>及び住所</u>を当該商品先物取引業者の当該商品先物取引又は外国商品市場取引に係る営業所等（同項第1号に規定する営業所等をいう。以下この号及び第3号において同じ。）の長に（当該商品先物取引又は外国商品市場取引を委託の取次ぎにより行つた場合には、当該委託の取次ぎを引き受けた商品先物取引業者と当該委託の取次ぎに係る契約を締結する際、その者の氏名又は名称<u>及び住所</u>を当該商品先物取引業者の当該取次ぎに係る営業所等の長に）告知しているとき　これらの契約に基づき委託をする商品先	品先物取引業者等」という。）に告知しなければならない。 2　先物取引の差金等決済をする者が次の各号に掲げる場合のいずれかに該当するときは、その者は、当該各号に定める先物取引の差金等決済につき前項の規定による告知をしたものとみなす。 　一　商品先物取引（法第224条の5第1項第1号に規定する商品先物取引をいう。以下この号及び次号において同じ。）又は外国商品市場取引（同項第1号に規定する外国商品市場取引をいう。以下この号において同じ。）の差金等決済をする者が、同項第1号に規定する商品先物取引業者（以下この号及び第3号において「商品先物取引業者」という。）と当該商品先物取引又は外国商品市場取引の委託に係る契約を締結する際、その者の氏名又は名称、<u>住所及び個人番号又は法人番号</u>を当該商品先物取引業者の当該商品先物取引又は外国商品市場取引に係る営業所等（同項第1号に規定する営業所等をいう。以下この号及び第3号において同じ。）の長に（当該商品先物取引又は外国商品市場取引を委託の取次ぎにより行つた場合には、当該委託の取次ぎを引き受けた商品先物取引業者と当該委託の取次ぎに係る契約を締結する際、その者の氏名又は名称、<u>住所及び個人番号又は法人番号</u>を当該商品先物取引業者の当該取次ぎに係る営業所等の長に）告知して

【資料2】

物取引又は外国商品市場取引	いるとき　これらの契約に基づき委託をする商品先物取引又は外国商品市場取引
二　商品先物取引の差金等決済をする者が、当該商品先物取引に係る商品市場（法第224条の5第1項第2号に規定する商品市場をいう。以下この号において同じ。）を開設している商品取引所（同項第2号に規定する商品取引所をいう。以下この号において同じ。）に加入をする際、その者の氏名又は名称<u>及び住所</u>を当該商品取引所の長に告知しているとき　当該商品取引所の商品市場において行う商品先物取引	二　商品先物取引の差金等決済をする者が、当該商品先物取引に係る商品市場（法第224条の5第1項第2号に規定する商品市場をいう。以下この号において同じ。）を開設している商品取引所（同項第2号に規定する商品取引所をいう。以下この号において同じ。）に加入をする際、その者の氏名又は名称、<u>住所及び個人番号又は法人番号</u>を当該商品取引所の長に告知しているとき　当該商品取引所の商品市場において行う商品先物取引
三　店頭商品デリバティブ取引（法第224条の5第1項第3号に規定する店頭商品デリバティブ取引をいう。以下この号において同じ。）の差金等決済をする者が、商品先物取引業者と当該店頭商品デリバティブ取引に係る契約を締結する際、その者の氏名又は名称<u>及び住所</u>を当該商品先物取引業者の当該店頭商品デリバティブ取引に係る営業所等の長に（当該店頭商品デリバティブ取引を取次ぎにより行つた場合には、当該取次ぎを引き受けた商品先物取引業者と当該取次ぎに係る契約を締結する際、その者の氏名又は名称<u>及び住所</u>を当該商品先物取引業者の当該取次ぎに係る営業所等の長に）告知しているとき　これらの契約に基づき	三　店頭商品デリバティブ取引（法第224条の5第1項第3号に規定する店頭商品デリバティブ取引をいう。以下この号において同じ。）の差金等決済をする者が、商品先物取引業者と当該店頭商品デリバティブ取引に係る契約を締結する際、その者の氏名又は名称、<u>住所及び個人番号又は法人番号</u>を当該商品先物取引業者の当該店頭商品デリバティブ取引に係る営業所等の長に（当該店頭商品デリバティブ取引を取次ぎにより行つた場合には、当該取次ぎを引き受けた商品先物取引業者と当該取次ぎに係る契約を締結する際、その者の氏名又は名称、<u>住所及び個人番号又は法人番号</u>を当該商品先物取引業者の当該取次ぎに係る営業所等の長

行う店頭商品デリバティブ取引

四　市場デリバティブ取引（法第224条の5第1項第4号に規定する市場デリバティブ取引をいう。以下この号において同じ。）又は外国市場デリバティブ取引（同項第4号に規定する外国市場デリバティブ取引をいう。以下この号において同じ。）の差金等決済をする者が、同項第4号に規定する金融商品取引業者等（以下この号及び第6号において「金融商品取引業者等」という。）と当該市場デリバティブ取引又は外国市場デリバティブ取引の委託に係る契約を締結する際、その者の氏名又は名称及び住所を当該金融商品取引業者等の当該市場デリバティブ取引又は外国市場デリバティブ取引に係る営業所の長に（当該市場デリバティブ取引又は外国市場デリバティブ取引を委託の取次ぎにより行つた場合には、当該委託の取次ぎを引き受けた金融商品取引業者等と当該委託の取次ぎに係る契約を締結する際、その者の氏名又は名称及び住所を当該金融商品取引業者等の当該取次ぎに係る営業所の長に）告知しているとき　これらの契約に基づき委託をする市場デリバティブ取引又は外国市場デリバティブ取引

五　市場デリバティブ取引（法第224

に）告知しているとき　これらの契約に基づき行う店頭商品デリバティブ取引

四　市場デリバティブ取引（法第224条の5第1項第4号に規定する市場デリバティブ取引をいう。以下この号において同じ。）又は外国市場デリバティブ取引（同項第4号に規定する外国市場デリバティブ取引をいう。以下この号において同じ。）の差金等決済をする者が、同項第4号に規定する金融商品取引業者等（以下この号及び第6号において「金融商品取引業者等」という。）と当該市場デリバティブ取引又は外国市場デリバティブ取引の委託に係る契約を締結する際、その者の氏名又は名称、住所及び個人番号又は法人番号を当該金融商品取引業者等の当該市場デリバティブ取引又は外国市場デリバティブ取引に係る営業所の長に（当該市場デリバティブ取引又は外国市場デリバティブ取引を委託の取次ぎにより行つた場合には、当該委託の取次ぎを引き受けた金融商品取引業者等と当該委託の取次ぎに係る契約を締結する際、その者の氏名又は名称、住所及び個人番号又は法人番号を当該金融商品取引業者等の当該取次ぎに係る営業所の長に）告知しているとき　これらの契約に基づき委託をする市場デリバティブ取引又は外国市場デリバティブ取引

五　市場デリバティブ取引（法第224

【資料2】

条の5第1項第5号に規定する市場デリバティブ取引をいう。以下この号において同じ。）の差金等決済をする者が、当該市場デリバティブ取引に係る取引所金融商品市場（同項第5号に規定する取引所金融商品市場をいう。以下この号において同じ。）を開設している金融商品取引所（同項第5号に規定する金融商品取引所をいう。以下この号において同じ。）に加入をする際、その者の氏名又は名称及び住所を当該金融商品取引所の長に告知しているとき　当該金融商品取引所の取引所金融商品市場において行う市場デリバティブ取引	条の5第1項第5号に規定する市場デリバティブ取引をいう。以下この号において同じ。）の差金等決済をする者が、当該市場デリバティブ取引に係る取引所金融商品市場（同項第5号に規定する取引所金融商品市場をいう。以下この号において同じ。）を開設している金融商品取引所（同項第5号に規定する金融商品取引所をいう。以下この号において同じ。）に加入をする際、その者の氏名又は名称、<u>住所及び個人番号又は法人番号</u>を当該金融商品取引所の長に告知しているとき　当該金融商品取引所の取引所金融商品市場において行う市場デリバティブ取引
六　店頭デリバティブ取引（法第224条の5第1項第6号に規定する店頭デリバティブ取引をいう。以下この号において同じ。）の差金等決済をする者が、金融商品取引業者等と当該店頭デリバティブ取引に係る契約を締結する際、その者の氏名又は名称及び住所を当該金融商品取引業者等の当該店頭デリバティブ取引に係る営業所の長に（当該店頭デリバティブ取引を取次ぎにより行つた場合には、当該取次ぎを引き受けた金融商品取引業者等と当該取次ぎに係る契約を締結する際、その者の氏名又は名称及び住所を当該金融商品取引業者等の当該取次ぎに係る営業所の長に）告知しているとき　これらの契約に基づき行う店頭デリバティ	六　店頭デリバティブ取引（法第224条の5第1項第6号に規定する店頭デリバティブ取引をいう。以下この号において同じ。）の差金等決済をする者が、金融商品取引業者等と当該店頭デリバティブ取引に係る契約を締結する際、その者の氏名又は名称、<u>住所及び個人番号又は法人番号</u>を当該金融商品取引業者等の当該店頭デリバティブ取引に係る営業所の長に（当該店頭デリバティブ取引を取次ぎにより行つた場合には、当該取次ぎを引き受けた金融商品取引業者等と当該取次ぎに係る契約を締結する際、その者の氏名又は名称、<u>住所及び個人番号又は法人番号</u>を当該金融商品取引業者等の当該取次ぎに係る営業所の長に）告知していると

ブ取引	き　これらの契約に基づき行う店頭デリバティブ取引
七　法第224条の５第１項第７号に規定する有価証券（以下この項において「有価証券」という。）の差金等決済をする者が、当該有価証券を購入又は相続その他の方法により取得した場合において、当該有価証券の名義の変更又は書換えの請求をする際、その者の氏名又は名称及び住所を、その有価証券に表示される権利の行使（同条第２項第３号に規定する行使をいう。次号において同じ。）若しくは放棄に関する事務の取扱いをする同条第１項第４号に規定する金融商品取引業者（以下この項において「金融商品取引業者」という。）の営業所の長又は当該有価証券の譲渡の対価の支払をする金融商品取引業者の営業所の長に告知しているとき　当該有価証券の取得	七　法第224条の５第１項第７号に規定する有価証券（以下この項において「有価証券」という。）の差金等決済をする者が、当該有価証券を購入又は相続その他の方法により取得した場合において、当該有価証券の名義の変更又は書換えの請求をする際、その者の氏名又は名称、住所及び個人番号又は法人番号を、その有価証券に表示される権利の行使（同条第２項第３号に規定する行使をいう。次号において同じ。）若しくは放棄に関する事務の取扱いをする同条第１項第４号に規定する金融商品取引業者（以下この項において「金融商品取引業者」という。）の営業所の長又は当該有価証券の譲渡の対価の支払をする金融商品取引業者の営業所の長に告知しているとき　当該有価証券の取得
八　有価証券の差金等決済をする者が、当該有価証券に表示される権利の行使若しくは放棄に関する事務の取扱いをする金融商品取引業者の営業所又は当該有価証券の譲渡の対価の支払をする金融商品取引業者の営業所においてこれらの有価証券の保管の委託に係る契約を締結する際、その者の氏名又は名称及び住所をこれらの金融商品取引業者の営業所の長に告知しているとき　その差金等決済の時まで当該契約に基づき保管	八　有価証券の差金等決済をする者が、当該有価証券に表示される権利の行使若しくは放棄に関する事務の取扱いをする金融商品取引業者の営業所又は当該有価証券の譲渡の対価の支払をする金融商品取引業者の営業所においてこれらの有価証券の保管の委託に係る契約を締結する際、その者の氏名又は名称、住所及び個人番号又は法人番号をこれらの金融商品取引業者の営業所の長に告知しているとき　その差金等決済の時ま

の委託をしていた有価証券の取得	で当該契約に基づき保管の委託をしていた有価証券の取得
3　前項の場合において、同項各号に定める先物取引の差金等決済をする者が同項各号の告知をした後、<u>氏名若しくは名称又は住所の変更をした場合に</u>は、その者は、その<u>変更をした日</u>以後最初に当該先物取引の差金等決済をする日までに、<u>その変更をした後のその者の氏名又は名称及び住所</u>を当該告知に係る商品先物取引業者等に告知しなければならない。当該告知をした後、<u>再び氏名若しくは名称又は住所の変更をした場合</u>についても、同様とする。	3　前項の場合において、同項各号に定める先物取引の差金等決済をする者が同項各号の告知をした後、<u>次の各号に掲げる場合に該当することとなつた場合</u>には、その者は、その<u>該当することとなつた日</u>以後最初に当該先物取引の差金等決済をする日までに、<u>当該各号に掲げる場合の区分に応じ当該各号に定める事項</u>を当該告知に係る商品先物取引業者等に告知しなければならない。当該告知をした後、<u>再び第１号に掲げる場合に該当することとなつた場合</u>についても、同様とする。 　<u>一　その者の氏名若しくは名称、住所又は個人番号の変更をした場合　その者のその変更をした後の氏名又は名称、住所及び個人番号又は法人番号</u> 　<u>二　行政手続における特定の個人を識別するための番号の利用等に関する法律の規定により個人番号又は法人番号が初めて通知された場合　その者のその通知を受けた後の氏名又は名称、住所及び個人番号又は法人番号</u>
（金地金等の譲渡の対価の受領者の告知） 第350条の8　国内において法第224条の6（金地金等の譲渡の対価の受領者の告知）に規定する金地金等（以下この条から第350条の10（金地金等の譲渡の対価の支払者の確認等）までにおいて「金地金等」という。）の譲渡の対	（金地金等の譲渡の対価の受領者の告知） 第350条の8　国内において法第224条の6（金地金等の譲渡の対価の受領者の告知）に規定する金地金等（以下この条から第350条の10（金地金等の譲渡の対価の支払者の確認等）までにおいて「金地金等」という。）の譲渡の対

価(法第224条の6に規定する対価をいう。以下この条から第350条の10までにおいて同じ。)につき支払を受ける者(公共法人等を除く。以下この条及び次条において同じ。)は、その金地金等の譲渡の対価につきその支払を受けるべき時までに、その都度、その者の氏名又は名称<u>及び住所</u>(国内に住所を有しない者にあつては、法第224条の6に規定する財務省令で定める場所。以下この条から第350条の10までにおいて<u>同じ。)</u>を、その金地金等の譲渡の対価の法第224条の6に規定する支払者(以下この条から第350条の10までにおいて「支払者」という。)に告知しなければならない。	価(法第224条の6に規定する対価をいう。以下この条から第350条の10までにおいて同じ。)につき支払を受ける者(公共法人等を除く。以下この条及び次条において同じ。)は、その金地金等の譲渡の対価につきその支払を受けるべき時までに、その都度、その者の氏名又は名称<u>、住所</u>(国内に住所を有しない者にあつては、法第224条の6に規定する財務省令で定める場所。以下この条から第350条の10までにおいて<u>同じ。)及び個人番号又は法人番号(個人番号又は法人番号を有しない者にあつては、氏名又は名称及び住所。以下この条から第350条の10までにおいて同じ。)</u>を、その金地金等の譲渡の対価の法第224条の6に規定する支払者(以下この条から第350条の10までにおいて「支払者」という。)に告知しなければならない。
2　金地金等の譲渡の対価の支払を受ける者が、当該金地金等を購入により取得した場合において、当該購入に係る売買契約の締結をする際、その者の氏名又は名称<u>及び住所</u>を当該対価の支払者の営業所、事務所その他これらに準ずるもの(以下この条において「営業所等」という。)の長に告知しているときは、その者は、その支払を受ける当該金地金等の譲渡の対価につき前項の規定による告知をしたものとみなす。	2　金地金等の譲渡の対価の支払を受ける者が、当該金地金等を購入により取得した場合において、当該購入に係る売買契約の締結をする際、その者の氏名又は名称<u>、住所及び個人番号又は法人番号</u>を当該対価の支払者の営業所、事務所その他これらに準ずるもの(以下この条において「営業所等」という。)の長に告知しているときは、その者は、その支払を受ける当該金地金等の譲渡の対価につき前項の規定による告知をしたものとみなす。
3　前項の場合において、同項の金地金等の譲渡の対価の支払を受ける者が同	3　前項の場合において、同項の金地金等の譲渡の対価の支払を受ける者が同

項の告知をした後、氏名若しくは名称又は住所の変更をした場合には、その者は、その変更をした日以後最初に当該金地金等の譲渡に係る対価の支払を受けるべき時までに、その変更をした後のその者の氏名又は名称及び住所を当該対価の支払者の営業所等の長に告知しなければならない。当該告知をした後、再び氏名若しくは名称又は住所の変更をした場合についても、同様とする。	項の告知をした後、次の各号に掲げる場合に該当することとなつた場合には、その者は、その該当することとなつた日以後最初に当該金地金等の譲渡に係る対価の支払を受けるべき時までに、当該各号に掲げる場合の区分に応じ当該各号に定める事項を当該対価の支払者の営業所等の長に告知しなければならない。当該告知をした後、再び第1号に掲げる場合に該当することとなつた場合についても、同様とする。 一　その者の氏名若しくは名称、住所又は個人番号の変更をした場合　その者のその変更をした後の氏名又は名称、住所及び個人番号又は法人番号 二　行政手続における特定の個人を識別するための番号の利用等に関する法律の規定により個人番号又は法人番号が初めて通知された場合　その者のその通知を受けた後の氏名又は名称、住所及び個人番号又は法人番号

附則　（平成26年5月14日政令第179号）　抄
　この政令は、行政手続における特定の個人を識別するための番号の利用等に関する法律附則第1条第4号に掲げる規定の施行の日から施行する。

【資料3】行政手続における特定の個人を識別するための番号の利用等に関する法律及び行政手続における特定の個人を識別するための番号の利用等に関する法律の施行に伴う関係法律の整備等に関する法律の施行に伴う財務省関係政令の整備に関する政令（平成26年5月14日政令第179号）（抄）

（所得税法施行令の一部改正に伴う経過措置）
第16条（1～4項　略）
5　施行日前に旧所得税法施行令第336条第2項各号の告知をした者で施行日以後に当該各号に定める利子等又は配当等の支払を受けるものは、施行日から3年を経過した日（以下この条において「3年経過日」という。）以後最初に当該各号に掲げる場合の区分に応じ当該各号に定める利子等又は配当等の支払を受ける日（同日において新所得税法施行令第336条第1項に規定する個人番号（以下この条において「個人番号」という。）又は同項に規定する法人番号（以下この条において「法人番号」という。）を有しない者にあっては、行政手続における特定の個人を識別するための番号の利用等に関する法律の規定により同日以後に個人番号又は法人番号が初めて通知された日（以下この条において「番号通知日」という。）から1月を経過する日。以下この項において「支払日」という。）までに、当該各号に規定する金融機関の営業所等の長又は支払事務取扱者（次項から第8項までにおいて「支払事務取扱者等」という。）に、その者の同法第2条第7項に規定する個人番号カードその他の財務省令で定める書類（以下この条において「確認書類」という。）を提示して個人番号又は法人番号を告知しなければならない。この場合において、当該利子等又は配当等の支払を受ける者が支払日までに当該告知をしないときは、当該支払日以後に支払を受けるべき当該利子等又は配当等については、第3項の規定にかかわらず、新所得税法施行令第336条第1項の規定を適用する。
（6～12項　略）
13　施行日前に旧所得税法施行令第342条第2項各号の告知をした者で施行日以後に当該各号に定める株式等の譲渡の対価の支払を受けるものは、3年経過日以後最初に当該各号に掲げる場合の区分に応じ当該各号に定める株式等の譲渡の対価の支払を受ける日（同日において個人番号又は法人番号を有しない者にあっては、番号通知日の属する月の翌月末日。以下この項において「支払日」という。）までに、当該各号に規定する金融商品取引業者等の営業所の長又は金融商品取引業者の営業所の長（次項において「金融商品取引業者等の営業所の長」という。）に、その者の確認書類を提示して個人番号又は法人番号を告知しなければならない。この場合に

【資料3】

おいて、当該株式等の譲渡の対価の支払を受ける者が支払日までに当該告知をしないときは、当該支払日以後に支払を受けるべき当該株式等の譲渡の対価については、第11項の規定にかかわらず、新所得税法施行令第342条第1項の規定を適用する。

(14~16項　略)

17　施行日前に旧所得税法施行令第348条第2項各号の告知をした者で施行日以後に当該各号に定める信託受益権の譲渡の対価の支払を受けるものは、3年経過日以後最初に当該各号に掲げる場合の区分に応じ当該各号に定める信託受益権の譲渡の対価の支払を受ける日(同日において個人番号又は法人番号を有しない者にあっては、番号通知日の属する年の翌年1月31日。以下この項において「支払日」という。)までに、当該各号に規定する金融商品取引業者若しくは登録金融機関の営業所の長又は受託者の営業所の長(次項において「金融商品取引業者等の営業所の長」という。)に、その者の確認書類を提示して個人番号又は法人番号を告知しなければならない。この場合において、当該信託受益権の譲渡の対価の支払を受ける者が支払日までに当該告知をしないときは、当該支払日以後に支払を受けるべき当該信託受益権の譲渡の対価については、第15項の規定にかかわらず、新所得税法施行令第348条第1項の規定を適用する。

(18~20項　略)

21　施行日前に旧所得税法施行令第350条の3第2項各号の告知をした者で施行日以後に当該各号に定める先物取引の同条第1項に規定する差金等決済(以下この項において「差金等決済」という。)をするものは、3年経過日以後最初に当該各号に掲げる場合の区分に応じ当該各号に定める先物取引の差金等決済をする日(同日において個人番号又は法人番号を有しない者にあっては、番号通知日の属する月の翌月末日。以下この項において「決済日」という。)までに、当該各号に規定する営業所等の長、商品取引所の長、営業所の長、金融商品取引所の長又は金融商品取引業者の営業所の長(次項において「営業所等の長」という。)に、その者の確認書類を提示して個人番号又は法人番号を告知しなければならない。この場合において、当該先物取引の差金等決済をする者が決済日までに当該告知をしないときは、当該先物取引の差金等決済で当該決済日以後に行うものについては、第19項の規定にかかわらず、新所得税法施行令第350条の3第1項の規定を適用する。

(22~24項　略)

25　施行日前に旧所得税法施行令第350条の8第2項の告知をした者で施行日以後に同条第1項に規定する金地金等の譲渡の同項に規定する対価の支払を受けるものは、3年経過日以後最初に同項に規定する金地金等の譲渡の同項に規定する対価の支払を受ける日(同日において個人番号又は法人番号を有しない者にあっては、番

号通知日の属する月の翌月末日。以下この項において「支払日」という。）までに、同条第2項に規定する営業所等の長（次項において「営業所等の長」という。）に、その者の確認書類を提示して個人番号又は法人番号を告知しなければならない。この場合において、当該金地金等の譲渡の対価の支払を受ける者が支払日までに当該告知をしないときは、当該支払日以後に支払を受けるべき当該金地金等の譲渡の対価については、第23項の規定にかかわらず、新所得税法施行令第350条の8第1項の規定を適用する。
（26項　略）

附則（平成26年5月14日政令第179号）　抄
　この政令は、行政手続における特定の個人を識別するための番号の利用等に関する法律附則第1条第4号に掲げる規定の施行の日から施行する。

【資料4】

【資料4】所得税法施行規則の一部を改正する省令(平成26年7月9日財務省令第53号)附則(抄)

(利子等の支払調書及び配当等の支払調書に関する経過措置等)
第60条 (1項 略)
2 施行日前に旧令第336条第2項各号(預貯金、株式等に係る利子、配当等の受領者の告知)の告知をした者に対して施行日以後に当該各号に定める利子等又は配当等の支払をする者(新規則第82条第1項又は第83条第1項に規定する支払をする者をいう。次項において同じ。)が、当該利子等又は配当等のうちその支払を受ける者が番号利用法整備令第16条第5項(所得税法施行令の一部改正に伴う経過措置)の規定による告知をする日(その者が同項に規定する支払日までに当該告知をしないときは、当該支払日)までに支払の確定するものにつき新規則第82条第1項又は第83条第1項の規定により提出する調書及び新規則第92条第1項(オープン型の証券投資信託の収益の分配等の通知書)の規定により交付する通知書については、新規則第82条第1項第1号又は第83条第1項第1号イ、第2号イ若しくは第3号イのうちその支払を受ける者の個人番号又は法人番号に係る部分の規定は、適用しない。
(3項 略)

(株式等の譲渡の対価等の支払調書に関する経過措置)
第69条 (1項 略)
2 施行日前に旧令第342条第2項各号(株式等の譲渡の対価の受領者の告知)の告知をした者に対して施行日以後に当該各号に定める株式等の譲渡の対価の支払をする者が、当該株式等の譲渡の対価のうちその支払を受ける者が番号利用法整備令第16条第13項(所得税法施行令の一部改正に伴う経過措置)の規定による告知をする日(その者が同項に規定する支払日までに当該告知をしないときは、当該支払日)までに支払の確定するものにつき新規則第90条の2第1項(第1号に係る部分に限る。)の規定により提出する調書については、同項第1号イのうちその支払を受ける者の個人番号に係る部分の規定は、適用しない。
(3項 略)

(信託受益権の譲渡の対価の支払調書に関する経過措置)
第71条 (1項 略)
2 施行日前に旧令第348条第2項各号(信託受益権の譲渡の対価の受領者の告知)の告知をした者に対して施行日以後に当該各号に定める信託受益権の譲渡の対価の支払をする者が、当該信託受益権の譲渡の対価のうちその支払を受ける者が番号利

用法整備令第16条第17項（所得税法施行令の一部改正に伴う経過措置）の規定による告知をする日（その者が同項に規定する支払日までに当該告知をしないときは、当該支払日）までに支払の確定するものにつき新規則第90条の4第1項の規定により提出する調書については、同項第1号のうちその支払を受ける者の個人番号に係る部分の規定は、適用しない。

（先物取引に関する支払調書に関する経過措置）

第72条（1項　略）

2　施行日前に旧令第350条の3第2項各号（先物取引の差金等決済をする者の告知）の告知をした者が行う当該各号に定める先物取引の同条第1項に規定する差金等決済で施行日以後に行うものに係る新規則第90条の5に規定する商品先物取引業者等が、当該差金等決済のうちその差金等決済を行う者が番号利用法整備令第16条第21項（所得税法施行令の一部改正に伴う経過措置）の規定による告知をする日（その者が同項に規定する決済日までに当該告知をしないときは、当該決済日）までに行うものにつき新規則第90条の5の規定により提出する調書については、同条第1号イ、第2号イ又は第3号イのうちその差金等決済をする者の個人番号に係る部分の規定は、適用しない。

（金地金等の譲渡の対価の支払調書に関する経過措置）

第73条（1項　略）

2　施行日前に旧令第350条の8第2項（金地金等の譲渡の対価の受領者の告知）の告知をした者に対して施行日以後に同条第1項に規定する金地金等の譲渡の同項に規定する対価の支払をする者が、当該金地金等の譲渡の対価のうちその支払を受ける者が番号利用法整備令第16条第25項（所得税法施行令の一部改正に伴う経過措置）の規定による告知をする日（その者が同項に規定する支払日までに当該告知をしないときは、当該支払日）までに支払の確定するものにつき新規則第90条の6の規定により提出する調書については、同条第1号の規定のうちその支払を受ける者の個人番号に係る部分の規定は、適用しない。

（施行期日）

第1条　この省令は、行政手続における特定の個人を識別するための番号の利用等に関する法律（平成25年法律第27号）附則第1条第4号に掲げる規定の施行の日から施行する。

【資料5】

【資料5】租税特別措置法施行規則等の一部を改正する省令(平成26年7月9日財務省令第51号)附則(抄)

(特定口座年間取引報告書の記載事項等に関する経過措置)

第26条(1項 略)

2 施行日の前日において旧法第37条の11の3第7項の金融商品取引業者等の営業所に開設されていた同項の特定口座に係る同項の報告書で、当該金融商品取引業者等の営業所の長が当該特定口座を開設していた居住者又は国内に恒久的施設を有する非居住者から番号利用法整備法第8条第3項の規定による告知を受ける日(その者が同項に規定する3年経過日以後最初に同項に規定する特定口座保管上場株式等の譲渡若しくは同項に規定する信用取引等に係る上場株式等の譲渡又は同項に規定する上場株式等の配当等の受入れをする日(同項に規定する番号非保有者にあっては、同項に規定する翌年1月1日。以下この項において「受入日」という。)までに当該告知をしないときは、受入日)までに新法第37条の11の3第7項の規定により提出し、又は交付するものについては、新規則第18条の13の5第2項第1号のうち当該特定口座を開設していた当該居住者又は国内に恒久的施設を有する非居住者の個人番号に係る部分の規定は、適用しない。

(非課税口座年間取引報告書の記載事項等に関する経過措置)

第33条(1項 略)

2 施行日の前日において旧法第37条の14第25項の金融商品取引業者等の営業所に開設されていた同項の非課税口座に係る報告書で、当該金融商品取引業者等の営業所の長が当該非課税口座を開設していた居住者又は国内に恒久的施設を有する非居住者から番号利用法整備法第8条第5項の規定による告知を受ける日(その者が同項に規定する3年経過日以後最初に同項に規定する非課税口座内上場株式等の譲渡又は同項に規定する配当等の受入れをする日(同項に規定する番号非保有者にあっては、同項に規定する翌年1月1日。以下この項において「受入日」という。)までに当該告知をしないときは、受入日)までに新法第37条の14第25項の規定により提出するものについては、新規則第18条の15の9第2項第1号のうち当該非課税口座を開設していた当該居住者又は国内に恒久的施設を有する非居住者の個人番号に係る部分の規定は、適用しない。

(施行期日)

第1条 この省令は、行政手続における特定の個人を識別するための番号の利用等に

関する法律（平成25年法律第27号）附則第1条第4号に掲げる規定の施行の日から施行する。

【資料6】内国税の適正な課税の確保を図るための国外送金等に係る調書の提出等に関する法律施行規則の一部を改正する省令（平成26年7月9日財務省令第60号）附則（抄）

（国外送金等調書の記載事項に関する経過措置）
第3条（1項　略）
2　施行日の前日において旧法第2条第3号に規定する金融機関（以下この項において「金融機関」という。）の同条第6号に規定する営業所等（以下この項及び附則第6条第2項において「営業所等」という。）に同号に規定する本人口座を開設し、又は設定している者（以下この項において「開設者」という。）が施行日以後にする新法第4条第1項に規定する国外送金等で当該本人口座に係るもののうち番号利用法整備法第25条第2項の規定による告知をする日（その者が同項に規定する3年経過日以後最初に同項に規定する国外送金等をする日までに当該告知をしないときは、当該国外送金等をする日）までにするものにつき、当該金融機関等が新法第4条第1項の規定により提出する同項に規定する国外送金等調書については、新規則第10条第1項第1号又は第2項第1号のうち当該開設者の個人番号（同号に規定する個人番号をいう。以下この項及び附則第6条第2項において同じ。）若しくは法人番号（同号に規定する法人番号をいう。以下この項及び附則第6条第2項において同じ。）に係る部分の規定は、適用しない。

（施行期日）
第1条　この省令は、行政手続における特定の個人を識別するための番号の利用等に関する法律（平成25年法律第27号）附則第1条第4号に掲げる規定の施行の日から施行する。

■著者紹介

影島 広泰（かげしま・ひろやす）
弁護士。牛島総合法律事務所パートナー
1998年一橋大学法学部卒業。2003年弁護士登録、牛島総合法律事務所入所
・主な著作：「情報漏洩事案の類型別 分析と対策」『月刊ザ・ローヤーズ2014年5月号』、「実務解説 マイナンバー法（番号法）に伴う業務・システム変更の実務」『ビジネスロー・ジャーナル2014年10月号』、『実践 知財ビジネス法務』（共著／民事法研究会）、『借地借家紛争事例データファイル』（共著／新日本法規）ほか多数

藤村 慎也（ふじむら・しんや）
弁護士。牛島総合法律事務所アソシエイト
2009年慶應義塾大学商学部卒業。2010年弁護士登録、牛島総合法律事務所入所
・主な著作：「実務解説 マイナンバー法（番号法）に伴う業務・システム変更の実務」『ビジネスロー・ジャーナル2014年10月号』ほか

薬師寺 怜（やくしじ・さとし）
弁護士。牛島総合法律事務所アソシエイト
2005年早稲田大学法学部卒業、2009年中央大学法科大学院修了。2010年弁護士登録、2011年牛島総合法律事務所入所

大澤 貴史（おおさわ・たかし）
弁護士。牛島総合法律事務所アソシエイト
2008年東北大学法学部卒業、2010年東北大学法科大学院修了。2011年弁護士登録、2012年牛島総合法律事務所入所

藤田 晃佑（ふじた・こうすけ）
弁護士。牛島総合法律事務所アソシエイト
2008年京都大学法学部卒業、2010年京都大学法科大学院法曹養成専攻修了。2011年弁護士登録、2012年牛島総合法律事務所入所
・主な著作：「情報漏洩事案の類型別 分析と対策」『月刊ザ・ローヤーズ2014年5月号』

企業・団体のための
マイナンバー制度への実務対応

2015年3月13日　初版発行
2015年10月8日　第7刷発行

著　者　影島　広泰　ⓒ

発行者　小泉　定裕

発行所　株式会社　清文社
　　　　東京都千代田区内神田1-6-6（MIFビル）
　　　　〒101-0047　電話03（6273）7946　FAX03（3518）0299
　　　　大阪市北区天神橋2丁目北2-6（大和南森町ビル）
　　　　〒530-0041　電話06（6135）4050　FAX06（6135）4059
　　　　URL http://www.skattsei.co.jp/

印刷：亜細亜印刷㈱

■著作権法により無断複写複製は禁止されています。落丁本・乱丁本はお取り替えします。
■本書の内容に関するお問い合わせは編集部までFAX（03-3518-8864）でお願いします。

ISBN978-4-433-54174-3